HERBERT MANG

unter Mitwirkung von
Friedrich Firneis

2003–2006
DICTA ET SCRIPTA

Ansprachen, Buchbeiträge, Interviews, Vorträge

Mit besten Empfehlungen überreicht.

Herbert Mang

Wien, im September 2006

ÖSTERREICHISCHE AKADEMIE DER WISSENSCHAFTEN

HERBERT MANG

unter Mitwirkung von
Friedrich Firneis

2003–2006
DICTA ET SCRIPTA

Ansprachen, Buchbeiträge, Interviews, Vorträge

VERLAG DER
ÖSTERREICHISCHEN AKADEMIE DER WISSENSCHAFTEN
WIEN 2006

Umschlagbild:

Feierliche Sitzung 17. Mai 2006, Ansprache von Präsident Herbert Mang
© ÖAW, Foto: Robert Herbst (point of view)

Umschlaggestaltung:

Angelika Eckel
Chieh Hsu
Hannes Weinberger

Die verwendete Papiersorte ist aus chlorfrei gebleichtem Zellstoff hergestellt,
frei von säurebildenden Bestandteilen und alterungsbeständig.

Printed and bound in Austria

ISBN-13: 978-3-7001-3768-9
ISBN-10: 3-7001-3768-0
http://hw.oeaw.ac.at/3768-9

Gesamtherstellung: Crossdesign Werbeagentur GmbH, Graz

Inhaltsverzeichnis

Vorwort

2003–2006 DICTA ET SCRIPTA – Gesprochenes und Geschriebenes: gesprochen oder geschrieben, manchmal auch beides, während dreier Jahre Präsidentschaft der Österreichischen Akademie der Wissenschaften (ÖAW). Zahlreiche Ansprachen und Vorträge wurden gehalten, einige Buchbeiträge verfasst und Interviews gegeben – Routineangelegenheiten im Arbeitsalltag eines Akademiepräsidenten, wären da nicht die große Themenbreite und das Bestreben gewesen, Programmatisches und gelegentlich auch Visionäres einfließen zu lassen.

Worin bestand das Programm?

1. Im weiteren Ausbau der Forschungsträgerinstitution ÖAW. So wurden im Zeitraum vom 1. Oktober 2003 bis 30. September 2006 fünf neue Forschungseinrichtungen gegründet, teilweise nach umfangreichen Vorbereitungsarbeiten des Vorgängerpräsidiums, und zwar
   - die *Forschungsstelle für Integrierte Sensorsysteme* mit Standort Wiener Neustadt,
   - das *Institut für Quantenoptik und Quanteninformation* mit den Standorten Innsbruck und Wien,
   - die *Forschungsstelle für Gebirgsforschung: Mensch und Umwelt* mit Standort Innsbruck,
   - die *Forschungsstelle für Atemgasanalytik* mit Standort Dornbirn und
   - die *Forschungsstelle für Geographic Information Systems* mit Standort Salzburg,
2. in der Qualitätssicherung der von den Forschungseinrichtungen der Akademie erbrachten Forschungsleistungen durch zielgerechte Verbesserungen des Mittelfristigen Forschungsprogramms,
3. im Bemühen um weitere Verstärkung der seit jeher bedeutenden Rolle der Akademie bei der Förderung des wissenschaftlichen Nachwuchses durch ausreichend viele und hinreichend gut dotierte Stipendien,
4. in weiterer Verstärkung der Öffentlichkeitswirkung der Akademie durch Forcierung anspruchsvoller Vortragsreihen für ein breiteres Publikum,

5. in der Vertiefung der Beziehungen zu den Schwesterakademien im ostmitteleuropäischen Raum,
6. in der Initialisierung, Fortsetzung und Finalisierung bedeutender Bauvorhaben, wobei dem Bau des Forschungsgebäudes für das IMBA – Institut für Molekulare Biotechnologie GmbH und das GMI – Gregor-Mendel-Institut für Molekulare Pflanzenbiologie GmbH höchste Priorität zukam, ferner in der Etablierung von Facility Management in der ÖAW, und nicht zuletzt
7. in weiterer Professionalisierung der Akademieverwaltung durch Gewinnung hochqualifizierten Personals.

An der Vision von der Akademie als einer Symbiose von traditioneller Gelehrtengesellschaft und moderner Forschungsträgerinstitution hat sich nichts geändert. „Die Österreichische Akademie der Wissenschaften will sich nicht mit der Rolle einer Ehrenhalle begnügen, in der man sich *ad mutuam admirationem* trifft, um die Vergangenheit zu verherrlichen, die Gegenwart zu beklagen und sich dabei vor der Zukunft zu fürchten“[1], hieß es diesbezüglich in der Feierlichen Sitzung des Jahres 2004. Freilich erfordert die Realisierung einer wirkungsvollen zeitgemäßen Symbiose von Gelehrtengesellschaft und Forschungsträgerorganisation eine tiefgreifende Reform der Akademie.

Vision und Programm bestimmten die Strategie. Grundhaltungen bei ihrer Umsetzung waren Zielorientiertheit und Festigkeit.

Der erste Beitrag in diesem Buch betrifft ein trauriges Ereignis knapp vor dem 1. Oktober 2003 – die Beisetzung von Altpräsident Otto Hittmair. Der letzte – ein Nachruf auf ein vor kurzem verstorbenes Mitglied – hat ebenfalls mit dem Tod zu tun. Dazwischen befinden sich mehr als 60 Beiträge, die vom Leben der Österreichischen Akademie der Wissenschaften im Berichtszeitraum 1. Oktober 2003 bis 30. September 2006 handeln.

Thematische Vielfalt der Beiträge, Begrenztheit der eigenen Sachkompetenz und Knappheit des verfügbaren Zeitbudgets verlangten nach hochqualifizierter Unterstützung. Gefunden wurde sie in der Person von Herrn Dr. Friedrich Firneis, stellvertretender Vorstand des Akademie-Rechenzentrums (ARZ). Seiner umfassenden Bildung und seinem großen Einsatz sind viele Beiträge zu diesem Buch zu verdanken. Ohne ihn wären sie weder in vergleichbarer Qualität noch in gleicher Quantität zustande gekommen. Dafür sage ich Dank.

Dank für die tatkräftige Unterstützung bei der Abfassung von Manuskripten für Ansprachen, Buchbeiträge und Vorträge schulde ich einzelnen Mitglie-

[1] Almanach der ÖAW, 2003/2004, Jg. 154, 291

dern der ÖAW, Angehörigen von Forschungseinrichtungen der Akademie sowie Mitarbeiterinnen und Mitarbeitern ihrer zentralen Verwaltung. Namentlich genannt seien in diesem Zusammenhang Frau Dr. Marianne Baumgart, Frau Dr. Lottelis Moser, Frau Dr. Lore Sexl und Herr Dr. Alfred Vogel.

Dank für sachkundige und zügige Überarbeitung der einzelnen Beiträge gebührt Frau Mag. Angelika Eckel und Frau Mag. Martina Pöll.

Dank für die Aufbereitung des Bildmaterials sage ich Herrn Dr. Thomas Huemer, Leiter des ARZ, und Frau Dr. Chieh Hsu, ARZ.

Zu Dank für die Organisation des unter großem Zeitdruck gestandenen Publikationsvorhabens und die Koordinierung der einzelnen Schritte dieses Projektes verpflichtet bin ich dem Präsidialsekretariat, an der Spitze dessen Direktor, Dr. Alfred Vogel, einsatzfreudig unterstützt von Frau Eleonore Büchinger, Frau Vera Machat und Frau Elisabeth Wegmann-Köller.

Für die lateinische Übersetzung von *Gesprochenem und Geschriebenem* wurde auch angesichts des Untertitels – *Ansprachen, Buchbeiträge, Interviews, Vorträge* – der Plural – *dicta et scripta* – gewählt. Leitlinie für die Auswahl der Beiträge war hingegen ein Singular – die Einzahl *multum* als Kontrapunkt zur Mehrzahl *multa*.

Wien, im September 2006

Prof. Herbert Mang
Präsident der Österreichischen
Akademie der Wissenschaften

Rede
anlässlich der Beisetzung von Otto Hittmair, Altpräsident der ÖAW

Liebe Anni,
werte Familienangehörige Otto Hittmairs,
Exzellenz,
sehr geehrter Herr Landeshauptmann,
hochverehrte Trauergemeinde!

„Seit seiner Wahl zum korrespondierenden Mitglied der Österreichischen Akademie der Wissenschaften im Jahre 1966", heißt es im Vorschlag für die Wahl Prof. Otto Hittmairs zum wirklichen Akademiemitglied aus dem Jahre 1970, „war Hittmairs Arbeitsrichtung durch drei Interessensgebiete gekennzeichnet: Kernphysik, Ausbau der quantenmechanischen Grundlagen und Quantenstatistik des Vielkörperproblems in der Festkörperphysik." Zu diesem Zeitpunkt wirkte Otto Hittmair bereits zehn Jahre höchst erfolgreich als Universitätsprofessor für Theoretische Physik am gleichnamigen Institut der Technischen Universität Wien – zuerst als Extraordinarius und dann ab 1963 als Ordinarius. Von 1960 bis ein Jahr vor seiner Emeritierung im Jahre 1992, also volle 31 Jahre lang, übte er die Funktion des Vorstands des Instituts für Theoretische Physik aus.

Sein Institut, wie ich wohl sagen darf, ist bei der heutigen Trauerfeier durch mehrere Kollegen bzw. ehemalige Mitarbeiter, an der Spitze den jetzigen Institutsvorstand, Prof. Wolfgang Kummer, vertreten, und *seine* Universität, die auch die meine ist, durch den Vizerektor für Forschung, Prof. Franz Rammerstorfer, sowie eine ansehnliche Anzahl von Kollegen. *Seine* Akademie – die Österreichische Akademie der Wissenschaften – ist durch viele Mitglieder der Gelehrtengesellschaft und Mitarbeiter der Trägerorganisation von Forschungseinrichtungen, an der Spitze den Sekretär der philosophisch-historischen Klasse und designierten Generalsekretär, Prof. Herwig Friesinger, und meine Wenigkeit als Generalsekretär und designierten Präsidenten vertreten.

Bei einer Würdigung des beruflichen Wirkens von Prof. Otto Hittmair darf keiner seiner drei Wirkungsbereiche – das Institut für Theoretische Physik, die Technische Universität Wien und die Österreichische Akademie der Wissenschaften – fehlen.

Lassen Sie mich mit dem Institut beginnen und dabei anmerken, dass Otto Hittmair bereits zum Zeitpunkt seiner Ernennung zum Universitätsprofessor auf einen außergewöhnlichen wissenschaftlichen Werdegang zurückblicken konnte, dessen Merkmale die Absolvierung des Studiums der Mathematik und Physik an der Leopold-Franzens-Universität Innsbruck *sub auspiciis praesidentis rei publicae* sowie eine, auch aus dem Gesichtswinkel der heutigen Möglichkeiten betrachtet, außergewöhnlich reichhaltige und qualitätsvolle Tätigkeit im Ausland sind.

1950 zog es Otto Hittmair zu dem bekannten Schweizer Feldtheoretiker Fierz nach Basel. Dort widmete er sich ebenso wie an seiner zweiten Auslandsstation, dem Institute for Advanced Studies in Dublin, an dem er sich 1951 aufhielt, feldtheoretischen Fragen. Zusammen mit dem zu dieser Zeit in Dublin wirkenden österreichischen Nobelpreisträger Erwin Schrödinger verfasste er eine mit „Studies in the Generalized Theory of Gravitation" betitelte wissenschaftliche Arbeit, die Schrödinger als bedeutenden Fortschritt in der Entwicklung dieser Theorie wertete.

Von 1951 bis 1952 weilte Otto Hittmair am Massachusetts Institute of Technology bei dem weltberühmten Kernphysiker Viktor Weisskopf, einem gebürtigen Österreicher. Dort schuf er die Grundlage für einen Schwerpunkt seiner weiteren wissenschaftlichen Tätigkeit, der Theoretischen Kernphysik. In dieser Zeit und den darauf folgenden Jahren beschäftigte er sich höchst erfolgreich mit der Richtungsverteilung in Kernreaktionen.

In den Jahren 1952 bis 1954 war Hittmair am Institut Henri Poincare der Sorbonne in Paris tätig. Er setzte dort seine Arbeiten über die Richtungsverteilung in Kernreaktionen fort. Zwei seiner in dieser Zeit entstandenen Abhandlungen wurden von Louis de Broglie bei den Comptes Rendus der Französischen Akademie der Wissenschaften präsentiert. Gleichsam nebenbei habilitierte sich Otto Hittmair im Jahre 1953 an seiner Heimatuniversität.

Die nächste Station seiner wissenschaftlichen Wanderjahre war die Universität Sydney, an der er in den Jahren 1955 und 1956 als Senior Research Fellow wirkte. Zusammen mit Prof. Butler, dem Altmeister auf dem Gebiet der Kernreaktionen, verfasste er während dieser Zeit ein mit „Nuclear Stripping Reactions" betiteltes, in der Fachwelt viel beachtetes Buch.

In den Jahren 1957 und 1958 schließlich war Otto Hittmair in der argentinischen Atomkommission in Buenos Aires tätig. Dort half er mit theoretischen Analysen experimenteller Ergebnisse, die am Synchrozyklotron gewonnen wurden, bei der Durchführung einschlägiger Untersuchungen mit.

In Wien sesshaft wurde Otto Hittmair im Jahre 1958. Von 1958 bis 1960 war er am Atominstitut der Österreichischen Hochschulen tätig. Mit dessen Errichtung sollte ein Beitrag zur Schaffung der wissenschaftlichen Grundlagen für die friedliche Nutzung der Kernenergie geleistet werden.

Der Wunsch nach einer dauerhaften Bleibe hing sicherlich mit Otto Hittmairs 1957 erfolgter Eheschließung mit Anni Rauch zusammen. Der glücklichen Ehe entsprossen drei Töchter und ein Sohn. Zusammen mit ihrer Mutter und ihren Familien betrauern sie den Heimgang des treu sorgenden Vaters, dessen ganze Liebe den Seinen galt.

Die Kurzbeschreibung der Auslandstätigkeit Otto Hittmairs soll die begonnene Würdigung seiner Tätigkeit als Vorstand des Instituts für Theoretische Physik nicht in den Hintergrund treten lassen. Gewissenhaft, einsatzfreudig und stets auf das Wohl des Instituts bedacht, übte Otto Hittmair diese Funktion aus. Er wusste sehr wohl, dass der Erfolg eines Universitätsinstituts nicht nur von der wissenschaftlichen Leistungsfähigkeit, dem pädagogischen Geschick und dem administrativen Potenzial der Institutsmannschaft, sondern auch vom Ausmaß der Komplementarität der in dieser Mannschaft vorhandenen Talente abhängt. Sein Führungsstil lässt sich mit „fortiter in re, suaviter in modo" charakterisieren.

Lassen wir ehemalige Assistenten Otto Hittmairs zu Wort kommen. In Form einer Punktation beschreiben sie in persönlichen Äußerungen sein Werken folgendermaßen:

- Ein Mann fester Überzeugungen, aber immer tolerant gegenüber Andersdenkenden.
- Während seiner Amtszeit als Institutsvorstand sorgte er für ein beispielhaftes Klima von gegenseitigem Respekt und familiärer Herzlichkeit; er war immer um konsensuale Lösungen bemüht.
- Während seiner Amtszeit und auch danach bekundete er stetes Interesse am wissenschaftlichen Werdegang seiner Mitarbeiter und bemühte sich um Förderung ihrer akademischen Karrieren.
- Seine Berufung war mit einem Innovationsschub verbunden; erstmals wurde eine verpflichtende Vorlesung über Quantentheorie an der TU Wien gehalten.
- Generationen von Physikstudenten wurden durch seine Theorievorlesungen geprägt.
- Eindrucksvoll war die Breite seiner wissenschaftlichen Interessen: Kernphysik, Supraleitung, Quantenoptik, Ingenieurpädagogik.

Wohl einem Professor, dessen Tätigkeit von seinen ehemaligen Mitarbeitern solcherart charakterisiert wird! Wohl aber auch einer Fakultät, die einen solchen Professor in ihren Reihen hat! Die Kollegen der damaligen Fakultät für Naturwissenschaften – und damit leite ich zu Otto Hittmairs erfolgreicher Tätigkeit als akademischer Funktionär der Technischen Universität Wien über – dokumentierten ihre Wertschätzung für ihn durch Wahl zum Dekan für das Studienjahr 1968/69. Das ihm aus allen Kreisen der Universität entgegenströmende Vertrauen manifestierte sich in seiner Wahl zum Rektor für die Studienjahre 1977/78 und 1978/79. Seine Funktionsperiode fiel in die Zeit der Implementierung des Universitätsorganisationsgesetzes 1975. Damit zusammenhängende Probleme, wie etwa die Neuordnung der Institute, verlangten einem Rektor einiges ab. Darüber findet man in Otto Hittmairs Erinnerungen über seine Funktionsperiode eine Reihe zeitlos gültiger Bemerkungen. Nicht diese sind es aber, auf die ich in dieser Stunde eingehen will, sondern ein Ereignis, auf das sich die beiden ersten Sätze des Berichts beziehen. Ich zitiere: „Ein Zweijahresrythmus regelt nach dem Universitätsorganisationsgesetz An- und Abtreten der akademischen Funktionäre. Beinahe wäre mein Abtreten bei einem Bergunfall plötzlich und endgültig erfolgt, aber auch hier nahmen die Dinge eine glückliche Wendung und Sie sehen mich nur mehr einstweilig behindert vor sich."[2]

In der Tat, *damals* war es eine glückliche Wendung, durch die Otto Hittmair seiner Familie, seinen Kollegen und seinen vielen Freunden, nicht zuletzt aber der Österreichischen Akademie der Wissenschaften noch 24 Jahre erhalten blieb. Die große Wertschätzung, der er sich in der Akademie erfreute, führte 1983 zu seiner Wahl zum Sekretär der mathematisch-naturwissenschaftlichen Klasse und schließlich 1987 zur Wahl zum Präsidenten der Akademie. Beim Übergang der Präsidentschaft an ein der philosophisch-historischen Klasse angehörendes Mitglied, den amtierenden Präsidenten, Prof. Werner Welzig, im Jahre 1991 übernahm Otto Hittmair das Amt des Vizepräsidenten der Akademie. 1994 erfolgte seine Wiederwahl in diese Funktion, die er bis 1997 innehatte. Wenn es in der vom Akademiepräsidium verfassten Todesanzeige über Otto Hittmair heißt, dass sein von Loyalität und Konzilianz geprägtes Wesen und nicht zuletzt die sein Wirken kennzeichnende ruhige Gewissheit es der Österreichischen Akademie der Wissenschaften erlaubten, die Entwicklung zu einer anerkannten Trägerorganisation der österreichischen Forschung in vollem Einklang mit ihrer Tradition als Gelehrtengesellschaft erfolgreich fortzusetzen, so soll damit der Dankbarkeit Ausdruck verliehen

[2] Persönliche Mitteilung von Otto Hittmair an Präsident Herbert Mang

werden, welche die Akademie für Otto Hittmair empfindet. Dass ihm die Gründung eines Akademieinstituts für Quanteninformation in Innsbruck, deren Promulgation noch in diesem Monat erfolgen wird, Freude bereitete, bleibe im Zusammenhang mit dieser Entwicklung nicht unerwähnt.

Für seine hervorragenden wissenschaftlichen Leistungen erhielt Otto Hittmair viele Preise und Auszeichnungen: den Erwin-Schrödinger-Preis der Österreichischen Akademie der Wissenschaften, die Johann Joseph Ritter von Prechtl-Medaille der Technischen Universität Wien, das Große Goldene Ehrenzeichen für Verdienste um die Republik Österreich, den Preis der Stadt Wien für Naturwissenschaften und Technik, die Wilhelm-Exner-Medaille des Österreichischen Gewerbevereins, das Ehrenzeichen des Landes Tirol, die goldene Medaille der Internationalen Gesellschaft für Ingenieurpädagogik und die silberne Jubiläumsmedaille der Universität Innsbruck. Hittmair war überdies Ehrendoktor der Technischen Universität Budapest und Ordentliches Mitglied der Königlichen Sozietät der Wissenschaften in Uppsala.

Hören wir, wie Otto Hittmair in der ihm eigenen klaren und schönen Sprache diese Auszeichnungen bewertete: „All diese Ehrungen, Mitgliedschaften und Tätigkeiten“, sagte er, „gehören als Facetten eines Wissenschaftlerlebens in eine Biographie. Sie freuen den Betroffenen, und er bekennt sich zu ihnen. Sie lassen aber immer noch die Frage offen, wie sehr sie durch Leistung bedingt waren oder wie sehr die Gunst des Schicksals oder die der Freunde am Werke war. Aber die Dankbarkeit mindert die Schärfe der Frage, und der Vergleich dieser Freuden mit Gesundheit und Familienglück relativiert ihre Wichtigkeit.“[3]

Wirklich wichtig hingegen war für Otto Hittmair eine Dimension seines Lebens, aus der er, wie es in der Todesanzeige der Familie heißt, Kraft schöpfte: der Glaube. Diese Dimension liegt außerhalb des Kompetenzbereiches von Universitäten und Akademien der Wissenschaften. Sie entzieht sich der Messbarkeit, die nicht nur in der Physik ein Grundelement der Wissenschaftlichkeit darstellt. Otto Hittmair wollte das Nichtmessbare nicht messbar machen. Er nahm es als gegeben an, als gültige Wahrheit, die keines Beweises bedarf, also als Axiom. Er bekannte sich dazu, enthielt sich jedoch der Kritik am Weltbild anders denkender Menschen.

Was sollen wir, werte Familienangehörige, hochverehrte Trauergemeinde, für den gläubigen Christen Otto Hittmair erbitten? Um die ewige Ruhe für ihn zu bitten, bleibt dem hochwürdigen Zelebranten vorbehalten. Wir wollen dieser Bitte jedoch die um ewige Freude für Otto Hittmair hinzufügen, weil

[3] Persönliche Mitteilung von Otto Hittmair an Präsident Herbert Mang

ihm, in irdischen Kategorien gedacht, Freude über berufliche Erfolge und privates Glück mehr als Ruhe – wenn sie nicht schöpferisch war – bedeutete. Wenn im Weiteren das Leuchten des ewigen Lichts für ihn erbeten wird, wollen wir diese Bitte dahingehend ergänzen, dass dieses Licht für Otto Hittmair zum Licht der freudvollen Erkenntnis werde, zu einem strahlenden Licht in der Düsternis bruchstückhaften menschlichen Erkennens.

Wenn es in der Perikope über den Tod des Lazarus von Bethanien heißt: „Lacrimatus est Jesus“ – „Jesus weinte“ – dann brauchen die trauernden Angehörigen, Kollegen und Freunde Otto Hittmairs ihre Gefühle über den unerwarteten Tod dieses gleichermaßen klugen und lieben Menschen wohl nicht zu verbergen. Diese Gefühle der Vielen, die sich dem Freundeskreis Otto Hittmairs zurechnen dürfen, sind Ausdruck des Mitgefühls und der Anteilnahme, die dir, liebe Anni, und deinen Lieben zum Trost gereichen mögen!

Lieber Otto! Namens der Österreichischen Akademie der Wissenschaften, der Technischen Universität Wien, und nicht zuletzt des Instituts für Theoretische Physik danke ich dir für dein verdienstvolles, selbstloses Wirken für die genannten Einrichtungen. Eingedenk des Wohlwollens, das du mir persönlich stets entgegengebracht hast, und der Unterstützung, die du mir auf mannigfaltige Weise hast angedeihen lassen, empfinde ich dir gegenüber tiefe Dankbarkeit. In Trauer vereint mit deiner lieben Familie, deinen Kollegen, Freunden und Bundesbrüdern, zu denen auch ich mich zählen darf, nehme ich tief bewegt Abschied von dir. Fiducit, lieber Otto!

Rede
anlässlich einer Feierstunde für Werner Welzig aus Anlass des Übergangs der Funktion des Präsidenten der ÖAW

Hochverehrter Herr Präsident Welzig,
sehr geehrte gnädige Frau,
werte Familienangehörige Werner Welzigs,
sehr geehrte Frau Bundesministerin,
hohe Festversammlung!

„Die Glocken der Jesuitenkirche läuten, fangen wir an." Mit diesen Worten pflegt Präsident Welzig die wöchentlich stattfindenden Sitzungen des Präsidiums der Österreichischen Akademie der Wissenschaften zu eröffnen. Fangen wir an, lautet auch meine Aufforderung, heute, am ersten Tag der Funktionsperioden der Mitglieder des neuen Präsidiums, fangen wir an mit neuen Ideen und neuem Schwung mit der Arbeit für diese, unsere Akademie. Vorher aber wollen wir eine Feierstunde für Werner Welzig abhalten, eine Feierstunde zu seinen Ehren als Ausdruck des Dankes und der Anerkennung und nicht zuletzt der Verbundenheit mit einem Mann, der sich um die Österreichische Akademie der Wissenschaften höchste Verdienste erworben hat. 21 Jahre Mitglied des Präsidiums der Akademie, davon zwölf Jahre Präsident, und damit viertlängste Präsidentschaft seit der Gründung der Akademie im Jahre 1847 rechtfertigen eine solche Feierstunde, die ein Novum in der Akademiegeschichte darstellt. Die große Anzahl von Anmeldungen zur Mitfeier erforderte die Verlegung der Veranstaltung vom Johannessaal in den Festsaal und damit in jene Räumlichkeit, die Präsident Welzig nicht nur als Stätte bedeutender Auftritte diente, sondern auch als Ort der Meditation, dem er so manche wertvolle Inspiration für die Weiterentwicklung der Akademie verdankte.

Ihm gilt mein erster Gruß – ein herzlicher Gruß –, ein Gruß sowohl in eigenem Namen als sein Nachfolger im Amt des Akademiepräsidenten als auch namens der drei anderen Herren des Präsidiums – des Vizepräsidenten Herbert

Matis, des Generalsekretärs Herwig Friesinger und des Sekretärs der mathematisch-naturwissenschaftlichen Klasse Georg Stingl.

Mein freundschaftlicher Gruß gilt den beiden Vizepräsidenten, mit denen ich als Generalsekretär zusammenarbeiten durfte und die ich dabei schätzen lernte, Prof. Karl Schlögl und Prof. Peter Schuster. Der dritte, Altpräsident Otto Hittmair, der mir persönlich nahe stand und den ich nur allzu gerne begrüßt hätte, ist vor wenigen Wochen bei einem Bergunfall tödlich verunglückt. Die Österreichische Akademie der Wissenschaften betrauert seinen Heimgang.

Als für die Akademie verantwortliche Leiterin des Ressorts für Bildung, Wissenschaft und Kultur heiße ich Frau Bundesministerin Elisabeth Gehrer herzlich willkommen. Von ihr stammt die Idee zu dieser Feierstunde. Mein erster und besonderer Dank gilt Frau Bundesministerin Gehrer für die spontane Bereitschaft zur Teilnahme an der heutigen Veranstaltung.

Ich begrüße – und bitte das Zeichen des Beifalls für die Anwesenheit aller noch zu Nennenden am Ende der Begrüßung gemeinsam zu spenden – die erschienenen Vertreter der hohen Beamtenschaft, namentlich die für die Akademie gleichermaßen einsatzfreudig und erfolgreich tätige Frau Sektionschefin Barbara Weitgruber und den für Akademieanliegen stets empfänglichen Herrn Obersenatsrat Hubert Ehalt.

Ich begrüße den mit der Österreichischen Akademie der Wissenschaften über viele Jahre hindurch beruflich verbundenen Vorgänger von Frau Sektionschefin Weitgruber, Herrn Sektionschef Raoul Kneucker.

Ich begrüße den Präsidenten der Gesellschaft der Freunde der Österreichischen Akademie der Wissenschaften, Prof. Peter Swetly.

Einen herzlichen Gruß entbiete ich nicht zuletzt den Mitgliedern der Österreichischen Akademie der Wissenschaften, darunter dem Rektor der Technischen Universität Graz, Hans Sünkel, den Leitern der Forschungseinrichtungen der Akademie sowie den Mitarbeitern und Mitarbeiterinnen, deren Präsenz die Voraussetzung dafür bietet, dass diese Veranstaltung zu dem wird, was sie sein will – zu einer Feierstunde für Werner Welzig aus Anlass des Übergangs der Funktion des Präsidenten der Österreichischen Akademie der Wissenschaften.

Seien Sie alle herzlich willkommen!

Zuerst wollen wir uns in gebotener Kürze mit dem international hochangesehenen Literaturwissenschaftler Werner Welzig auseinandersetzen. Den Grundstein zu seiner fachwissenschaftlichen Tätigkeit legte er mit dem Studium der Germanistik und Geschichte in Wien und Paris von 1953 bis 1958. 1963, im jugendlichen Alter von 28 Jahren, habilitierte er sich an der Universität Wien für neuere deutsche Literaturgeschichte. Fünf Jahre später wurde er als Ordinarius dieses Faches an das Institut für Germanistik der Universität Wien berufen. 35 Jahre lang bekleidete er diese Stelle. Ab heute ist er von Lehr- und Verwaltungsaufgaben an der Universität entpflichtet.

Hervorgetreten als Literaturwissenschaftler ist Prof. Welzig unter anderem durch die Herausgabe einer zweisprachigen Ausgabe „Ausgewählte[r] Schriften" des Erasmus von Rotterdam in acht Bänden in Form einer Sonderausgabe im Jahre 1995, einer Briefauswahl Adalbert Stifters 1991, sowie durch Publikationen deutschsprachiger Predigtsammlungen wie „Lobrede, Katalog deutschsprachiger Heiligenpredigten in Einzeldrucken", 1989, und „Predigten der Barockzeit. Texte und Kommentar", 1995. Mit der Erstveröffentlichung von Arthur Schnitzlers „Tagebuch 1879–1931" hat sich Werner Welzig hohes internationales Ansehen erworben. Sein Schriftenverzeichnis enthält darüber hinaus auch Arbeiten zur Literaturgeschichte des Romans im 20. Jahrhundert, zu Goethe, Grillparzer, Musil und Kafka. Unter seiner Leitung wird derzeit ein großes Wörterbuch zur „Fackel" von Karl Kraus erstellt. Der erste Band, das „Wörterbuch der Redensarten" zu der von Kraus 1899–1936 herausgegebenen Zeitschrift „Die Fackel" erschien 1999 und wurde mit zahlreichen Preisen ausgezeichnet, wie z.B. mit der „Goldenen Letter" für das „Schönste Buch der Welt 2000" und dem Österreichischen Staatspreis. Nicht zuletzt war Prof. Welzig Initiator und österreichischer Koordinator eines von der Deutschen Forschungsgemeinschaft, dem Schweizerischen Nationalfonds und dem Fonds zur Förderung der wissenschaftlichen Forschung getragenen trilateralen Forschungsschwerpunktes „Differenzierung und Integration". Zentrales Thema der entsprechenden Forschungen war die Frage, wie sich im Zusammenspiel von Trennendem und Verbindendem kulturelle und nationale Identitäten der deutschsprachigen Länder herausbildeten und herausbilden lassen.

Auf Veröffentlichungen Welzigs zum Thema Predigt bin ich schon zu sprechen gekommen. Die Predigt, eine aus Welzigs Sicht völlig zu Unrecht vernachlässigte Textsorte, hat ihn viele Jahre beschäftigt und fasziniert. Hat das, so mag man sich fragen, vielleicht nicht auch ein wenig den Menschen Werner Welzig mitgeprägt und die von ihm ausgehende Wirkung verstärkt, nicht zuletzt was Gestik und Mimik betrifft? Reizvoll für mich ist die Vorstellung von Werner Welzig als Augustiner-Barfüßer, wie er Ballhausplatz, Himmelpfortgasse und Minoritenplatz in einem öffentlich zur Buße auffordert, zur Buße etwa für Unterlassungen wie den Transfer von Budgetposten für die Initiierung bedeutender, längerfristiger Forschungsvorhaben von der Hoheit des Rates für Forschung und Technologieentwicklung in das Budgetordinarium der Akademie, oder aber für Sünden wie die Aufteilung der für Stipendien im Bereich der erkenntnisorientierten, anwendungsoffenen wissenschaftlichen Forschung insgesamt verfügbaren Mittel auf mehrere Vergabeinstitutionen, wo doch eine – die Österreichische Akademie der Wissenschaften – aufgrund ihrer langen einschlägigen Tradition und der daraus resultierenden Sachkompetenz dafür prädestiniert und bestqualifiziert ist. „Merk's Bundesregierung", würde er im Stile Abraham a Sancta Claras losziehen, „die Aufteilung finanzieller Mittel für den gleichen Zweck auf mehrere Vergabeeinrichtungen stellt keine wunderbare Geldvermehrung dar, sondern ist schlicht und einfach Ressourcenvergeudung. Geht in euch, konzentriert euch auf eure Kernkompetenz", würde er mit Blickrichtung auf andere Vergabeinstitutionen nachstoßen, „und widersagt einem vermeintlichen Profilierungszwang, der nicht selten zu vermeidbaren Duplizierungen führt!"

Wenden wir uns nun dem akademischen Funktionär Welzig zu. Am Anfang seiner erfolgreichen Funktionärskarriere stand die Ausübung des Amtes des Dekans der philosophischen Fakultät der Universität Wien im Studienjahr 1973/74. 1972 wurde er zum korrespondierenden Mitglied der Österreichischen Akademie der Wissenschaften gewählt und bereits ein Jahr später, im Alter von 38 Jahren, zum wirklichen Mitglied. 1982 erfolgte die Wahl zum Sekretär der philosophisch-historischen Klasse und 1983 die zum Generalsekretär der Akademie.

Machen wir einen Sprung in das Jahr 1993. Werner Welzig, damals bereits zwei Jahre Akademiepräsident, stand vor der Notwendigkeit einer personellen Umstrukturierung des Präsidiums. Wie geht ein Mann von seinem Schlag dabei vor? Bei einem privaten Besuch des Laboratoriums des von mir geleiteten Instituts für Festigkeitslehre der Technischen Universität Wien zusammen mit einigen seiner Jugendfreunde bat er mich, mein Fachgebiet kurz und allgemein verständlich zu beschreiben. Einige Monate später, bei einer Präsentation von Instituten der TU Wien, nahm ich etwas erstaunt die Anwesenheit Prof. Karl Lintners, seines Zeichens wirkliches Mitglied der Akademie, im Auditorium wahr. Warum eigentlich sollte sich ein Professor der Physik, so dachte ich ahnungslos, nicht für die Technische Mechanik deformierbarer fester Körper interessieren, wo diese doch offensichtlich ein ingenieurwissenschaftlich orientiertes Teilgebiet der Physik ist? Wiederum einige Monate später ersuchte mich Prof. Lintner um ein Gespräch an meinem Institut. Sehr bald nach seinen einleitenden Worten in dieser Unterredung begann ich zu begreifen: Karl Lintner in der Funktion des Emissärs von Präsident Welzig auf der Suche nach einem neuen Generalsekretär.

Eine erste Zwischenbilanz des verdienstvollen Wirkens von Werner Welzig als Akademiepräsident entnimmt man einer Pressemitteilung aus dem Jahre

1995 aus Anlass seines 60. Geburtstags. In dieser setzte er sich dafür ein, der Forschung einen anderen Stellenwert zu geben. Auf Welzigs Initiative hin sollten wichtige strukturelle Vorschläge im Bereich der Akademie umgesetzt werden. Die Zahl der Kommissionen wurde verringert, deren Arbeit gestrafft und besser koordiniert. Seine auch von den Medien viel beachteten Reden bei den jährlich stattfindenden Feierlichen Sitzungen der ÖAW sind programmatische Auseinandersetzungen mit der Forschungs- und Gesellschaftspolitik Österreichs.

Wenn das Adjektiv „programmatisch" über einen Superlativ verfügt, dann trifft er auf Welzigs Rede in der Feierlichen Sitzung des Jahres 1995 zu. Sie beginnt mit der rhetorischen Frage: „Was ist das: ein Programm?"[4] und setzt mit der Erläuterung eines Mittelfristigen Forschungsprogramms fort, dessen Konzept und Realisierung zu den bedeutendsten Initiativen Präsident Welzigs zählt. Kernstücke dieses Programms sind in regelmäßigen Abständen erfolgende Evaluationen aller Forschungseinrichtungen der Akademie durch internationale Expertenteams zum Zweck der Qualitätssicherung. Wenn Welzig im Weiteren von „Evaluation" als einem Losungswort unserer Tage spricht, dann wollte er damit angesichts verhaltener akademieinterner Kritik vielleicht andeuten – so jedenfalls meine Exegese –, dass er sich der Grenzen der Beurteilbarkeit wissenschaftlicher Leistungen wohl bewusst ist.

In meinen Berichten als Generalsekretär im Rahmen der Feierlichen Sitzungen der Jahre 1996–2003 habe ich mich immer prononciert positiv zu den vorbildhaften Mittelfristigen Forschungsprogrammen der Österreichischen Akademie der Wissenschaften geäußert. Diese haben wesentlich zum Ansehen der Akademie beigetragen. Früher als die meisten anderen wissenschaftlichen Einrichtungen des Landes hat sie die Zeichen der Zeit erkannt. Das Hauptverdienst hiefür ist zweifellos Werner Welzig zuzuschreiben.

Acht Jahre Zusammenarbeit mit Werner Welzig im Präsidium der Österreichischen Akademie der Wissenschaften! Acht Jahre ungetrübte Harmonie und volle Eintracht: Nein, sehr geehrte Damen und Herren, das würden Sie mir wohl nicht glauben. Abgesehen davon besteht meine Aufgabe nicht in der Abfassung einer Hagiographie Werner Welzigs, sondern in der Würdigung eines Menschen, der Bewunderung abnötigt, dessen jähes Temperament jedoch Standvermögen erfordert.

Mit Werner Welzigs Präsidentschaft begann die neue Aufgabe der ÖAW: die Symbiose von traditioneller Gelehrtengesellschaft und moderner Forschungsträgerorganisation als Garant des Erfolges der Österreichischen Aka-

[4] Almanach der ÖAW, 1994/1995, Jg. 145, 275

demie der Wissenschaften. Einig waren wir uns innerhalb des Präsidiums stets darin, dass ein Stillstand beim Ausbau der Forschungseinrichtungen langsames Absterben bedeutet. Aus dieser Erkenntnis heraus kam es während der zwölfjährigen Regierungszeit Welzigs zu bedeutenden Institutsgründungen, in einem Fall sogar in Form einer Forschungskooperation mit einem renommierten Industrieunternehmen.

Das rasche Wachstum der Akademie als Forschungsträgerorganisation bedarf nunmehr einer entsprechenden Neustrukturierung der Administration. Die erstaunlich schlanke Akademieverwaltung muss in die Lage versetzt werden, die vielen neuen auf sie zukommenden Aufgaben mit der nötigen Professionalität zu erledigen.

„Brechen wir ab“, würde Werner Welzig an dieser Stelle sagen, ohne allerdings tatsächlich abzubrechen! Ich folge diesem Beispiel.

Bevor ich jedoch tatsächlich abbreche, ist es mir ein Bedürfnis, den Dank der Österreichischen Akademie der Wissenschaften an seinen langjährigen, erfolgreichen Präsidenten auszusprechen, der die von ihm mit großem Einsatz und spürbar mit Hingabe geführte Einrichtung unter Ausschöpfung aller sich ihm gebotenen Möglichkeiten zu einer inner- und außerhalb des Landes hoch geachteten Institution gemacht hat. Im Namen aller Anwesenden füge ich dem Dank der Akademie den Wunsch nach ungebrochener Schaffenskraft bei bester Gesundheit und nicht zuletzt die Bitte um Unterstützung des neuen Präsidiums hinzu, und zwar auch dann, wenn dessen Vorstellungen über die Führung der Akademie mit seinen gelegentlich nicht übereinstimmen sollten.

Jetzt aber bin ich wirklich am Ende und danke für die Aufmerksamkeit des hochgeschätzten Auditoriums.

Begrüßung

anlässlich des Vortrags von Ingeborg Hochmair-Desoyer zum Thema „Taub und trotzdem hören – Prothesen für das Innenohr" im Rahmen der Viktor Kaplan Lectures

Sehr geehrte Damen und Herren!

Im Namen der Österreichischen Akademie der Wissenschaften begrüße ich Sie sehr herzlich. Es freut mich ganz besonders, heute eine neue Vortragsreihe der Österreichischen Akademie der Wissenschaften vorstellen zu dürfen, in der Themen aus meinem eigenen Fachgebiet – den Technischen Wissenschaften – präsentiert werden. Als Namensgeber für diese neue Reihe fungiert ein bedeutender österreichischer Techniker, Viktor Kaplan.

Seit mehreren Jahren wendet sich die Österreichische Akademie der Wissenschaften im Rahmen von Vortragsreihen an die breite, an wissenschaftlichen Themen interessierte Öffentlichkeit. Nach dem „Vater der Genetik", Gregor Mendel, dem Physiker Erwin Schrödinger und dem Mathematiker Kurt Gödel, deren Denken und Schaffen die Leitmotive für die gleichnamigen Lectures aus den Bereichen Biologie, Physik und Mathematik in den letzten Jahren darstellten, ist es in diesem Jahr der Konstrukteur der Wasserturbine, Viktor Kaplan, der als Namensgeber fungiert.

Warum gerade Viktor Kaplan?

Der österreichische Ingenieur Viktor Kaplan (geb. 1876 in Mürzzuschlag, gest. 1934 in Unterach/Attersee) erfand und entwickelte die nach ihm benannte Wasserturbine, die zur Grundlage moderner Wasserkraftwerke wurde. Viktor Kaplan ist aber nicht nur aufgrund seiner Erfindungen, sondern auch mit seinen wissenschaftlichen Untersuchungen weltberühmt geworden. Seine Arbeitsweise beruhte auf der engen Verknüpfung von originellen Ideen, anwendungsorientierter Grundlagenforschung und konstruktiver Ausführung. Sie war wegbereitend und ist typisch für die heutigen Methoden der technischen Forschung und Entwicklung.

Viktor Kaplans Werk ist für mehrere Fachgebiete der Technik von Bedeutung. Aktuelle Themen aus den vielfältigen Bereichen der Technischen Wissenschaften vorzustellen, ist das Ziel der Viktor Kaplan Lectures. Begonnen wird heute mit einem Thema aus dem Bereich der Medizintechnik. In den weiteren Vorträgen werden es Themen aus den Bereichen Wasserkraftmaschinen, Signal- und Informationsverarbeitung, Baumechanik, Robotertechnik und neue Werkstoffe sein, die als Beispiele für moderne Entwicklungsrichtungen der Technischen Wissenschaften behandelt werden. Als weltweit angesehene Vertreter ihrer Fächer werden die Vortragenden Einblick in die faszinierende Welt der modernen Technik geben.

Die Vortragsreihe wird, wie die erfolgreichen Reihen der vergangenen Jahre, von der ÖAW gemeinsam mit der Industriellenvereinigung Wien veranstaltet. Ich darf mich bei dieser Gelegenheit sehr herzlich für die gute Zusammenarbeit und die großzügige finanzielle Unterstützung bedanken.

Danken möchte ich auch den weiteren Sponsoren der Viktor Kaplan Lectures, der Raiffeisen Zentralbank, die bereits zum dritten Mal gewonnen werden konnte, die Vortragsreihen der ÖAW maßgeblich zu unterstützen.

Fortgesetzt wird auch die seit Jahren bewährte und erfolgreiche Kooperation mit dem Stadtschulrat für Wien. Im Zusammenhang mit der Vortragsserie werden Diskussionsveranstaltungen für Schülerinnen und Schüler organisiert, um der Jugend die Möglichkeit zu Kontakten mit führenden internationalen Forschern und Forscherinnen zu geben. Die Veranstaltungen unter dem Titel „Junior Academy“ finden jeweils an den Tagen nach den Vorträgen in Wiener Schulen statt. Dass das Interesse an wissenschaftlichen Themen bei der Jugend groß ist, zeigt sich aber auch beim heutigen Vortrag, zu dem zahlreiche junge Leute gekommen sind.

Sehr geehrte Damen und Herren!

Technik sei Männersache, wird immer wieder behauptet. Dass das nicht so ist, zeigt der heutige Abend. Ich freue mich ganz besonders, dass für den Auftakt der Viktor Kaplan Lectures eine Dame gewonnen werden konnte, Frau Doz. Ingeborg Hochmair-Desoyer aus Innsbruck. Sie wird unter dem Motto „Taub und trotzdem hören“ neue Erkenntnisse und Entdeckungen auf dem Gebiet der Neuroprothesen für das Innenohr vorstellen.

Interview

„Stillstand bedeutet Absterben"

(Von Daniela Schuster, in: DieUniversitaet-online.at)[5]

Seit 1. Oktober 2003 ist Dipl.-Ing. Dr. techn. Herbert Mang, Universitätsprofessor am Institut für Festigkeitslehre der TU Wien, Präsident der Österreichischen Akademie der Wissenschaften. Er folgt Werner Welzig, der vier Amtsperioden an der Spitze der Akademie stand und an dessen Seite er acht Jahre lang Generalsekretär der ÖAW war. DieUniversitaet-online.at sprach mit Mang über sein Erbe und die Zukunft der Akademie.

REDAKTION: *Sie haben das Ruder von Werner Welzig übernommen. Wohin werden Sie das „Schiff" Österreichische Akademie der Wissenschaften steuern?*
HERBERT MANG: Jeder Kapitän hat seinen eigenen Stil. Es wird aber sicher keinen Kurswechsel geben. In den letzten acht Jahren war ich Generalsekretär der Akademie und habe die Richtung mitbestimmt. Sie lautet: Die Symbiose von traditioneller Gelehrtengesellschaft und zukunftsorientiertem Forschungsbetrieb sichtbar machen. Diese Symbiose ist einzigartig in unserem Land. In meiner Wahrnehmung ist die Akademie eine moderne Forschungseinrichtung, die sich deshalb aber der Tradition nicht verschlossen hat. Dennoch, kleine Kurskorrekturen wird es geben: Ein moderner Forschungsbetrieb, der wächst, braucht eine Professionalisierung der Verwaltung. Eine Verwaltung, die es ermöglicht, schnelle, zielsichere und auf die Konsequenzen bedachte Entscheidungen zu treffen.

REDAKTION: *Wie sehen Sie das Verhältnis von Akademie und Universitäten?*
MANG: Ich möchte als universitärer Lehrer und Forscher dazu beitragen, dass Österreich als Land exzellenter wissenschaftlicher Forschung wahrgenommen wird. Eine der wichtigsten Voraussetzungen, um dieses Ziel zu erreichen, sind

[5] Interview von Daniela Schuster erschienen in: DieUniversitaet-online.at (http://www.dieuniversitaet-online.at/beitraege/news/herbert-mang-stillstand-bedeutet-absterben/10/neste/144.html)

junge, gut ausgebildete Forscherinnen und Forscher – sie werden der Akademie von den Universitäten zur Verfügung gestellt. Auch deshalb müssen historische Vorurteile, die zumeist im menschlichen Bereich zu suchen sind, ausgeräumt werden. Es ist mir ein Anliegen, dass das Verhältnis zwischen der Akademie und den Universitäten ein hervorragendes bleibt bzw. wird. Ich sehe keinen Sinn in der Pflege künstlicher Gegensätze.

Stillstand bedeutet Absterben

Redaktion: *Ein wesentlicher Bestandteil von Werner Welzigs Politik war auch, neue Institute in verschiedenen Fachbereichen zu gründen …*
Mang: Diese Politik möchte ich fortsetzen. Stillstand bedeutet Absterben. Im Jänner 2004 eröffnen wir in Wiener Neustadt eine Forschungsstelle für integrierte Sensorik. Bei der Institutsgründung war und ist unser Motto: Zielgerichtete Exzellenz und Komplementarität zu den Universitäten. Man muss jedoch auch den Mut haben, nicht nur zu gründen, sondern auch dürre Äste abzuschneiden. Was heute blüht, muss nicht ewig blühen. Es besteht die Notwendigkeit, sich den Lebenszyklus der einzelnen Institute genau anzuschauen und ein Auge darauf zu haben, was inzwischen vielleicht auch an den Universitäten gut etabliert ist. Manches wird schal, große Durchbrüche sind nicht mehr zu erwarten. Das sagt nichts über die Exzellenz und Qualität der Forschung dieser Institute aus. Doch muss man sich wichtigem Neuen prioritär zuwenden, da die Geldquellen ja nicht beliebig sprudeln.

Redaktion: *ÖAW-Generalsekretär Herwig Friesinger sagte in einem Interview, die Akademie werde bei der Eröffnung bewusst die Bundesländer suchen …*
Mang: Wir gehen dorthin, wo die besten Köpfe sind. Im September 2003 haben wir in Innsbruck das Institut für Quantenoptik und Quanteninformation gegründet. Wir bieten damit den vor Ort befindlichen Köpfen hervorragende Bedingungen für Spitzenforschung. Ein weiteres Beispiel ist das geplante Zentrum für Molekulare Medizin (CeMM) auf dem Campus des Wiener AKH. Es stellt ein Verbindungsglied zwischen Grundlagenforschung und klinischer Forschung dar und ist damit von großer Bedeutung für die Ausbildung der Studierenden.

Welche Institute darüber hinaus gegründet werden, steht noch nicht fest. Vorschläge für Institutsgründungen kommen bottom-up. Ein breiter Fächerkanon in den Akademieeinrichtungen ist uns wichtig.

Mang als Aussenminister der Akademie

Redaktion: *In einem Interview haben Sie gesagt, Sie sähen sich als Außenminister der Akademie …*
Mang: Ja, so sehe ich mich. Das bedeutet aber nicht, dass ich die Arbeit nach innen vernachlässigen werde. Diese ist nach außen nur weniger sichtbar und hörbar.

Redaktion: *Apropos hörbar – Sie haben in diesem Interview auch angekündigt, Ihre Stimme zu erheben, wenn Sie das Gefühl haben, dass für die Forschung zu wenig passiert. Wie beurteilen Sie das Regierungsziel, bis 2006 die Forschungsquote auf 2,5 Prozent des Bruttoinlandsproduktes zu erhöhen?*
Mang: Das ist sicherlich ein extrem ambitioniertes Ziel. Von Seiten der Regierung werden gewaltige Anstrengungen notwendig sein, um es zu erreichen. Ohne die Ergreifung außergewöhnlicher Maßnahmen ist die Zielerreichung meiner Ansicht nach nicht möglich. Die geplante Nationalstiftung ist eine solche. Ich gehe davon aus, dass mit der Stiftung, wenn sie gut ausgestattet wird, die 2,5 Prozent schneller erreicht werden können, wenn auch nicht unbedingt bis 2006. Die Akademie wird zu den Einrichtungen gehören, die die Zielerreichung einmahnen werden. Ich bin der festen Überzeugung, dass in Zukunft politische Wahlen nur gewonnen werden können, wenn der Bildungssektor finanziell ausreichend ausgestattet wird. Die Regierung muss den Anliegen der Universitäten und außeruniversitären Forschungseinrichtungen Rechnung tragen, wenn sie unliebsame Überraschungen bei Wahlen vermeiden will. (dan)

Rede
anlässlich der Eröffnung der Ausstellung „Lise Meitner – Eine biografische Ausstellung zum 125. Geburtstag“

Lise Meitner und Wien

Sehr geehrte Damen und Herren!

Das Hauptgebäude der Österreichischen Akademie der Wissenschaften, äußerlich fast unverändert seit seiner Erbauung vor 250 Jahren, ist heute Verwaltungszentrum für an die 60 Forschungseinrichtungen. Die Forschungsinstitutionen dieser Akademie werden sehr bald an die 800 Mitarbeiter haben. 1948 hat diese Akademie Lise Meitner als erste Frau zu ihrem Mitglied gewählt. Um zu den Wurzeln von Lise Meitner zu gelangen, lade ich Sie ein, mich bei einer Zeitreise in die Vergangenheit nach Wien zu begleiten.

Der Vater, Dr. Philipp Meitner, Rechtsanwalt, ein hochgebildeter Repräsentant des Bürgertums, wird seinen Kindern, acht an der Zahl, eine sorgfältige Ausbildung gewähren. Liberal und tolerant wird er sie – für alle Denkrichtungen offen – erziehen. Politik, Englisch, Französisch und Latein wird er selbst anbieten, den Musikunterricht wird er organisieren.

Mutter Hedwig, in Wien aufgewachsen, mit slowakischen Vorfahren, hat mit fünf Jahren Lesen und Schreiben gelernt.

Tochter Elise, Lise genannt, wird 1878 geboren, ungefähr in der Mitte der Regierungszeit Kaiser Franz Josephs. Klein an Körpergröße ist sie ein aufgewecktes und schwieriges Kind. Im Zeugnis der Bürgerschule der 12-Jährigen treten ihre Vorlieben deutlich hervor. Sämtliche Lernfächer absolviert sie mit „sehr gut“, die so genannten weiblichen Fertigkeiten bestreikt sie bis zum „genügend“. Die Zahl ihrer Kämpfe mit Tintenflecken ist Legion, über ihre Handreichungen innerhalb der Familie herrscht Resignation: „Das steht nicht im Physikbüchl, das kann die Lise nicht!“[6]

---

[6] Schiemann, E.: Freundschaft mit Lise Meitner. In: Neue Evangelische Frauenzeitung 3, Heft 1, 1959, 5

Kaum hat sich Lises Freude am Weiterlernen entflammt, ist das vorläufige Ende auch schon erreicht. Es gibt zu dieser Zeit – wie bereits Frau Generaldirektorin Schneider-Kempf anführte – keine öffentlichen Gymnasien für Mädchen. Somit bleibt nur der Weg zur Externistenmatura. Vortritt hat zunächst die ältere Schwester Gisela zwecks Zulassung zum Medizinstudium, dann kommt die Pianistenausbildung der Schwester Gustl. Lise absolviert zwischenzeitlich eine Ausbildung als Französisch-Lehrerin, arbeitet für soziale Hilfsorganisationen. In diese Zeit fällt ihre vertiefte Beschäftigung mit schöner Literatur und Musik. Erst dann ist sie mit Privatstunden beim Universitätslektor Szárvassi an der Reihe: Mathematik, Physik und Chemie.

Mit 23, nach bestandener Externistenmatura, kann sie ihr Studium der Mathematik und Physik an der Universität Wien beginnen. Inzwischen hat das Weltbild der Physik einschneidende Änderungen erfahren. Aufgrund von Röntgens Arbeiten und kurz darauf Becquerels Untersuchungen einer durchdringenden Strahlung formuliert Marie Skłodowska-Curie den Terminus „Radioaktivität". Rutherford entdeckt den Übergang von Atomen in andere unter Abgabe von Strahlung. Das Dogma der Unveränderlichkeit der Elemente ist damit gefallen. In bemerkenswerter Vorausschau hat die Kaiserliche Akademie in Wien die Kommission für Radioaktive Substanzen gegründet. Ihre Mitglieder sind u. a. Exner, Auer v. Welsbach, Boltzmann und Suess. Auf Veranlassung dieser Kommission werden von Pechblende-Rückständen aus Joachimsthal vier Gramm Radiumchlorid gewonnen, die damals weltweit größte verfügbare Menge und damit für Physiker dieser Zeit eine willkommene Bezugsquelle für ihr benötigtes Ausgangsmaterial.

Zurück zu Lise Meitner. Zwei Akademiemitglieder des Bereiches Physik seien als ihre akademischen Lehrer genannt: Ludwig Boltzmann und Franz Seraphin Exner. Unter Erweiterung der universitären Notenskala von „sehr gut" bis „nicht genügend" bewertet Hofrat Boltzmann die Leistungen Lise Meitners in Analytischer Mechanik „mit „ausgezeichnetem Fortgang genossen". Zu hervorragend war ihr Umgang mit Lagrangegleichungen, Poissonklammern, Variationsprinzipien und der Hamilton-Jacobischen Theorie.

Nach dem achten Semester greift Lise Meitner auf Vorschlag Exners in ihrer Dissertation eine Formel aus Maxwells Lehrbuch der Elektrodynamik auf und überträgt sie in die Wärmelehre. Die Richtigkeit der Anwendbarkeit in diesem Bereich überprüft sie experimentell. Es kommt einer Auszeichnung gleich, dass diese Arbeit in den Sitzungsberichten der math.-nat. Klasse der ÖAW abgedruckt wird. Meitner absolviert ihre Rigorosen mit der Gesamtnote „mit Auszeichnung" und wird danach zum Dr. philosophiae promoviert. Trotzdem ohne Anstellung, schließt sie ihr Lehramtsstudium mit dem Probejahr im Gymnasium ab.

Nebenbei ist sie ohne Bezahlung am Nachmittag am II. Physikalischen Institut der Universität Wien tätig. Dort regt der Physiker Paul Ehrenfest die junge Frau Dr. Meitner zu einer Arbeit im Gebiet der Optik an, die Fresnels Reflexionsformeln durch Rayleighs Versuche überprüfen soll. Geschickt mit Werkzeugen der Höheren Analysis operierend, wie z. B. der Darstellung des Sinus als unendliches Produkt und der Partialbruchzerlegung des Cotangens aus dessen logarithmischer Ableitung, deutet Meitner die Versuche Rayleighs als Bestätigung der Fresnel-Formeln. Auch diese Arbeit druckt die ÖAW.

In der Person von Stefan Meyer, dem späteren Direktor des Radium-Instituts, trifft Lise Meitner 1910 schließlich einen engagierten Physiker, der sie in Richtung Radioaktivität begeistert. Sie wird dieses Gebiet nie mehr verlassen. In zwei weiteren Arbeiten studiert sie daher Absorption und Streuung von Alpha- und Betastrahlen. Erleichtert werden diese Arbeiten durch einen starken Magneten, den Boltzmann vorausblickend bauen ließ.

Aus Meitners Arbeit am Radium-Institut resultieren lebenslange Freundschaften mit Wissenschaftlern. Stellvertretend seien Schrödinger und ihr Studienkollege Przibram genannt.

1907 wird Max Planck die Lehrkanzel des verstorbenen Ludwig Boltzmann angeboten. Erklärend sei angefügt, dass Boltzmann in seinen Vorlesungen Quantentheorie und Relativitätstheorie nicht angeboten hat. Lise Meitner hört den Vortrag Plancks. Vom Wunsch beseelt, „ein wirkliches Verständnis für Physik"[7] zu erlangen, folgt sie Max Planck nach Berlin, um seine Vorlesungen zu hören. Sechs Jahre später wird sie Preußens erster weiblicher Universitätsassistent.

Lise Meitners Umzug nach Berlin mit finanzieller Unterstützung der Eltern ist für sie keineswegs leicht. Jahrzehnte später wird sie schreiben: „Wien ist so eng verbunden mit den innersten Gefühlen und tiefsten Wurzeln meines Denkens, die zu meiner Jugend gehören."[8]

Mit den wissenschaftlichen Fachkollegen Wiens bleibt sie eng verbunden. Durchschnittlich viermal im Jahr besucht sie dazu Wien, besteigt auch Österreichs Berge.

1925 verleiht ihr die ÖAW den Ignaz L. Lieben-Preis für ihre Arbeiten über den Beta-Zerfall. Die politischen Ereignisse des Jahres 1938 veranlassen Lise Meitner, im letzten Augenblick über Holland nach Schweden zu flüchten, wo sie versuchen wird, wissenschaftlich Fuß zu fassen. Aus ihrem Exil in Stock-

---

[7] Lise Meitner, Looking back. Bulletin of the Atomic Scientists, November 1964, 7

[8] Lise Meitner an Lisa Lisco, 3. Februar 1950, MTNR, Meitner Papers, Churchill Archives, Cambridge

holm schreibt Lise Meitner: „Ich fühle beinahe täglich die Dankbarkeit, wieviel ich an Gutem und Schönem von zuhaus mitbekommen habe. Letzten Endes ist es noch heute der Boden, auf dem ich stehe.“[9]

1948 wählt sie die ÖAW, dem Beispiel anderer Akademien folgend, zum korrespondierenden Mitglied im Ausland und gibt ihr damit den Status, der einem wirklichen Mitglied im Inland entspricht.

Wenn sich unsere Zeitreise, meine sehr geehrten Damen und Herren, dem Ende nähert, so sei im Überblick erwähnt, dass Lise Meitner gemeinsam mit Otto Hahn das Proaktinium entdecken konnte. Die Spektren der Betastrahlung wurden zu ihrem Hauptarbeitsgebiet. Gemeinsam mit ihrem Neffen Otto Robert Frisch postulierte sie eine energetische Deutung der Kernspaltung. In einer letzten Arbeit stellte sie ein Schalenmodell des Atomkerns auf. Ein Vierteljahrhundert nach ihrem Tod wird ein radioaktives Element mit der Halbwertszeit 7/100 Sekunden nach ihr Meitnerium benannt.

Physik wird niemals in einem abgeschlossenen Lehrbuch beschrieben werden können. Detailbefunde der letzten Zeit geben der Vermutung Raum, dass uns aufregende Erkenntnisse bevorstehen.

Nicht besser könnte unsere Zeitreise zu einem vorläufigen Abschluss gebracht werden, als durch die Worte Lise Meitners selbst, die sie mit 85 Jahren in einem Vortrag in Wien sprach:

„Daß das Leben nicht immer einfach war, dafür sorgten der Erste und Zweite Weltkrieg und ihre Folgen. Aber für die Tatsache, daß es wirklich ausgefüllt war, habe ich der wunderbaren Entwicklung der Physik und den großen, liebenswürdigen Persönlichkeiten zu danken, mit denen ich durch meine physikalische Arbeit in Berührung kam.“[10]

Ich danke Ihnen für Ihre Aufmerksamkeit.

---

[9] Lise Meitner an Berta Karlik, 26. Juni 1951, ÖAW

[10] Lise Meitner, Looking back. Bulletin of the Atomic Scientists, 2

Begrüßung

anlässlich der Präsentation des Buches „Cyberscience. Research in the Age of the Internet" von Michael Nentwich

Sehr geehrte Damen und Herren!

Namens der Österreichischen Akademie der Wissenschaften begrüße ich Sie sehr herzlich zur Präsentation des Buches „Cyberscience. Research in the Age of the Internet". Es handelt sich dabei um ein „umfassendes Kompendium zum Thema Forschung im Internetzeitalter".

Die Arbeitswelt der Forschenden wird sich zunehmend „virtualisieren", sie werden zu Cyber-Nomaden. Dezentral und zeitlich „asynchron" kommunizierende internationale Projektteams, die stark vernetzt sind, werden die klassische, an den realen Kommunikationsraum gebundene Forschung schrittweise ablösen. Virtuelle Forschungsinstitute werden neben die derzeitigen Institute treten. So sieht der Zukunftsentwurf Michael Nentwichs, des Autors des Buches, das heute hier präsentiert wird, aus.

Für die Österreichische Akademie der Wissenschaften ist die Thematik seit langem wichtig. Der Verlag der Akademie produziert auf höchstem Niveau elektronische Publikationen: nicht nur elektronische Zeitschriften, wie etwa die Sitzungsberichte, sondern auch spezielle Online-Datenbanken, wie z. B. das Österreichische Biographische Lexikon, das Österreichische Musiklexikon und ein E-Book, wie das heute vorzustellende Buch.

Eine interne Arbeitsgruppe zum Thema Internet beschäftigt sich seit dem Jahr 2000 mit praktischen Problemen und Herausforderungen für die Akademie. Als Vorsitzender dieser Arbeitsgruppe fungiert übrigens der Autor des Buches.

Verschiedene Forschungseinrichtungen der ÖAW arbeiten an Zukunftstechnologien, so beispielsweise die im Techgate beheimatete Kommission für Wissenschaftliche Visualisierung. Andere Forschungsinstitutionen der Akademie nutzen sie an vorderster Front, wie z. B. das Phonogrammarchiv, das

Institut für Realienkunde des Mittelalters und der frühen Neuzeit oder das Austrian Academy Corpus und nicht zuletzt zahlreiche naturwissenschaftliche Institute.

Das Institut für Technikfolgen-Abschätzung untersucht seit 1999 die Konsequenzen der wachsenden Nutzung von Informationstechnologien für die Wissenschaft; das vorgestellte Buch ist ein Zwischenergebnis; Internetforschung wird aber auch in anderen Themenbereichen an diesem Institut betrieben, beispielsweise zu Fragen der elektronischen Demokratie und Verwaltung oder zum Thema Schutz der Privatsphäre.

Sehr geehrte Damen und Herren!

Cyber-Wissenschaft passiert nicht im rechtsfreien Raum. In der laufenden Debatte um die Novellierung des Urheberrechts zur Anpassung an die Erfordernisse des Informationszeitalters wurden die Bedürfnisse der Wissenschaft jedoch noch nicht ausreichend berücksichtigt. Die Akademie setzt sich mit Nachdruck für eine Verbesserung der gegenwärtigen Situation ein.

Probleme bestehen insbesondere beim wissenschaftlichen Zitatrecht und bei der Zurverfügungstellung digitaler Materialien im wissenschaftlichen Intranet. Probleme entstehen durch Bibliotheken und ergeben sich im Urhebervertragsrecht. Im Rahmen einer Enquete des Nationalrats zum Urheberrecht hat die Akademie zu diesen Problemen Stellung bezogen.

Die Wissenschaft ist seit Jahren zugleich Motor und Nutzer der neuen Medien. Wissenschaft ohne Internet ist heute in kaum einer Disziplin mehr vorstellbar.

Die ÖAW ist sich der stark zunehmenden Bedeutung des Internets und der digitalen Kommunikation bewusst. Die Schaffung einer hochwertigen Infrastruktur für ihre Forscherinnen und Forscher hat hohe Priorität. Dafür sind Voraussetzungen erforderlich, die teilweise außerhalb des Verantwortungsbereiches der Akademie gelegen sind. Der Bund ist gefordert, die Mittel bereitzustellen, die notwendig sind, um die Wettbewerbsfähigkeit der österreichischen Wissenschaft auf internationaler Ebene zu gewährleisten. Insbesondere muss der leistungsfähige Anschluss an die europäischen Hochgeschwindigkeitsnetze forciert und der Zugang zu den wichtigsten Online-Datenbanken und Zeitschriften flächendeckend sichergestellt werden. Die dabei anfallenden Kosten übersteigen die finanzielle Leistungsfähigkeit der Akademie. Nicht zuletzt deshalb unterstützt die Akademie die Bemühungen um freien Wissenszugang im elektronischen Raum. Das WWW kann und soll dazu beitragen, das Wissen der Menschheit transparent und offen zugänglich zu machen.

Ich danke Ihnen für Ihre Aufmerksamkeit und darf nun den Autor bitten, sein Buch vorzustellen.

Begrüßung und Eröffnungsworte anlässlich des Symposiums on the Use of Synchrotron Radiation

Ladies and Gentlemen,

It is my great honor and pleasure to welcome you on behalf of the Austrian Academy of Sciences to a Symposium on the Use of Synchrotron Radiation.

The Austrian community of researchers who integrate this fantastic light source into their scientific work is honored by the presence of Director General Stirling and Director Sette from the European Synchrotron Radiation Facility (ESRF).

The Austrian Academy of Sciences supports research activities in research facilities that are connected to your fields of interest. Let me mention the Institute of Biophysics and Nanosystems Research, the Erich-Schmid-Institute of Materials Science, the Institute of High Energy Physics, the Stefan-Meyer-Institute for Subatomic Physics, the Space Research Institute, the Institute for Quantum Optics and Quantum Information, the Commission for Astronomy, the Austrian Fusion Program and the Research Center for Molecular Medicine.

My field of expertise is not directly related to the topics of this Symposium. I am a Professor of Strength of Materials at the Department of Civil Engineering at Vienna University of Technology. For more than a decade we have performed biaxial experiments on anisotropic and compound materials. Presently we carry out multiscale analysis, frequently starting at the nanolevel. Our research interests extend to biological structures such as bones.

My first impression of your field was that of the fantastic growth in size and complexity of your instruments. It is breathtaking to compare a table-synchrotron of 1947 at General Electric with the ESRF-installation which spans a soccer field. It is only just that you offer bicycles to make sure that the researchers arrive at the beamlines in time.

Recently I was opening a conference on detectors for collision experiments in High Energy Physics. Some participants considered synchrotron radiation as a nuisance as it degraded the energy of their elementary particles. Your view is different because you need a light source of incredible brilliance, about 13 powers of ten brighter than a 60W light bulb. In addition, your source must be tuneable from infrared to soft X-rays. Conventional X-ray machines, depending on the dimension of electron shells in replenishing the fall of an electron from higher shells after a K-shell knockout, do not have this flexibility.

Rushing over pertinent internet documents, I became aware of the great progress which physicists and engineers have made to further boost flux and brightness a few powers of ten by exposing the electrons to the periodic magnetic fields of wigglers and undulators in the straight sections of the storage ring. At first, I was astonished that such finely layered magnetic structures could be built until I realized that the Lorenz contraction, as seen by highly relativistic electrons along with the Doppler Effect, contributed a factor gamma-square to the apparent reduction of the linear dimension.

Looking at formulae for horizontal and vertical polarization reminded me of vibrations and buckling of circular plates and annuli and of the respective boundary conditions leading to constraints on Bessel functions and Modified Bessel functions. The case of synchrotron electrodynamics with modified Bessel functions of the second kind and fractional order 2/3 and 5/3 caught my attention. It was interesting to see that for an integral over the latter function numerical tables were supplied. It is not difficult to express this integral as the difference of two generalized hypergeometric functions.

Beyond rapidly evolving technical features of a synchrotron installation, the fields and projects for which this community needs beam time are of paramount importance. Of course, I cannot add anything to the presentations you are going to give today. It is reassuring, however, to find some of your projects discussed in the ESRF Newsletter.

I assume that ESRF must be under permanent reconstruction to meet the constantly changing needs of researchers. The investment into special undulators to create, e.g., circular polarization – if I am correctly informed, the principle was conceived in Graz – could pay off in creating even denser magnetic storage media. The study of photoactivation of specific substances containing organic platinum compounds could result in a smaller concentration of cytostatica and thus be less toxic. The understanding of 3D structures of biological macromolecules to elucidate the interaction of specific proteins and RNA-configurations with DNA will pave the way to new therapies.

It was reassuring to see that the Free-Electron-Laser (FEL) is included in your long-term-strategies. I was fascinated by the concept to let electrons, wiggled through undulators, interact with the electrical field of the light and thus induce self-amplified spontaneous emission. It is a principle of construction to try to avoid problematic elements. As there are no good mirrors for very short wavelengths, it is ingenious to try lasing without them. Of course, there is a substantial price to be paid: Stanford´s FEL undulator is 121 meters long. The mechanical stabilization of the building around the FEL is a complex engineering task demanding the expertise of structural engineers.

With the aid of FELs the creation of carbon nanotubes will be economical. I do not know if we will ever have a rope extending up to a geostationary satellite which would dramatically reduce the costs of the transport to space. I know for sure, however, that with conventional materials we need not even try.

Adding a kind of magnetic shutter to achieve femto-second pulses from a FEL might pave the way to unlock the complicated 3D-structures of biological molecules without the need to crystallize them.

Creating new technologies needs public support. Surfing the internet for appropriate documents, I have seen many projects in the US, supported by the Department of Energy. Concerning Austrian projects, the Federal Ministry for Education, Science and Culture has been instrumental in providing financial support.

Inspecting the wonders of the microworld: metal alloys, semiconductors, supraconductors, glasses, liquid crystals, colloids, biological molecules and gases responsible for environmental effects is a field where synchrotron radiation proves indispensable.

As human beings, however, we are positioned midway between the microworld and the macroworld. Looking up into the sky with special telescopes reveals a picture totally different from our quasistationary optical impression which is mainly induced by our comparatively short lifetime. The study of synchrotron emission from shell-type Super-Nova-Remanents reveals their violent genesis. Either through the Cerenkov-radiation in our atmosphere or more appropriate through X-ray space telescopes we observe the X-ray emission of shock fronts or optical phenomena of reverse shocked regions. We thus learn to understand how the seeds of metal-rich stars which might harbor accretion discs and thus future planetary systems, are ejected and, ultimately, how we have come into being from this stardust, and with the help of non-equilibrium thermodynamics.

Ladies and Gentlemen, the Austrian Academy of Sciences, together with the Austrian Physical Society, feels honored to have organized a symposium, which encourages intensive collaboration and partnership on the use of synchrotron radiation in Austria, the European Union and beyond. I wish you a lot of success for your projects as well as new insights obtained through personal contacts established at this symposium.

Thank you for your attention.

Begrüßung

anlässlich der Präsentation des Buches „Kosmische Impressionen. Gottes Spuren in den Naturgesetzen“ von Walter Thirring

Sehr geehrte Damen und Herren!

Es ist mir Ehre und Freude zugleich, Sie im Namen der Österreichischen Akademie der Wissenschaften zur Präsentation des Buches von Prof. Thirring „Kosmische Impressionen“ begrüßen zu können. Wir nehmen diese Vorstellung gemeinsam mit dem Molden Verlag vor.

Gestatten Sie mir zunächst, Aufgaben und Strukturen der ÖAW in wenigen Worten zu skizzieren. Gemäß ihrer Satzung ist die Akademie der Förderung der Wissenschaft verpflichtet und führt diese Aufgabe in einer verzahnten Organisation zweier Strukturen durch. Zum einen über die Gelehrtengesellschaft, in der hervorragende Wissenschaftler, ausgewählt in einem strengen Selektionsverfahren, der Weiterentwicklung ihrer Wissenschaften verpflichtet sind. Zum anderen über Institute, Forschungsstellen und Kommissionen, die auf zahlreichen Gebieten der Natur- und Geisteswissenschaften nach international evaluierten Forschungsprogrammen wissenschaftliche Ergebnisse erzielen.

Im Rahmen der Gelehrtengesellschaft machen Fachpublikationen den Großteil der erhaltenen Resultate aus. Lehrbücher, so wichtig sie für die wissenschaftlich interessierte Öffentlichkeit und für Studenten auch sein mögen, werden im Rahmen der ÖAW selten geschrieben. Dieses Faktum ist für die Allgemeinheit bedauerlich, wie die große Popularität von Zeitschriften zur Verständlichmachung von Wissenschaft wie „Scientific American“ oder „Science et vie“ zeigt. Prof. Thirring hat neben seinen zahlreichen Fachpublikationen dennoch Zeit gefunden, Lehrbücher zu schreiben. Ich nenne seine Darstellung der Elektrodynamik, sein vierbändiges Werk über Methoden der Mathematischen Physik, das zur Zeit der Publikation ein Leuchtturm der modernen mathematischen Methoden der Theoretischen Physik war, und eben jetzt seine „Kosmischen Impressionen“.

Als studierter Bauingenieur, der an der Technischen Universität das Institut für Festigkeitslehre leitet, ist mein Zugang zu den „Kosmischen Impressionen" naturgemäß ein anderer als der eines Physikers. Bei diesem Zugang fällt mir auf, dass Prof. Thirring die Fertigkeit vermittelt, mit wenigen ausgewählten Größen, wie z. B. der Masse des Protons, des Elektrons, dem Planckschen Wirkungsquantum und der Lichtgeschwindigkeit, Ausdrücke herzuleiten, die zumindest die Größenordnungen eines physikalischen Effekts richtig wiedergeben. Diese Fertigkeit hat er an seine Schülergeneration weitergegeben, die sie schöpferisch weiterentwickeln konnte. Als Beispiel dazu nenne ich das Buch „Weiße Zwerge, Schwarze Löcher" der Physiker Roman und Hannelore Sexl.

Prof. Thirring ist nicht nur ein Brückenbauer zum Verständnis der Mikro- und Makrowelt. Er ist Zeitzeuge für Begegnungen mit den Baumeistern des neuen wissenschaftlichen Weltbildes: Einstein, Heisenberg, Schrödinger, Pauli.

Anschaulich diskutiert Prof. Thirring die kleinsten Bausteine dieses Universums, legt ein Vergrößerungsglas über das Massenspektrum der sechs Quarks, bespricht ihre Farbladungen sowie die Eigenschaft, dass makroskopische Materie farblos ist, diskutiert die Leptonen als weitere Teilchen mit halbzahligem Spin und stellt sie jenen Eichteilchen mit ganzzahligem Spin (meist 1) gegenüber, welche die grundlegenden Wechselwirkungen vermitteln: die Starke Wechselwirkung, die Elektroschwache und die Gravitation, jener „Schmutzeffekt" der Natur, dessen weitere Erforschung mit Sicherheit überraschende Erkenntnisse bringen wird.

Nachdenklich hat mich die Darstellung über die Entstehung der Theorie Kaluzas gemacht, die in einer Welt mit vier räumlichen Dimensionen eine vereinheitlichte Formulierung der Gravitationstheorie und der elektromagnetischen Felder ermöglicht. War es Zufall oder eine unbestimmte Ahnung, dass Einstein die Arbeit zwei Jahre in der Schublade liegen ließ? Eine moderne Alternative der Beschreibung des kosmologischen Geschehens verwendet jene Vierdimensionalität des Raumes, um damit, gemäß Paul Steinhardt aus Princeton und Neil Turok aus Cambridge, das ekpyrotische, aus dem Feuer des Big Bangs geborene Universum zu formulieren. Diese Darstellung deutet den Big Bang als Kollision zweier dreidimensionaler Membranen im vierdimensionalen Raum. Ich habe mir berichten lassen, dass unser vor einigen Jahren verstorbenes wirkliches Mitglied Walter Wunderlich in seiner akademischen Lehre von der konstruktiven Behandlung des vierdimensionalen Raumes gesagt hat: „Die Tatsache, dass sich zwei Ebenen in nur einem Punkt schneiden, müssen Sie sich, gängigen politischen Ideologien ähnlich, so oft vorsagen, bis Sie es schließlich selber glauben!"[11] Das Interessante an der Theorie des ekpyrotischen Universums ist, dass sie ohne katastrophale Inflation auskommt, die gemäß Alan Guth einen Keimling unseres Universums von der Größe unterhalb eines Elektrons per Überlichtgeschwindigkeits-Expansion in einem Augenblick zur Größe des Frühen Universums aufgetrieben hätte. Innerhalb dieser Theorie und ihrer Erweiterung zum zyklischen Universum kommt es in gleichen Zeitabständen erneut zu Big Bangs. Raum und Zeit haben danach schon immer bestanden.

Ich möchte noch auf Prof. Thirrings kurzen Exkurs der Entstehung des Lebens zu sprechen kommen. Dabei geht er von Arbeiten Schrödingers aus, der natürlich die DNA noch nicht gekannt hat und als Element der Strukturweitergabe Kristalle postuliert hat. Das ist nicht so unplausibel; man kann die Doppelhelix der DNA tatsächlich kristallisieren. Jedenfalls ist damit der Weg offen zur Weitergabe genetischer Information, die entgegen der Gleichgewichtsthermodynamik abläuft. Überlegungen dieser Art sind Pate gestanden für das Konzept des Hyperzyklus unserer Mitglieder Eigen und Schuster und für Überlegungen zur mathematischen Theorie der Evolution unseres Mitglieds Sigmund.

In einer so umfassenden Darstellung von Impressionen quer durch den ganzen Mikro- und Makrokosmos dürfen philosophische Reflexionen nicht fehlen. Als Physiker gelangt Prof. Thirring zu solchen Überlegungen über die verschiedenen Spielarten des Anthrophischen Prinzips, das verkürzt aussagt: „Das Universum ist bestrebt, sich intelligente Beobachter zu schaffen."

Als engagierter Humanist formuliert Prof. Thirring seine Reflexionen aus der Überzeugung heraus, dass ein Gegensatz zwischen Naturwissenschaften und Weltanschauung in Wahrheit nicht besteht. So ist es kein Zufall, dass unser kürzlich verstorbenes Ehrenmitglied Kardinal König als seinen letzten schriftlichen Beitrag das Vorwort zu Thirrings Buch geschrieben hat. Prof. Thirring formuliert seine Reflexionen dazu mit Vorsicht, warnt vor ungerechtfertigten Anthropomorphismen dort, wo menschliches Verständnis seine Grenzen findet, weist zu unentscheidbaren Fragestellungen auf Kurt Gödel hin und gibt seinem Werk eine zusätzliche Dimension, indem er Beethovens Vertonung des David-Psalms „Die Himmel rühmen des Ewigen Ehre" herausstellt, die jenseits des rein Sprachlichen gelegen ist.

Insgesamt bieten die „Kosmischen Impressionen" eine vieldimensionale Überschau und sind anders als ein trockenes Lehrbuch bestens geeignet, als

[11] Persönliche Mitteilung F. Firneis

Ausgangspunkt für eine Reise zu einem besseren Verständnis der Architektur dieses Kosmos zu dienen.

Meine sehr geehrten Damen und Herren! Ich kann nur empfehlen: Lesen Sie dieses Buch! Und: Danke für Ihre Aufmerksamkeit.

Begrüßung und Eröffnungsworte

anlässlich der Präsentation des neuen ÖAW-Instituts für Quantenoptik und Quanteninformation sowie des Vortrags von Anton Zeilinger „Von Einstein und Schrödinger zu Quantenkommunikation und Teleportation" im Rahmen der Wiener Vorlesungen

Werte Mitglieder der Wiener Landesregierung,
sehr geehrte Damen und Herren!

Es ist mir eine besondere Ehre und Auszeichnung, Sie im Namen der Österreichischen Akademie der Wissenschaften bei dieser Veranstaltung begrüßen zu dürfen.

Die ÖAW ist durch Gesetzesauftrag zur Förderung dessen verpflichtet, was man früher als Grundlagenforschung bezeichnet hat und in der Gegenwart zunehmend als erkenntnisgetriebene Forschung apostrophiert.

In der ÖAW sind hervorragende Gelehrte von Fachrichtungen in naturwissenschaftlich-technischen und in geistes-, kultur- und sozialwissenschaftlichen Bereichen versammelt. Zusätzlich betreibt die ÖAW an die 80 verschiedene Forschungseinrichtungen mit über 700 Mitarbeiterinnen und Mitarbeitern. Bedingt durch das fast exponentielle Ansteigen der Aktivitäten im Bereich der Life Sciences wird die Mitarbeiterzahl bald 1000 erreichen. Fortschritte durch Forschung werden an den Universitäten erzielt, an staatsnahen und industriellen Forschungsinstituten sowie an Akademien. Akademien werden nicht in jenem Ausmaß von Lehre und Präsentation in Anspruch genommen, wie Universitäten. Daher verbleibt ein größerer Anteil der Arbeitskapazität für die Forschung. Die Kooperation zwischen Akademien und Universitäten ist eng, auch in unserem Land.

In meiner akademischen Funktion an der Technischen Universität Wien leite ich das Institut für Festigkeitslehre an der Fakultät für Bauingenieurwesen.

Als Präsident der ÖAW obliegen mir Lenkungs- und Koordinierungsaufgaben. Dabei ist es oft das Gebot der Stunde, Strategien anzuwenden, welche ihre Analogien in der belebten Natur haben.

Oft genug ist der Grund nicht allzu fest, auf dem stabile Überbauten errichtet werden sollen. Als Beispiele nenne ich Klebepunkte von Spinnennetzen, Pfähle als Basis von Feuchtbodensiedlungen, das auf vielen tausenden Piloten errichtete Venedig, Brücken über Kieferimplantaten, aber auch Pivots, die im Diskretisierungsrauschen der Computerzahlen eine möglichst stabile Lösung von schlecht konditionierten, also wackeligen Gleichungssystemen ermöglichen sollen. Die Vernetzung der Träger resultiert in einem stabilisierten Überbau.

Ich meine hier eine bewusste Analogie, ein übertragenes bionisches Prinzip der Verantwortungsträger der Bundeshauptstadt zu sehen, langfristig in solche weit verzweigte kulturelle Netze zu investieren, um für unsere jungen Talente einen stabilen Überbau zu erzielen und damit anspruchsvolle Arbeitsbedingungen. Weite Teile der Hightech-Industrie in Kalifornien und anderswo mussten den Verlust hoch qualifizierter Arbeitsplätze über das Internet hinnehmen. Für Arbeitsplätze in biomedizinischen oder physikalischen Labors ist dieses „Off-shoring" nicht unmittelbar zu befürchten.

Ein biologisches System braucht für seine gesicherte Existenz Materie und Energie. In Übertragung für ein Forschungsinstitut bedeutet das geeignete Räumlichkeiten und eine adäquate Finanzierung. In dankenswerter Weise hat die Bundeshauptstadt solche Räumlichkeiten zur Verfügung gestellt: für das IMBA – Institut für Molekulare Biotechnologie GmbH und das GMI – Gregor-Mendel-Institut für Molekulare Pflanzenbiologie GmbH. Für das CeMM – Forschungszentrum für Molekulare Medizin GmbH wurde ein Superädifikat offeriert und eine ähnliche Vereinbarung für das Konrad-Lorenz-Institut für Vergleichende Verhaltensforschung getroffen. Zusätzlich, und das sei mit besonderer Dankbarkeit vermerkt, steht durch die Bundeshauptstadt das Äquivalent für Adenosintriphosphat (ATP) zur Verfügung, nämlich Geld: im Rahmen des Jubiläumsfonds für zahlreiche verschiedene Projekte oder punktuelle Zusatzfinanzierungen wie für das heute im Mittelpunkt stehende Institut für Quantenoptik und Quanteninformation.

In weniger guten Zeiten überleben jene Organismen, die am anpassungsfähigsten sind. So genannte Modifikationen erlauben es alpinen Pflanzen, in kalten, verregneten und windigen Sommern kürzere Stängel auszubilden als in wärmeren. Es ist unsere Verpflichtung, dieses Prinzip in eine stabilisierende Wissenschafts- und Finanzpolitik unserer Institute zu übertragen. Der Jubiläumsfonds mit seinen bewusst gebildeten Rücklagen unterstützt uns dabei.

Lassen Sie mich zum Forschungsgebiet des Instituts für Quantenoptik und Quanteninformation zurückkommen. Aus meiner Sicht ist die Quantentheorie einen ähnlichen Weg wie die Zahlentheorie gegangen. Über lange Zeiträume hat die Zahlentheorie tiefe Einsichten in die Struktur ganzer Zahlen gewährt, war aber von praktischen Anwendungen weit entfernt. Erst in letzter Zeit haben kryptographische Verfahren für die sichere Übermittlung von Millionen von finanziellen Transaktionen an jedem Tag über das Internet eine ganze Klasse von neuen zahlentheoretischen Anwendungen hervorgebracht.

Für Boltzmann waren Energiequanten reine Rechengrößen, die er gegen Null gehen ließ. Max Planck hat mit seinem Quantenkonzept nicht nur die Physik revolutioniert, sondern das gesamte wissenschaftliche Weltbild. Über die Waffentechnik und die Energiegewinnung hinaus beginnt die Quantentheorie, Anwendungen für die Informationsübermittlung und Informationsverarbeitung anzubieten. In unserer heutigen Gesellschaft besitzen Information und ihre Technologie eine zentrale Bedeutung. Ein „Spin-off" der Quantentheorie ist eine abhörsichere Quantenkryptographie, die daran ist, eine neue industrielle Produktpalette zu schaffen.

Das neue Akademieinstitut mit den Standorten Innsbruck und Wien wird in enger Kooperation mit den Universitäten dieser Städte betrieben: das ist ein organisatorisches Novum. Der Standort Wien mit der Forschergruppe von Prof. Zeilinger ist mit Problemen beschäftigt, dort zu messen, wo andere bisher philosophiert haben. Seine Teleportationsexperimente, bei denen natürlich nicht Materie übertragen wird, sondern mittels verschränkter Photonen Zustände, hat er auf Moleküle ausgedehnt, die bis zu 70 Kohlenstoffatome umfassen: so genannte Fullerene. Es spricht für die Wichtigkeit der Arbeiten von Prof. Zeilinger, dass sein Artikel „Quantum Teleportation" vor kurzem im Sonderheft „Extreme Physics" des Wissenschaftsjournals „Scientific American" als Nachdruck erschienen ist.

Vielleicht wird es durch Kühlung bis knapp an den absoluten Nullpunkt heran einmal gelingen, kurze DNA-Abschnitte und damit Konstruktionsvorschriften des Lebens zu „teleportieren". Dann wären wir von den Life Sciences nicht so weit entfernt, wie es zunächst den Anschein hat.

Im Spektrum eines reichhaltigen Netzes verschiedener Forschungsstätten der Life Sciences ist Quantenphysik dennoch ein Beitrag anderer Art. Jenseits der Evolution durch Adaption, wie sie Darwin beschrieben hat, liegt hier die Aufnahme einer neuen Funktionseinheit in ein Ganzes vor. Lynn Margulis hat dazu die Theorie der Symbiose auf den Einschluss von Bakterienbausteinen in eine Zelle erweitert. So mögen Mitochondrien und Chloroplasten entstanden sein.

Zuletzt ist mir aufgefallen, dass die fünf Buchstaben des Kürzels für das Institut für Quantenoptik und Quanteninformation:

I-Q-O-Q-I

ein Palindrom bilden. Beim Lesen von links nach rechts und von rechts nach links bleibt die Botschaft unverändert, wie bei ANNA oder OTTO.

Solche Palindrome sind unverzichtbar bei der Steuerung der Reaktionen von Zelleigenschaften auf verschiedene Umweltbedingungen: Jacob und Monod haben für dieses Operon-Konzept 1965 den Nobelpreis für Medizin erhalten.

Möge also das palindromische Institutskürzel ein programmatischer Wunsch für die weitere Vernetzung und damit für zusätzlichen Informationsgewinn der verschiedensten Wissensgebiete sein!

Ich danke Ihnen für Ihre Aufmerksamkeit.

Eröffnungsworte anlässlich der Verleihung der Stipendien der ÖAW

Sehr geehrte Damen und Herren!

Von Veränderungen in der österreichischen Förderlandschaft wird zurzeit viel gesprochen, von Reformen und Optimierung, vom Vermeiden von Doppelgleisigkeiten und von Fokussierung.

Die ÖAW hat sich im Laufe ihrer mehr als 150-jährigen Geschichte immer wieder Reformen verschrieben, bei grundlegenden Umwälzungen wird man aber erklären müssen, warum an bewährten Förderstrukturen, die mittlerweile zu Markenzeichen wurden, wie z. B. das Erwin-Schrödinger-Stipendium des Fonds zur Förderung der wissenschaftlichen Forschung oder APART und DOC, gerüttelt werden soll. Die ÖAW sieht es jedenfalls – wie übrigens alle namhaften Wissenschaftsakademien der Welt – als eine ihrer vordringlichsten und vornehmsten Aufgaben an, den wissenschaftlichen Nachwuchs zu fördern – sei es mit privaten Finanzmitteln wie bei den Preisstiftungen oder den Stipendien der Max Kade-Foundation aus New York, sei es durch Dotationen des Bundesministeriums für Bildung, Wissenschaft und Kultur.

Ebenso aber müssen wir immer wieder Rechenschaft über Zweckmäßigkeit unseres Tuns ablegen.

Stipendienprogramme der ÖAW sind aus mehrerlei Gründen erfolgreich:

Erstens: Die Karrieren der Absolventinnen und Absolventen verdeutlichen, dass die Auswahlvorgänge gewissenhaft und ausschließlich nach wissenschaftlichen Kriterien durchgeführt werden. Um dies zu verdeutlichen, greife ich exemplarisch Berufungen von APART-Stipendiatinnen und -Stipendiaten im letzten Jahr heraus:

- Johannes Fürnkranz erhielt eine C3-Professur für „Knowledge Engineering“ an der Technischen Universität Darmstadt,
- Hans-Günther Knaus eine Professur für Zelluläre und Molekulare Pharmakologie an der Universität Innsbruck,

- Andrea Lindmayr-Brandl einen Ruf auf eine C4-Professur am Institut für Musikwissenschaft der Universität Göttingen,
- Susanne Kalss wurde Professorin für Zivil- und Handelsrecht an der Wirtschaftsuniversität Wien,
- Tomislav Boric: Professor für Zivilrecht, Ausländisches und Internationales Privatrecht an der Universität Graz,
- Birgitta Lurger: Professorin für Bürgerliches Recht, Internationales Privatrecht und Rechtsvergleichung an der Universität Graz und
- Rupert Wimmer erhielt eine Professur für „Bio-based Fibre Materials" an der Universität für Bodenkultur, gleichzeitig leitet er die Abteilung für Angewandte Forschung bei der Funder Industrie in St. Veit/Glan.

Wir gratulieren aber auch all jenen Stipendiatinnen und Stipendiaten sehr herzlich, die sich im vergangenen Jahr habilitiert haben oder promoviert wurden und so das in sie gesetzte Vertrauen in Form einer ÖAW-Förderung rechtfertigen.

Zweitens: Der Erfolg wird auch durch die seismographische Ausrichtung einer Wissenschaftsakademie ausgelöst: Sie soll neue Entwicklungen in der Forschungslandschaft – nicht zuletzt durch ihr Netzwerk an exzellenten Forscherinnen und Forschern als Mitglieder im In- und Ausland – antizipieren:

Dies lässt sich auch anhand der Vorreiterrolle der Akademie bei der Implementierung neuer Fördermaßnahmen verdeutlichen: 1995 wurde von meinem Vorgänger das Doktorandenprogramm der ÖAW (in der Community schon gut bekannt als DOC) gegen großen Widerstand ins Leben gerufen. Im Juni 2003 konnten wir in einer Mitteilung der Europäischen Kommission lesen, dass Doktorandinnen und Doktoranden prinzipiell eine geeignete Finanzierung, sei es in Form eines Zuschusses oder eines Gehaltes, erhalten sollen und jedenfalls Anspruch auf ein Minimum an Sozialleistungen haben. Das Präsidium ist an einer kontinuierlichen Weiterentwicklung der „Förderschiene für Doktoranden" engagiert und bemüht sich derzeit nach besten Kräften um deren Ausbau nicht zuletzt im Bereich der Geistes-, Kultur- und Sozialwissenschaften.

Drittens: Die ÖAW hat kontinuierlich darauf geachtet, dass die Stipendienprogramme sparsam abgewickelt werden. Das wurde der Akademie zuletzt auch vom Rechnungshof bestätigt. Wir dürfen mit einigem Stolz berichten, dass der weitaus überwiegende Teil der Fördergelder den Stipendiatinnen und Stipendiaten zugute kommt. Dieses System ist jedoch nur deshalb aufrecht erhaltbar, weil alle Experten, die mit der Bewertung der Stipendienanträge beschäftigt sind, unentgeltlich arbeiten. Die Scientific Community selbst, meine sehr geehrten Damen und Herren, trägt also zu einem nicht geringen Teil dazu bei, dass exzellenter Nachwuchs überhaupt gefördert werden kann.

Nicht nur aus diesem Grunde darf eine Begrüßung nicht ohne Danksagung enden: Dank schuldet die ÖAW

- den Komiteemitgliedern für ihr ehrenamtliches Engagement bei den Auswahlvorgängen,
- den Mitarbeiterinnen und Mitarbeitern des Bundesministeriums für Bildung, Wissenschaft und Kultur, auch in Kooperation mit dem Europäischen Sozialfonds bei DOC-FFORTE,
- der Stadt Wien, die jedes Jahr ein APART- und ein DOC-Stipendium finanziert,
- sowie der Leiterin der Abteilung für Stipendien- und Preiseangelegenheiten der ÖAW, Frau Dr. Lottelis Moser, und ihren Mitarbeiterinnen für die hervorragende administrative Betreuung des APART- und des DOC-Stipendienprogramms.

53 Doktoranden-Stipendiatinnen und -Stipendiaten, sieben DOC-FFORTE (Frauen in Forschung und Technologie)-Stipendiatinnen und fünfzehn APART-Stipendiatinnen und -Stipendiaten wurden aus insgesamt über 321 Ansuchen ausgewählt. Sie werden sich vermutlich fragen, warum wir in diesem Jahr mehr Stipendien als in den vergangenen Jahren vergeben können. Das hat drei Ursachen: Einerseits konnten wir in den letzten Jahren Zusatzdotationen aufgrund von Empfehlungen des Rates für Forschung und Technologieentwicklung lukrieren, andrerseits wurde die Förderschiene DOC-FFORTE weiter ausgebaut.

Weiters haben wir uns in den Vergabekomitees darauf geeinigt, DOC-Stipendien nicht nach Jahren zu bewilligen, sondern nach Stipendienmonaten. Damit konnten wir diese Förderung zielgerichteter und gerechter verteilen. Faktum bleibt, dass nicht mehr als 25 Prozent der Ansuchenden ein Stipendium erhalten haben.

Wir bitten alle, die für die budgetäre Ausstattung der Förderprogramme zuständig sind, sich nach besten Kräften für eine finanzielle Aufstockung der Stipendien einzusetzen.

Eröffnungsworte

anlässlich der Veranstaltung „20 Jahre Österreichische Technion Gesellschaft 1984–2004: Ludwig Wittgenstein. Worte und Musik"

Sehr geehrte Damen und Herren!

Es ist mir gleichermaßen eine Ehre und Freude, Sie bei einer Veranstaltung begrüßen zu dürfen, die in mehrfacher Hinsicht Brücken schlägt.

Die Kooperation der Technion Gesellschaft mit der Österreichischen Akademie der Wissenschaften währt nun 20 Jahre und hat fruchtbare Resultate aufzuweisen, die nicht nur dem Fortschritt der Wissenschaften dienen, sondern gegenseitiges Verständnis und Engagement füreinander hervorgebracht haben.

Der heutige Abend über Ludwig Wittgenstein schafft Verbindungen, die über die sprachliche Auseinandersetzung mit dieser Welt hinausgehen. Erwähnt sei in diesem Zusammenhang das Wittgenstein Archiv in Cambridge, das dem Studium und der Veröffentlichung des Werkes von Ludwig Wittgenstein verpflichtet ist. Unter der Leitung von Michael Nedo, der heute unter uns weilt, hat dieses Archiv der Herausgabe der Wiener Ausgabe der Schriften Ludwig Wittgensteins mehr als zwanzig Jahre gewidmet. Prof. Moritz Csáky, wirkliches Mitglied unserer Akademie, hat in seiner Eigenschaft als ehemaliger Vizepräsident des Fonds zur Förderung der wissenschaftlichen Forschung diese Herausgabe tatkräftig gefördert.

Wittgenstein selbst hat formuliert, dass Philosophie keine Naturwissenschaft sei. Dennoch hat seine vielseitige Begabung Technik und Mathematik eingeschlossen. Mit zehn Jahren hat er eine funktionierende Nähmaschine gebaut. Sein Studium des Maschinenbaus in Berlin hat ihn düsenbetriebene Flugzeugpropeller konstruieren lassen. Das Bestreben, seine dafür notwendigen Kenntnisse der Mathematik zu vertiefen, hat ihn über Umwege zu Bertrand Russell nach Cambridge geführt, der das außergewöhnliche Talent in Ludwig Wittgenstein sofort erkannte. Wittgensteins Weg über die Mathematische Logik zur Philosophie war damit vorgezeichnet. Darüber hinaus gilt die Aussage Russells, Wittgenstein sei seiner Anlage nach ein Künstler gewesen, voll Hoffnung am Morgen und verzagt am Abend.

Die künstlerische Basis wurde wohl in seinem Elternhaus gelegt. Johannes Brahms, Clara Schumann haben in dieser großbürgerlichen Familie ebenso verkehrt, wie Gustav Mahler und Bruno Walter. Der durch Blattern in seiner Kindheit erblindete Musiker Josef Labor hat für Ludwigs Bruder Paul komponiert. Pauls Verlust des rechten Arms im Ersten Weltkrieg konnte ihn nicht davon abhalten, seine Pianistenkarriere weiter zu verfolgen: Maurice Ravel schrieb für ihn ein Konzert für die linke Hand.

Ludwigs Schwester Grete wurde von Klimt porträtiert. Für sie hat Ludwig ein Haus entworfen und gebaut, dessen Abriss unser wirkliches Mitglied Prof. Zemanek mit verhindert hat.

Ludwig selbst war um Wahrhaftigkeit seiner Aussagen bemüht. Sein Tractatus logico-philosophicus liest sich wie eine baumartig strukturierte Datenbank von logischen Beschreibungen dieser Welt und zieht Schlüsse durch Verknüpfung.

Über so strukturierte Texte hat der amerikanische Dichter Joyce Kilmer geschrieben:

„I think that I shall never see, A poem lovely as a tree.“[12]

Wittgenstein hat versucht, mit der Sprache ebenso sorgfältig umzugehen wie ein Mathematiker mit Formeln. Letztlich hat er aber erkannt, dass mystische Wahrheiten von größter Wichtigkeit existieren, die sprachlich nicht sinnvoll beschrieben werden können. Die Erkenntnis der Nichtexistenz einer verbal formulierbaren Sprache legte es dem Klarinettisten Ludwig Wittgenstein nahe, Überlegungen über nichtverbale Strukturkommunikation und deren Ästhetik anzustellen: die Sprache der Musik. Durch sie kann eine Synthese des Guten und des Schönen bewirkt werden.

Ist die Sprache der Musik universell? Meiner Meinung nach nicht ganz. Die Pentatonik Chinas und Japans, aber auch Afrikas und Schottlands, zeigt Alternativen auf. Die sieben verschiedenen Kirchentonarten weisen den Weg zu Dur und Moll. Über das pythagoräische Ideal von Verhältnissen kleiner ganzen Zahlen wie 3/2 für die Quinte hinaus, hat es eine leichte Verschiebung der Töne in Richtung der wohltemperierten Stimmung ermöglicht, Tasteninstrumente chromatisch zu spielen. Den damit frei möglichen Übergang zwischen verschiedenen Tonarten hat Bach genial genutzt. Wenn wir also heute Musik hören, dann auf der Basis des Frequenzverhältnisses der zwölften Wur-

[12] http://www.bartleby.com/104/119:html

zel aus 2 zwischen benachbarten Tönen, ein Zahlenwert, den der chinesische Prinz Chu Tsai Yü schon 1559 auf 9 Dezimalstellen genau errechnet hat.

Diese flexible musikalische Atomistik hat sich wie im Darwinschen Wettbewerb über die ganze Welt verbreitet. Genau genommen, sogar darüber hinaus.

Auf den kleinen goldenen Schallplatten von Voyager 1 und 2 kommen zwei musikalische Alphabete mit ihren kunstvollen kompositorischen Verflechtungen nebeneinander vor: Mugam, ein aserbaidschanisches Flötenduo auf pentatonischer Grundlage und die Arie der Königin der Nacht in Mozarts Zauberflöte. Beide Sonden haben inzwischen unser Sonnensystem verlassen und tragen diese Aufzeichnungen als Zeugen unserer kulturellen Einzigartigkeit hinaus in die Weiten des Alls.

Mögen diese kosmischen Dimensionen in Ihnen nachklingen, meine sehr geehrten Damen und Herren, wenn der heutige Abend die Ausnahmebegabung Ludwig Wittgensteins in eine musikalische Umgebung stellt, mit der er zeitlebens mit Sicherheit tiefere Wechselwirkungen eingegangen ist, als das ganze vier von ihm nachgelassene Takte vermuten lassen würden.

Ich danke Ihnen für Ihre Aufmerksamkeit.

Ansprache
anlässlich der Feierlichen Sitzung der ÖAW[13]

Hohe Festversammlung!

Zwei Historiker – einer auf dem Gebiet der Ur- und Frühgeschichte tätig, der andere mit Wirtschafts- und Sozialgeschichte befasst – ein Dermatologe sowie ein Bauingenieur sind nach Bestätigung ihrer Wahl zu Mitgliedern des Präsidiums der Österreichischen Akademie der Wissenschaften durch den Herrn Bundespräsidenten angetreten, einen alten Gesetzesauftrag in neuem Geist zu erfüllen. Aufgetragen ist der Akademie durch Bundesgesetz vom 14. Oktober 1921, die Wissenschaft in jeder Hinsicht zu fördern, und zwar, wie es in der Präambel unserer Geschäftsordnung heißt, auf allen Gebieten. Dass dies – ich zitiere – „insbesondere im Bereich der Grundlagenforschung"[14] geschehen soll, mag von vielen als nützliche Präzisierung verstanden, von manchen möglicherweise aber als unzweckmäßige Beschränkung empfunden werden.

Grundpfeiler echter wissenschaftlicher Forschung sollten jedenfalls Erkenntnisorientiertheit und Anwendungsoffenheit sein. Auf ihnen ruht das Wissenschaftsverständnis der Akademie, das eigentlich nur eine wirkliche Inkompatibilität kennt – Unwissenschaftlichkeit.

Damit weiß sich die Österreichische Akademie der Wissenschaften in guter Gesellschaft. Ich zitiere Sir Karl Popper: „Heutzutage", führte er in einem Vortrag auf dem Wiener Philosophenkongress im denkwürdigen Jahr 1968 aus, „heutzutage sind nicht nur die Naturwissenschaften, sondern auch alle anderen Wissenschaften anwendbar [...] von der Logik bis zur Urgeschichte."[15]

---

[13] Erschienen in: Almanach der ÖAW, 2003/2004, Jg. 154. Verlag der ÖAW, Wien 2004, 289–296

[14] Geschäftsordnung der ÖAW beschlossen in der Gesamtsitzung der Akademie am 15. November 2002. Wien 2002, 5

[15] Almanach der ÖAW, 2003/2004, Jg. 154, 289

„Der Anwendung muss [jedoch]", so Max Planck, „das Erkennen vorangehen."[16]

Nach dieser grundlegenden Positionierung zurück zu den Aufgaben der Akademie. Zu ihnen zählt die Beratung von Bundes- und Landesstellen sowie anderen Rechtspersonen in wissenschaftlichen Fragen. „Stellt euch vor, es gibt Rat und keiner holt sich ihn"[17], könnte man, von Bert Brecht inspiriert, als Spötter zur realen Bedeutung der Beratungsfunktion von Wissenschaftsakademien anmerken. Aber die Österreichische Akademie der Wissenschaften findet sich diesbezüglich in einer vergleichsweise guten Situation. Gerade jetzt erweist sich das etwa am Interesse maßgebender öffentlicher Stellen an Rat und Mitwirkung der Akademie bei der Aufbereitung eines von der EU vorgeschlagenen, potenziell sehr weitreichenden und tiefgreifenden Forschungsfeldes, das von den Brüsseler Proponenten mit der vieldeutigen Bezeichnung Sicherheitsforschung ausgestattet wurde.

Dieses Forschungsfeld umfasst so verschiedene Aspekte wie Naturkatastrophen, technische Gefahren, Bedrohungen durch Krankheiten und durch den zivilisatorischen Fortschritt sowie Gefahren, die von der Gesellschaft ausgehen, wie alle Formen der Kriminalität und der Bedrohung der Zivilgesellschaft. Das Forschungsfeld beinhaltet aber auch den Entwurf von Schutzmöglichkeiten, ferner auch menschliche Reaktionen auf Bedrohung und ihre komplizierte Dynamik und schließlich die Entwicklung einer umfassenden Sicherheitspolitik.

Sie soll im 7. EU-Rahmenprogramm eine bedeutende Rolle spielen. Deshalb hat die Gesamtsitzung der Österreichischen Akademie der Wissenschaften vor kurzem eine ad hoc-Kommission eingesetzt, von der die Voraussetzungen für eine Mitwirkung der mathematisch-naturwissenschaftlichen und der philosophisch-historischen Klasse bei der Etablierung und Entfaltung dieses Forschungsfeldes in Österreich untersucht werden.

Große Bedeutung misst die Akademie der europäischen Dimension der Sicherheitsforschung bei. Mit Genugtuung registriert sie in diesem Kontext den mit der Implementierung der erkenntnisgeleiteten Forschung im 7. EU-Rahmenprogramm verbundenen Paradigmenwechsel in der europäischen Forschungspolitik. Die zeitliche Koinzidenz dieser Entwicklung mit der Erweiterung der EU ist symbolträchtig. Die Österreichische Akademie der Wissenschaften, die für Forscherinnen und Forscher aus dem so genannten „Ostblock" in der Zeit des Kalten Krieges nicht selten die einzige wissenschaftliche An-

[16] ebd.
[17] ebd. 290

laufstelle außerhalb dieses politischen Machtblocks war, begrüßt diese Erweiterung nachdrücklich und freut sich über die Möglichkeiten vertiefter Zusammenarbeit mit Wissenschaftlerinnen und Wissenschaftlern aus den neuen Beitrittsländern, die sich nun entfalten werden.

Worin besteht für das neue Präsidium die Grundvoraussetzung zur Erfüllung des Gesetzesauftrags der Akademie? Die Antwort ist weder neu noch schwer: Es sind die budgetären Rahmenbedingungen, die eine Erfüllung der Aufgabe der ÖAW ermöglichen, und es ist die viel beschworene Symbiose von Gelehrtengesellschaft und Forschungsträgerorganisation. Letztere zeichnet unsere Akademie vor vielen anderen aus. Die Österreichische Akademie der Wissenschaften will sich nicht mit der Rolle einer Ehrenhalle begnügen, in der man sich *ad mutuam admirationem* trifft, um die Vergangenheit zu verherrlichen, die Gegenwart zu beklagen und sich dabei vor der Zukunft zu fürchten. Als Forschungsträgereinrichtung kann sie auf die lenkende Gelehrtengesellschaft jedoch nicht verzichten. Diese ist nicht traditioneller Zierrat, sondern als geistiges Humanvermögen ein unschätzbares Aktivum in der Wissensbilanz einer Akademie, die unserem Land auch künftig eine geistige, kulturelle und technische Führungsposition sichern soll.

Eine solche Gelehrtengesellschaft bedarf einer adäquaten Gliederung und personellen Zusammensetzung. Über die Gliederung heißt es in der Satzung: „Die Akademie besteht aus zwei Klassen, die seit ihrer Gründung als mathematisch-naturwissenschaftliche und philosophisch-historische bezeichnet werden."[18] Eine größere Zahl von Klassen könnte zwar globalen Trends in der Weiterentwicklung der Wissenschaften besser Rechnung tragen, würde jedoch partikularistischen Tendenzen Gelegenheit zur Entfaltung geben und auch zu einer Ausweitung des Verwaltungsapparates führen. Wissenschaftlicher Partikularismus steht im Widerspruch zur synoptischen Grundkonzeption der Wissenschaftsakademien. Die Gliederung der Gelehrtengesellschaft in der ÖAW entspricht nicht nur einer Tradition, sondern gerade auch den Bedürfnissen der Gegenwart. Sie sollte beibehalten werden.

Die Geschicke der Akademie werden von den wirklichen Mitgliedern – 90 an der Zahl, 45 in jeder Klasse – gelenkt, wobei über 70 Jahre alte Mitglieder in diese Zahlen nicht eingerechnet werden. Die wirklichen Mitglieder werden aus dem Kreis der korrespondierenden Mitglieder im Inland – höchstens 55 in jeder Klasse – gewählt. Diese Zahlen tragen dem Anspruch von Wissen-

[18] Satzung der ÖAW beschlossen in der Gesamtsitzung der Akademie vom 4. Juni 1946 in der Fassung der Beschlüsse der Gesamtsitzung vom 29. April 2005. ÖAW, Wien 2005, 3.

schaftsakademien als Versammlungen von Leistungseliten der wissenschaftlichen Forschung Rechnung. Ohne die tatkräftige Mitwirkung vieler der in diesen Zahlen nicht enthaltenen älteren Mitglieder fiele es der Gelehrtengesellschaft allerdings schwer, ihren Verpflichtungen nachzukommen. Unmöglich ist eine angemessene Vertretung aller bedeutenden wissenschaftlichen Fächer. Diesbezüglich setzt sich jedoch zunehmend die Auffassung durch, dass dieses Kriterium zwar durchaus relevant, aber doch weniger wichtig als die Gewinnung der besten Köpfe ist.

„Die Akademie errichtet und betreibt Forschungseinrichtungen“[19], heißt es in der Satzung über die Forschungsträgerorganisation ÖAW. Nach der Organisationsform dieser Einrichtungen unterscheiden wir zwischen Instituten, Forschungsstellen, Kommissionen und Unternehmungen. Derzeit unterhält die Akademie 26 Institute und 33 Kommissionen sowie zwei Forschungsstellen und eine Unternehmung. Gemessen an der Zahl der Mitarbeiter handelt es sich bei den Instituten um die größten Akademieeinrichtungen. Für drei der in den letzten Jahren gegründeten Institute wurde die Rechtsform einer Gesellschaft mit beschränkter Haftung gewählt.

Der Akademie ist es erfreulicherweise gelungen, hervorragende Forscherpersönlichkeiten als Leiter sowohl neuer als auch schon länger bestehender Forschungseinrichtungen zu gewinnen. Als Beispiel sei der aus Kanada nach Österreich zurückgeholte Prof. Josef Penninger genannt, dem die Leitung des neu gegründeten Instituts für Molekulare Biotechnologie anvertraut wurde.

Was will die Akademie erreichen? Sie will – und hier bin ich beim Kern meiner Botschaft – einen angemessenen Beitrag dazu leisten, dass *Österreich als Land der Wissenschaften* wesentlich stärker als bisher wahrgenommen wird.

Als „Land der Berge, Land am Strome“, wie wir unser Land besingen, wird Österreich, wohl zu Recht, viel gerühmt. Die weitere Charakterisierung als „Land der Äcker, Land der Dome“ und schließlich „Land der Hämmer“ ist für einen im Herzen Europas gelegenen Staat nicht eben untypisch. Entscheidend ist das nachfolgende Adjektiv „zukunftsreich“. Der Übergang zu diesem Wort wirkt abrupt, so als wollte die Textdichterin Paula von Preradović den Anschein vermeiden, es handle sich dabei um das letzte Glied in einer Kausalkette. Nein, hohe Festversammlung, die schöne Bergwelt, die reizvolle Landschaft am Strome, die hochwertige Landwirtschaft, die unzähligen Meisterwerke sakraler Baukunst und die hochentwickelte Industrie genügen leider nicht, um Österreich in der globalen Wissensgesellschaft, die sich jetzt konturiert,

[19] Satzung der ÖAW, 2005, 4

eine im weitesten Sinne reiche Zukunft zu garantieren. Österreichs Chancen auf eine solche Zukunft sind, vom Begabungspotenzial her gesehen, nicht schlecht, um sie aber zu nützen, sind starker Gestaltungswille, große Überzeugungskraft und hohes Durchsetzungsvermögen der Entscheidungsträger unseres Landes vonnöten, die für ein institutionelles Umfeld sorgen und dieses auch ausreichend mit finanziellen Mitteln ausstatten. Nicht zuletzt braucht es aber Wissenschaftlerpersönlichkeiten, denen die Gabe des Weitblicks und zugleich die Fähigkeit zur Gesamtsicht gegeben ist, Menschen, die klug abzuwägen vermögen und danach sachgerecht, mutig und zügig zu urteilen imstande sind, Wissenschaftler und Wissenschaftlerinnen, die neben berechtigten eigenen Interessen das Gemeinwohl im Auge behalten und deswegen ein hohes Maß an Glaubwürdigkeit besitzen. Glücklicherweise verfügt die Österreichische Akademie der Wissenschaften über ein reiches Reservoir an solchen Persönlichkeiten.

Unser Land erfreut sich des Markenzeichens *Musikland Österreich.* Sollte nicht alles daran gesetzt werden, dass auch die Vorstellung Wissenschaftsland Österreich zu einem Markenzeichen wird? Wie aber soll das geschehen? Es hilft nicht wirklich weiter, wenn die Politik zuerst Reformen als Vorbedingung einer angemessenen finanziellen Dotierung verlangt, während die Wissenschaftsinstitutionen umgekehrt meinen, zuerst mehr Mittel für Reformmaßnahmen zu brauchen. Wenn die Vision vom Wissenschaftsland Österreich Gestalt annehmen soll, muss der politische Wille zu einer großen und dauerhaften finanziellen Kraftanstrengung für die Wissenschaft vorhanden sein. Wir müssen von Überbrückungsgeldern, spontan gewährten Forschungsmitteln und kurzfristigen Vorziehmaßnahmen wegkommen und ein nachhaltiges Finanzierungskonzept erreichen.

Dass die Wissenschaft selbst die Vision von einem *Wissenschaftsland Österreich* hegt, darf vorausgesetzt werden. Wenn diese Vision aber nicht nur eine Vision bleiben soll, müssen sich die Forschungsinstitutionen auf abgestimmte Schwerpunkte konzentrieren, nicht um Konkurrenz auszuschalten, sondern um knappe Mittel besser zu nützen. Das gilt für die Universitäten ebenso wie für die außeruniversitären Forschungseinrichtungen und damit nicht zuletzt auch für die Österreichische Akademie der Wissenschaften.

Die Erwähnung der Universitäten nehme ich gerne zum Anlass, die Bereitschaft der Akademie zur Fortsetzung bestehender und Begründung neuer Kooperationen mit Hohen Schulen zu bekräftigen.

Wer die von der Forschungsträgerorganisation ÖAW in den letzten Jahren eingeschlagene Strategie aufmerksam mitverfolgt hat, wird konzedieren müssen, dass Schwerpunktsetzungen von beachtlichem Ausmaß erfolgt sind. Ein jüngstes Beispiel sei genannt: die Akademie hat auf dem Gelände der Johannes-Kepler-Universität in Linz das Johann Radon Institute for Computational and Applied Mathematics gegründet, weil im dortigen Umfeld österreichweit die besten Voraussetzungen für die Entwicklung einer Spitzeneinrichtung der internationalen angewandten mathematischen Forschung gegeben sind. Es ist schließlich Schwerpunktbildung, die dem föderalistischen Prinzip der Republik Österreich Rechnung trägt, wenn die Österreichische Akademie der Wissenschaften in der Tiroler Landeshauptstadt ein Institut für Quantenoptik und Quanteninformation – mit Zweigstelle in Wien – errichtet, wenn sie ihr materialwissenschaftliches Institut in Leoben weiter ausbaut, und wenn sie in der Bundeshauptstadt starke, international viel beachtete Akzente auf dem Gebiet der biomedizinischen Wissenschaften setzt und damit die in Wien besonders starke biomedizinische Forschung abrundet! Wenn sie eine Forschungsstelle für Europäisches Schadensersatzrecht in Wien ansiedelt und am aufblühenden Technikstandort Wiener Neustadt eine Forschungsstelle für Integrierte Sensorsysteme errichtet! Diese Beispiele belegen, dass die ÖAW bei der Fokussierung ihrer Forschungsaktivitäten das universitäre Umfeld ihrer Einrichtungen ebenso wie die Bereitschaft der Länder zu angemessener Kofinanzierung in ihre Überlegungen einbezieht!

Wissenschaftsland Österreich – eine Vision! In meinem Amtszimmer hängt ein Bild mit einer modernen Darstellung der Vision des Jakob aus der Genesis – der Himmelsleiter. Der Mensch braucht Visionen – der Einzelne ebenso wie die Gemeinschaft, die sich in unserer Akademie aus der Gelehrtengesellschaft und dem Präsidium und den Mitarbeiterinnen und Mitarbeitern in den Forschungseinrichtungen und der zentralen Verwaltung zusammensetzt.

Visionen bedürfen der Umsetzung in die Wirklichkeit.

Wissenschaftsland Österreich – was bedeutet das konkret?

Es ist eine Zielvorstellung für die Positionierung unseres Landes in einem enger zusammenrückenden Europa.

Die Österreichische Akademie der Wissenschaften ist bereit, an der Realisierung der Vision von *Österreich als Land der Wissenschaften* nach besten Kräften mitzuarbeiten.

Festvortrag[20]

anlässlich der Überreichung der Festschrift „Soziokultureller Wandel im Verfassungsstaat. Phänomene politischer Transformation" von Hedwig Kopetz, Joseph Marko und Klaus Poier (Hg.) für Wolfgang Mantl, wirkliches Mitglied der ÖAW, zum 65. Geburtstag

Sehr geehrte Frau Landeshauptmann,
hochgeschätzte Frau Dr. Mantl, liebe Ridi,
hochverehrter Jubilar, lieber Wolfgang!

Forschung im dritten Jahrtausend

In einer hochdifferenzierten Gesellschaft sind spezielle Dienstleistungen für ein geordnetes Funktionieren unerlässlich. In einer Großstadt hängt geordnetes Leben unter anderem von einer hoch zuverlässigen Strom- und Wasserversorgung ab. Ohne die genaue Einhaltung von Übereinkommen und Regeln beim Transfer von Gütern und Energie kann ein geordneter Austausch nicht stattfinden. Dienstleistungen dieser Art sorgen für die quasistatische Strukturierung unseres Lebens.

Anders ist der Wunsch zu sehen, andere Wege zu gehen, Neues zu erfinden, zu schaffen und anzuwenden. Für die Weiterentwicklung unseres Lebens ist dieser Wunsch ein unersetzlicher Motor. Der Zugang zu neuen, anderen und erweiterten Abläufen ist aber nicht, wie es zunächst scheinen mag, ein Vorrecht intelligenten und damit menschlichen Handelns allein. Biologische Abläufe, wie etwa der Abbau eines Essigsäurerestes zu Energie, Kohlendioxid und Was-

[20] Vortrag erschienen in: Kopetz, Hedwig; Marko, Joseph; Poier, Klaus (Hg.): Soziokultureller Wandel im Verfassungsstaat. Phänomene politischer Transformation. Festschrift für Wolfgang Mantl zum 65. Geburtstag. Böhlau Verlag, Wien 2004, 1257–1261 (Studien zu Politik und Verwaltung)

serstoff im Rahmen des Zitratzyklus haben bakterielles und später zelluläres Leben erst möglich gemacht. Allerdings musste die Natur in zufällige, verschwenderisch ausgelegte Experimente Jahrmillionen investieren, bis erfolgversprechende Hyperzyklen etabliert und damit in ihrem Ablauf quasi eingefroren werden konnten. Gezieltes, intelligentes Handeln des Menschen hat ihn mit dramatisch kleineren Zeitkonstanten belohnt, welche die Entwicklung bisher nicht begangener Wege in Jahren, Monaten und Tagen messen.

Diese Art von Tätigkeit unterscheidet sich grundlegend von wiederkehrenden und damit leichter plan- und messbaren Abläufen. Werden solche Tätigkeiten nicht gefördert, unterstützt und anerkannt, scheint das auf den unmittelbaren Ablauf unseres täglichen Lebens keine oder nur geringe Auswirkungen zu haben. Spätere Konsequenzen, wie das Fehlen neuer, günstigerer oder leichter verfügbarer Verfahren können aber dramatisch sein. Wettbewerbsverluste können den Niedergang ganzer Volkswirtschaften nach sich ziehen.

Talente innerhalb der Bevölkerung eines Staatsgebildes, die Neigungen besitzen, Neues erkunden, erarbeiten oder entdecken zu wollen, gibt es in relativ kleinem Ausmaß. Die Bedeutung ihrer Förderung über Mäzene hinaus durch staatliche oder staatsnahe Organisationen ist seit etwa 200 Jahren allgemein anerkannt. Während die systematische Ausbildung höherer Fertigkeiten in Hohen Schulen und Universitäten erfolgt, nehmen Organisationen wie Akademien diese Aufgabe weitgehend frei vom Lehrbetrieb wahr.

Die 1847 gegründete Österreichische Akademie der Wissenschaften ist eine unter dem besonderen Schutz des Bundes stehende juristische Person öffentlichen Rechts. Gesetzlich ist ihr die Aufgabe vorgegeben, die Wissenschaft auf allen Gebieten, besonders im Bereich der Grundlagenforschung, in jeder Hinsicht zu fördern. Grundlagenforschung wird heute als erkenntnisgetriebene Forschung verstanden. Sie ist nicht primär auf Nutzen, auf unmittelbare Anwendungen orientiert. Anwendungen, die derzeit noch nicht erkennbar sind, kann es zu einem späteren Zeitpunkt durchaus geben.

Zur Diskussion steht, ob diese terminologischen Vereinbarungen für die heutige Situation ausreichen. Bei der oftmals fragwürdigen Unterteilung von Forschung in Grundlagenforschung und Zweckforschung wäre die Bedeutung von Anwendungsoffenheit zu hinterfragen. In ihr sollte man auch in der Grundlagenforschung keinen Nachteil erblicken. Diese generellen Überlegungen seien an einem Beispiel illustriert. Seit den Zeiten Euklids sind Teilbarkeitseigenschaften ganzer Zahlen etabliertes Wissensgut. Die daraus entstandene Zahlentheorie wurde zu einem imponierenden intellektuellen Gebäude ausgebaut, allerdings ohne unmittelbare Anwendungen. Genies wie

Gauß trugen schon in jungen Jahren zu ihrer Entwicklung bei. Gauß konnte z. B. beweisen, dass das regelmäßige 17-Eck mit Zirkel und Lineal allein konstruierbar ist, das regelmäßige Siebeneck aber nicht. Trotzdem lautete noch vor etwa einem halben Jahrhundert der gutmütige Spott: „Zahlentheorie ist nützlich, weil man mit ihr promoviert werden kann!" Das übrigens heute genauso wie damals. Heute ist aber viel mehr möglich geworden. Die Ausweitung auf Untersuchungen der Teilbarkeit sehr großer Zahlen erlaubt es, sichere Verfahren zur Verschlüsselung zu entwickeln, ohne die Millionen täglicher finanzieller Transaktionen über das Internet unmöglich wären. Verfahren der hochdimensionalen Numerischen Integration, welche die Zahl der Rechenoperationen durch die Verwendung so genannter „Guter Gitterpunkte" dramatisch reduzieren können, runden das Bild ab. Die Zahlentheorie hat ihre Unschuld verloren, ihre Verfahren werden täglich um gutes Geld gehandelt.

Dieses Beispiel war für die ÖAW und ihre Bemühungen zur Förderung von erkenntnisgetriebener Forschung Anlass zum Handeln. Um einen herausragenden Gelehrten und später um einen seiner international renommierten Schüler herum wurde ein Institut errichtet, das über eine längere Zeitspanne erfolgreich forschte. Es wurde geschlossen als der jüngere Gelehrte einen Ruf auf einen Lehrstuhl auf einem anderen Kontinent annahm. Die Möglichkeit der ÖAW, Forschungseinrichtungen leichter als im universitären Bereich zu eröffnen und gegebenenfalls wieder schließen zu können, ist ein unverzichtbares Element ihrer Forschungspolitik.

Das genannte Beispiel zeigt Charakteristiken auf, die für die Forschung auch im 3. Jahrtausend bestimmend sind. Nach wie vor sind es herausragende wissenschaftliche Talente, denen weitgehende Freizügigkeit bei ihrer Arbeit gewährt wird. Nichtsdestoweniger müssen sie sich rigorosen Evaluationen ihrer wissenschaftlichen Leistungen unterziehen. Evaluationen von Forschungsleistungen durch hochkarätige internationale Gremien sind an der ÖAW zu einem Instrument geworden, das in voraussehbarer Zukunft noch öfter und rigoroser eingesetzt werden wird als bisher. Nur so ist die Generalvorgabe von bestmöglicher wissenschaftlicher Leistung erfüllbar.

Zusätzlich zu geförderten Einzelleistungen sind verstärkt Forschungstätigkeiten gefragt, die durch Teams im Rahmen von Projekten innerhalb der internationalen Großforschung durchzuführen sind. Große Teilchenbeschleuniger sind derart aufwendige und kostspielige Einrichtungen der Hochenergiephysik, dass sie nur an wenigen Orten unseres Globus im Rahmen internationaler Großprojekte gebaut, betrieben und erweitert werden können. In nationalen Teams organisiert, kooperieren die Projektpartner über das Internet, bauen lokal und vor Ort Zusatzgeräte, die völlig neue Experimente ermöglichen. Anwendungen der Ergebnisse dieser Forschungen mögen nicht unmittelbar erkennbar sein. Immerhin werden schrittweise die Geheimnisse der Materie enträtselt. Bauplan, Genese und das weitere Schicksal des Kosmos werden erkennbar. Daran arbeiten Forschungsteams vor Ort im Dreischichtbetrieb. Die dazu notwendigen Gerätschaften und Verfahren ermöglichen Nebenergebnisse, so genannte „Spin-offs", die etwa den Bau ultrastarker Magnete mit supraleitenden Spulen erlauben oder zur gezielten Zerstörung von Tumoren durch Teilchenstrahlen eingesetzt werden.

Manche Forschungsprojekte mögen zwar am Experimentiertisch begonnen worden sein, ihr erfolgreicher Abschluss bedarf aber des Einsatzes von Großtechnologie. Jahrzehntelang war ein Röntgenlaser ein unerreichbares Wunschziel. Heute stehen die Konstruktionsarbeiten des „Free-Electron-Lasers" vor dem Abschluss. Allerdings ist ein Bauteil, in dem Hochvakuum herrschen muss, der so genannte Undulator, 126 m lang.

Industrielle Forschung mit enormem finanziellem Aufwand rundet das Bild der Forschung zu Beginn des 3. Jahrtausends ab. Es ist kein Zufall, dass das jährliche Budget für die Entwicklung eines europäischen Großraumflugzeuges, des Airbus A380, etwa das Dreifache des jährlichen österreichischen Forschungsbudgets beträgt. Die Konstruktion dieses Flugzeugs für bis zu 850 Passagiere stellt die Dominanz jener Lieferanten in Frage, die bisher ein Quasimonopol dafür besaßen. Das Konstruktionsvorhaben wäre ohne neue Werkstoffe, wie Faserkunststoff-Verbunde, die zunehmend Metall ersetzen, nicht möglich.

Neben den genannten neuen Werkstoffen in Luft- und Raumfahrt hat sich das Vereinte Europa Schwerpunkte gesetzt, die im beginnenden dritten Jahrtausend multinational bearbeitet und gefördert werden sollen, um so einen spezifischen Europäischen Wissenschaftsraum zu gestalten. Zu diesen Schwerpunkten gehören

- Nanotechnologie, also die Beschäftigung mit Strukturen, die nur mehr auf molekularem Niveau manipuliert werden können, ferner
- Biowissenschaften, Genomik und Biotechnologie sowie
- Technologien für die Informationsgesellschaft,
- globale Veränderungen und Ökosysteme,
- Lebensmittelqualität und -sicherheit und nicht zuletzt
- die veränderten Aufgaben, die Bürger und Staat in einer Wissensgesellschaft wahrzunehmen haben.

Überhaupt ist die schrittweise Umstrukturierung der postindustriellen Gesellschaft zur Wissensgesellschaft von fundamentaler Wichtigkeit: unsere Rohstoffe sind nicht beliebig vermehrbar, manche gehen bereits zur Neige. Der

Mehrung von Wissen und der daraus resultierenden besseren Nutzung bisher unbekannter Möglichkeiten sind solche materiellen und energetischen Grenzen nicht gesetzt.

Die genannten Transformationen finden in einem geosozialen Raum unseres Kontinents statt, der von einer zunehmend älter werdenden Bevölkerung bewohnt wird, deren Eingliederung in einen längeren Arbeitsprozess im Augenblick von einem Konsens weit entfernt ist.

Die ÖAW hat auf diese Trends zeitgerecht reagiert und hat Institute für Forschungsgebiete zu obgenannten Themen errichtet, von denen nur einige genannt seien:

- Weltraumforschung,
- Quantenoptik und Quanteninformation,
- Molekulare Biotechnologie,
- Pflanzenbiologie,
- Molekulare Medizin,
- Schallforschung,
- Werkstoffforschung,
- Alternsforschung,
- Bevölkerungsdynamik und Prognosen und
- Technikfolgen-Abschätzung.

Aktivitäten der ÖAW auf folgenden geisteswissenschaftlichen Forschungsgebieten runden das breite Spektrum der Forschungstätigkeit der Akademie ab:

- Kulturgeschichte der Antike,
- Prähistorik,
- Stadt- und Regionalforschung,
- Antike Literatur und lateinische Tradition,
- Byzantinistik,
- Kulturwissenschaft und Theatergeschichte,
- Kunstgeschichte und Literaturwissenschaft,
- Musikforschung,
- Herausgabe des Corpus der lateinischen Kirchenväter,
- Kultur- und Geistesgeschichte Asiens,
- Realienkunde des Mittelalters und der frühen Neuzeit sowie
- Europäisches Schadenersatzrecht.

Von großer allgemeiner Bedeutung für unseren Wissenschaftsraum zu Beginn des dritten Jahrtausends sind

- die Beschäftigung mit multidisziplinären Problemen von großer Komplexität, vorrangig in der Biologie und Medizin,
- hochgradige Vernetzung,
- begrenzte Laufzeit der Projekte und
- die Entwicklung innerhalb kürzester Zeitspannen.

Generell ist zu bemerken, dass kompetitive Forschung heute und in voraussehbarer Zukunft erhebliche finanzielle Mittel benötigt bzw. benötigen wird. Die Ausstattung von Arbeitsplätzen mit Computern und computergesteuerter Gerätschaft, die noch dazu schnell altert, stellt für jede Forschungsinstitution eine Herausforderung dar.

Die Schaffung eines dynamischen wissensbasierten Wirtschaftsraumes in Europa, in dem überkommene, aus Angst und Unwissenheit entstandene Feindbilder teilweise erst überwunden werden müssen, ist unerlässlich. Das kommt in einem Satz des Nobelpreisträgers Manfred Eigen, Ehrenmitglied der Österreichischen Akademie der Wissenschaften, zum Ausdruck, der da lautet:

„Wir sind zum Fortschritt verdammt![21]."

[21] Persönliche Mitteilung F. Firneis bei einem Vortrag von Prof. Eigen am Chemischen Institut in Wien

Einführungsworte

bei der Veranstaltung aus Anlass des zehnjährigen Bestehens der Kommission für die wissenschaftliche Zusammenarbeit mit Dienststellen des Bundesministeriums für Landesverteidigung „Wissenschaft – Forschung – Landesverteidigung. 10 Jahre ÖAW – BMLV/LVAk“

Herr Bundesminister,
meine Herren Generäle und Chargen,
Magnifizenz,
sehr geehrter Herr Vizepräsident,
werte Kolleginnen und Kollegen des Wissenschaftsbereiches,
sehr geehrte Damen und Herren!

Es ist mir gleichermaßen eine Ehre und Freude, Sie in diesem Saal der ÖAW als Hausherr begrüßen zu können.

Fraglos steht die Kooperation zwischen Verteidigung und Wissenschaft außerhalb der üblichen Wissenschaftskooperationen. Außer Zweifel steht aber auch, dass damit Freiheitsgrade verfügbar gemacht wurden und werden, die zusätzliche Möglichkeiten eröffnen, die im üblichen Forschungsrahmen nur mit großem Aufwand oder gar nicht zugänglich sind. Solche Kooperationen, im Newsspeak der heutigen Zeit als Konfluenz der Synergien apostrophiert, hat es schon immer gegeben. Ob im Rahmen des Tätigkeitsprofils von Einjährig-Freiwilligen der k. u. k. Armee Objektlinsen berechnet wurden oder die Militärfahrt der „Erzherzog Friedrich“ nach Yokohama zu Aufnahmen eines Venustransits führte, wir haben gegenseitig von der Zurverfügungstellung unserer Transportmittel, Messgeräte und Spezialisten profitiert.

Nach vorübergehend einseitig zur Angriffs- und Verteidigungsaufrüstung verwendeten wissenschaftlichen Anforderungen, die auf heute österreichischem Territorium zumindest Integraltafeln für Unbestimmte und Bestimmte Integrale hervorbrachten, gab es eine Pause, die wohl der gegenseitigen Konsolidierung diente.

Danach aber begannen vorausblickende Militärplaner die tiefgreifenden Veränderungen in dieser neuen Welt zu registrieren. Zunächst nur graduell, dann aber massiver zeichnete sich ab, dass ein Trend in unserer Gesellschaft zum tiefgreifenden Wandel wurde: weg von der scheinbaren Überlegenheit massiver Rohstofflager und von automatisierten Straßen der ökonomischen Produktion, hin zu einer Gesellschaft, in der Wissen und damit die Bereitschaft zu fundamentalen Systemänderungen zu einem Rohstoff wurde, mag auch die Einheit Bit keine physikalische Dimension im Rahmen des Kanons des Système International besitzen.

Aber der Reihe nach: das Streben zu neuen Ufern setzt eine sorgfältige Planung voraus, die eine umfassende Standortanalyse einschließt. Die von der Generalität gewünschte Übersicht schloss Vorgaben für Richtungen in die Zukunft ein, realisiert an verschiedenen Projekten. Dabei wurden Themen in einer Vielfalt gewählt, die mich an das Aufglühen eines Feuerwerks erinnern.

Es ist im Rahmen einer Einführung in diese Veranstaltung unmöglich, alle Projekte auch nur alphabetisch aufzuzählen. Lassen Sie mich stellvertretend vier Projekte unter Beifügung einer jeweiligen Kurznotiz nennen:

- Bergmechanische Aspekte unterirdischer Explosionen, die zur Formulierung von Schutzmaßnahmen führen,
- Spezifika der Nachrichtenübertragung, ihre Ermöglichung und Behinderung in der Hochatmosphäre,
- Optimierung und Automatisierung der Erhebung kognitiver Fähigkeiten und deren Ausdauer anhand von Orientierungsproblemen in einer künstlichen dreidimensionalen Welt – die Eignung von Piloten-Kandidaten wurde damit objektiviert – sowie
- Langzeitfolgen von entzündlichen Gefäßprozessen in Richtung Plaquebildung und deren Verhinderung durch Impfungen.

Wenn Sie, sehr geehrte Damen und Herren, diese stellvertretend ausgewählten Projekte samt ihren Achtung gebietenden soliden Resultaten katalogisieren wollten, dann meine ich, dass Sie denselben Schwierigkeiten gegenüberstehen werden, wie ich selbst: zunehmend sind die Grenzen zwischen „militärisch" und „zivil" nicht mehr klar ziehbar, die Grenzlinien sind merkwürdig unbestimmt, geradezu „fraktal" geworden.

Lassen Sie es mich von einer anderen Seite versuchen. Die Inventur geleisteter Arbeit schließt immer auch jene Personen ein, die federführend an ihr beteiligt waren. Zu nennen ist unser im Vorjahr bei einem Bergunfall tödlich verunglückter Altpräsident Otto Hittmair, der als Gründungsobmann die ersten Schwerpunkte in Richtung Sicherheitstechnik, besonders der Kryptographie gesetzt hat. In Ergänzung in Richtung Sozialwissenschaften hat Elisabeth Lichtenberger sozioökonomische und soziale Aspekte bezüglich der Lage von Städten, Einzugsgebieten und Transportwegen bewertet und damit die integrale geopolitische Lage Österreichs.

Nach einem kurzen Interregnum meiner Person hat unser wirkliches Mitglied Hans Sünkel, Rektor der Technischen Universität Graz, die Kommission übernommen. Ich möchte es ihm überlassen, über die von ihm koordinierten Arbeiten zu referieren.

Eine Darlegung des Blicks in die Zukunft ist von fundamentaler Wichtigkeit. Er wird in den heutigen Referaten der Gruppen 2 und 3 seinen Niederschlag finden.

Ich gehe davon aus, dass Konzepte und Lösungen, die an Kleinstaaten wie Österreich angepasst sind, im Zentrum des Interesses stehen werden.

Lassen Sie mich zum Abschluss noch zwei Gedanken kurz formulieren. Zum einen scheint mir die zunehmende Komplexität unserer Zivilisation in steigendem Maße Anlass zu biologisch orientierten Denkweisen zu sein. Sicherheit umfasst heute viele Bereiche, nicht nur militärische. In ihnen unabhängige Module so zu organisieren, dass Störfälle keine unabsehbaren Folgewirkungen haben können, erachte ich als wesentliches Erfordernis. Nicht umsonst heißt ein Merksatz der Medizin: „Wehret den Anfängen, denn zu spät wird die Medizin oft bereitet.“[22]

Zum anderen erfordert die Beherrschung komplexer Situationen analytische Verfahren, die in hohem Maße mathematisiert sind. Als Beispiel nenne ich Modifikationen der Thermodynamik unseres berühmten Mitglieds Ludwig Boltzmann. In der Erweiterung unter dem Namen Lagrange-Thermodynamik werden Nebenbedingungen eingeführt, die es erlauben, signifikante Trends der Soziologie numerisch vorherzusagen.

Meine sehr geehrten Damen und Herren, ich wünsche dieser Veranstaltung nicht nur Erfolg, ich erwarte geradezu zielführende Strategien für eine überschaubare, wissenbasierte zukünftige Welt.

Ich danke Ihnen für Ihre Aufmerksamkeit.

---

[22] Persönliche Mitteilung F. Firneis. Vorlesungszitat des Wiener Anatomen Krause

Grußadresse

anlässlich des Festaktes der Stiftung PRO ORIENTE zu Ehren Seiner Allheiligkeit des Ökumenischen Patriarchen Bartholomaios I.

Eure Allheiligkeit,
hochverehrter Ökumenischer Patriarch
von Konstantinopel Bartholomaios I.!

Gleichsam als Hausherr ist es mir eine große Ehre, Sie an der Österreichischen Akademie der Wissenschaften begrüßen zu dürfen. Ebenso begrüße ich Sie, werte Mitglieder kirchlicher und ökumenischer sowie diplomatischer Delegationen.

Meine sehr geehrten Damen und Herren! Ich ersuche um Ihr geschätztes Verständnis für diese zunächst nur globale Begrüßung. Herr Generaldirektor Marte wird nach meiner Grußadresse eine ausführliche Begrüßung vornehmen.

Es freut mich, dass die Anwesenheit Eurer Allheiligkeit in jenem Rahmen erfolgen kann, den das Gebäude unserer Akademie bereitet. Es wurde 1753–1755 nach den Plänen des lothringischen Architekten Jean Jadot errichtet.

Das Deckengemälde dieses geschichtsträchtigen Festsaals, in dem Haydn und Mozart konzertierten, wurde um 1755 von Gregorio Guglielmi geschaffen. Im Zentrum hält Chronos eine ovale Bildtafel hoch, welche die Porträts von Kaiser Franz I. Stephan und Kaiserin Maria Theresia zeigt.

Gegenüber dem Haupteingang befindet sich eine allegorische Darstellung der Theologie, im Gegenuhrzeigersinn befinden sich Darstellungen der Medizin, der Jurisprudenz und der Philosophie.

Lassen Sie mich, dem heutigen Anlass entsprechend, einige Worte zur Darstellung der Theologie sagen. Durch den Kurztitel DIVINARUM RERUM NOTITIA gekennzeichnet, werden die Verkündigung, das Studium und die Mission dargestellt. Vor dem Hintergrund eines kuppelbekrönten Rundbaus mit korinthischen Pilastern hält ein bärtiger Greis den Schlüsselsatz hoch:

„In principio erat verbum." Ihn flankieren zwei Gestalten, rechts der predigende Apostel Petrus, während links der Apostel Paulus die Ablehnung durch seine Zuhörer am Areopag erfährt. Kostbare Kirchengeräte am Teppich werden von einem Vertreter der Tradition mit Buch und Feder flankiert. Diskutierende Gestalten repräsentieren die Spekulation, Vertreter des Islams aber auch des Heidentums.

Aus Anlass des heutigen Festaktes der Stiftung PRO ORIENTE für unseren Ehrengast ist es mir ein Bedürfnis, unseres kürzlich verstorbenen Ehrenmitglieds Franz Kardinal König zu gedenken, der 1964 diese international hoch angesehene Institution ins Leben gerufen hat.

Die wissenschaftliche Ausrichtung unserer Akademie bietet über ihre gesamte Funktionsperiode von 157 Jahren mannigfaltige Anknüpfungspunkte zu den Aufgaben, Aktivitäten und Interessen unseres Ehrengastes. Der Gründungspräsident unserer Akademie, Hammer-Purgstall, hat seine Forschungstätigkeit der Kultur und Geschichte des Vorderen Orients gewidmet. Rademacher hat in die klassische Philologie Gesichtspunkte der Vergleichenden Religionswissenschaften eingebracht. Dem Studium der lateinischen Kirchenväter widmet sich eine Akademiekommission im Rahmen eines erfolgreichen Langzeitprojektes. Weitere Forschungseinheiten studieren Fragen der Byzantinistik, der Gräzistik, der Iranistik und des Kulturraumes Kleinasien. In die Untersuchungen der kulturellen Wurzeln unseres Lebensraumes wurden neben der griechischen und römischen Antike auch islamische Einflüsse einbezogen. Die Dokumentation der Kunst, der Kunstgeschichte und der Musik komplettieren diese Studien.

Die Interessen unserer Akademie sind zusätzlich zu philosophisch-historischen und kulturellen Fragestellungen auf naturwissenschaftlich orientierte Themen gerichtet. Über einige sei aus dem Blickwinkel der heutigen Festveranstaltung kurz referiert.

Die Position des Menschen im Kosmos, die Fragen nach dem Woher und Wohin haben seit jeher existentielles Interesse hervorgerufen. Die zunehmende Kenntnis der Naturgesetze erlaubt uns heute, Antworten von bisher unerreichbarer Präzision über sehr große Zeitintervalle hinweg zu geben.

In letzter Zeit bietet sich das Konzept des ekpyrotischen, also aus dem Feuer geborenen, zyklischen Universums als Alternative zur konventionellen Kosmologie an. Diese Theorie postuliert die Kollision zweier dreidimensionaler Weltmembranen, die sich nur im Augenblick des Big Bangs berühren und dann so auseinander streben, dass die eine für die jeweils andere komplett unzugänglich bleibt. Die Zeit würde dann nicht im Augenblick des Big Bangs zu existieren beginnen, sondern besäße eine unabhängige, ewige Existenz. Im

Prinzip ist dieses Zeitkonzept nicht nur bei rezenten Kosmologen nachzulesen, sondern schon bei Augustinus.

In diesem expandierenden und zunächst dunklen Universum haben massive Sterne der ersten Generation begonnen, schwerere Elemente nuklear zu brüten. Das „fiat lux!" hat also graduell und nicht mit einem Blitz begonnen. Die schwereren Elemente stellten jenen Grundstock dar, der nach Supernovaexplosionen vier bis fünf Sternengenerationen später das Baumaterial für gelegentlich auftretende Planetensysteme bereit zu stellen vermochte. In manchen von ihnen mag Leben entstanden sein. Überschlagsrechnungen zeigen, dass primitives Leben nicht eben häufig, intelligentes Leben aber extrem selten sein muss. Es gibt also kosmologische Gründe für die Seltenheit und damit Kostbarkeit intelligenten Lebens.

Dieses Leben zu bewahren, schließt Bemühungen ein, seine umgebende Ökologie im Bereich einer unterstützenden Homöostase zu halten. Wenn das nicht geschieht, können die Folgen dramatisch sein. Das Beispiel einer entgleisten Ökologie zieht am Himmel seine Bahn, in Gestalt des Planeten Venus. Mit hitzeglühendem Boden, einem ungeheuren atmosphärischen Druck und gelegentlichem Regen von Schwefelsäure bietet sich das Bild eines wahrhaft infernalischen Ambientes.

Zwischen dem Makrokosmos und dem Mikrokosmos besitzt der Mensch, der Anthropos, eine einzigartige Stellung. Richtet er die Augen gen Himmel, eröffnen sich ihm kosmologische Prozesse, die er mit Hilfe von erd- und weltraumgestützten Beobachtungseinrichtungen erfasst und in riesigen Teilchenbeschleunigern nachzuvollziehen versucht. Senkt er den Blick zur Erde, erkennt er ihre Früchte und lernt sie mit Hilfe der Molekularbiologie zu verstehen und gegebenenfalls zu modifizieren.

Wir müssen gegenwärtig damit leben, dass die schnellen Wissenszuwächse mit ihren potenziellen Möglichkeiten bei vielen Mitmenschen Ängste hervorrufen. Die Bewahrer von Bestehendem, und das sind nicht zuletzt die Religionen, mahnen daher zunehmend ethische Restriktionen ein. Diesen Beschränkungen dürfen sich auch Wissenschaftler nur dann entziehen, wenn in bestimmten Fällen und nach gewissenhafter fachgerechter Abwägung von Argumenten und Gegenargumenten Letztere eindeutig gewichtiger sind. Man muss nicht unbedingt Wissenschaftler sein, um zu verstehen, dass sich eine autonome Wissenschaft einem Evolutionsdruck auch für sich selbst nicht entziehen kann. In einer Zeit, in der die In-vitro-Synthese einfachster selbstreproduzierender Prozesse und damit die Entstehung von Leben aus unbelebter Materie in absehbarer Zukunft möglich erscheint, sind wir dennoch von der Nachschaffung der Creatio mit ihrer ungeheuren Komplexität Lichtjahre entfernt:

Sie ist technisch nicht machbar. Mögliche Fortschritte sollten also weniger durch Ängste und Tabus begrenzt werden, als durch die Erkenntnis, dass der Zuwachs an umsetzbarem Wissen für die Spezies homo sapiens in erster Linie zusätzliche Gesamtverantwortung für die Creatio bedeutet.

Verbesserte Kommunikationstechniken, voran das Internet, ermöglichen es heute, für vormals lokale Kulturinseln gegenseitige Adaptionsprozesse in Gang zu setzen. PRO ORIENTE liegt damit im Trend.

Den Zeitverlauf optimal zu steuern, setzt voraus, ihn genau zu kennen, ihn vielleicht sogar über ein Jahrtausend beobachtet zu haben. Herr Prof. Koder wird die Aufarbeitung der hier relevanten Vergangenheit präsentieren. Die Aktivitäten von PRO ORIENTE wird Herr Generaldirektor Marte darlegen. Die Schlussbetrachtung von Bischof Weber wird die Worte unseres hohen Ehrengastes umrahmen. Seine Gegenwart hat uns ein glückliches Geschick als bereicherndes Geschenk einer kostbaren Begegnung beschert.

Ich danke Ihnen für Ihre Aufmerksamkeit.

Eröffnung
der Tagung „Vom Mikrokosmos zum Universum – 50 Jahre Europäisches Laboratorium für Teilchenphysik“

50 Jahre CERN

Sehr geehrter Herr Direktor Majerotto,
sehr geehrter Herr Kuratoriumsobmann Kummer,
sehr geehrter Herr Dozent Lucha,
werte Festgäste, meine sehr geehrten Damen und Herren!

Es ist nur zwei Tage her, seit die Zuerkennung des Nobelpreises für Physik des Jahres 2004 an die drei amerikanischen Physiker Gross, Politzer und Wilczek bekannt gegeben wurde. Mit der Erklärung, warum sich Quarks als Bestandteile von Protonen oder Neutronen hoher Energie fast frei bewegen, haben sie die Basis zur analytischen Beschreibung der Starken Wechselwirkung als jener Naturkraft gelegt, welche die Atomkerne zusammenhält.

Diese aktuelle Anerkennung unterstreicht, dass es an der Zeit ist, einen Rückblick auf das letzte halbe Jahrhundert zu werfen, das seit der Gründung des CERN verstrichen ist. Der österreichische Beitritt erfolgte 1959. Eine Arbeitsgruppe zur Auswertung von Blasenkammer-Aufnahmen des Instituts für Theoretische Physik der Universität Wien wurde 1966 in das Institut für Hochenergiephysik (HEPHY) der Österreichischen Akademie der Wissenschaften übernommen. Damit begann eine äußerst fruchtbare Mitarbeit an Projekten international koordinierter Forschung, die heute die Gebiete Teilchendetektoren, Auslese- und Triggerelektronik, Software für die Datenauswertung, die physikalische Analyse von Daten und nicht zuletzt die Weiterentwicklung theoretischer Modelle umfasst. Die Mitarbeit an CERN-Projekten möchte ich mit dem Prädikat „voll aufgegangene Rechnung“ klassifizieren. Sie hat uns die Möglichkeit gegeben, an der Konstruktion immer leistungsfähigerer Detektoren teilzunehmen. Wir verfügen nun über eine hoch integrierte Elektronik, die mit kleinsten Zeitkonstanten aus Millionen Kollisions-Ereignissen wenige hundert interessante vorselektioniert. Der Fortschritt gegenüber dem händischen Vermessen von Blasenkammer-Aufnahmen und vollautomatischen EDV-gestützten Verfahren, die sogar Methoden der Mustererkennung mit einbeziehen, ist fast unglaublich.

Das Institut für Hochenergiephysik hat in seiner Partnerschaft mit dem CERN Sternstunden der Entschlüsselung der Elektroschwachen Wechselwirkung durch die Entdeckung seiner massebehafteten Botenteilchen miterlebt. Diese Erkenntnis wurde durch Vergabe eines Nobelpreises gewürdigt. Unser Institut leistete wichtige Beiträge zu Experimenten an immer größeren Beschleunigern. Etwa gegen 2007 wird es am neu errichteten Large Hadron Collider, dem LHC, an Antworten auf jene Fragen mitarbeiten, die uns Aufschluss über den Aufbau und die Kräfte dieses Universums geben werden. Wenn jene Teilchen existieren, die als Erweiterung des Standardmodells zur Theorie der Super-Symmetrie im erreichbaren Energiebereich des LHC zu liegen kommen, werden wir sie auch beobachten. Zur Frage steht, ob es ein Teilchen – das postulierte Higgs-Teilchen – gibt, das Masse vermittelt.

Bestehende Diskrepanzen zwischen der Astrophysik und der Hochenergiephysik sollten beseitigt werden. Die Astrophysik meint, das Wirken dunkler Materie zu beobachten, die an der Strukturbildung nicht teilnimmt, und dunkler Energie, welche die Expansion des Universums vorantreibt. Die Hochenergiephysik müsste diese Meinung mit Beobachtungen belegen.

Sie sehen, sehr geehrte Damen und Herren, dass genügend aktuelle Aufgaben verbleiben, welche die Fortführung der Kooperation des HEPHY mit dem CERN rechtfertigen. Dabei geht es nicht nur um scheinbar Abstraktes. Die Erfordernisse der Teilchenstrahlablenkung haben die Entwicklung supraleitend bewickelter Elektromagneten vorangetrieben. Auf dem medizinischen Sektor wurde die Therapie tief sitzender Tumore verbessert. Die Notwendigkeit der internationalen Projekt-Kooperation hat uns das World Wide Web beschert. Software-Systeme zur Multimedia-Präsentation aktueller Erkenntnisse wurden entwickelt. Nicht zuletzt haben die Absolventen unserer Universitäten die Möglichkeit, auf hochqualifizierten Arbeitsplätzen an internationalen Projekten mitzuarbeiten.

Ich erachte es als wissenschaftliche Verpflichtung, die Kooperation des Instituts für Hochenergiephysik mit dem CERN aufrecht zu erhalten, zum Nutzen des wissenschaftlichen Auftrags unserer Akademie, zum Vorteil unseres wissenschaftlichen Nachwuchses, zum Nutzen der europäischen Forschung auf dem Gebiet der Teilchenphysik und nicht zuletzt zur Erkenntniserweiterung über fundamentale Strukturen dieses Universums und der in ihm wirkenden Kräfte. Ich danke Ihnen für Ihre Aufmerksamkeit.

Begrüßung
anlässlich der Feier für Karl Schlögl, wirkliches Mitglied der ÖAW, aus Anlass seines 80. Geburtstags

Sehr geehrter Herr Professor Schlögl, lieber Karl,
sehr geehrte Frau Schlögl, liebe Rosmarie,
sehr geehrte Herren Altpräsidenten,
werte Festgäste!

Es ist verständlicherweise sehr selten, dass die Österreichische Akademie der Wissenschaften eine Geburtstagsfeier veranstaltet. Dazu müssen jedenfalls zwei Bedingungen erfüllt sein: eine außergewöhnliche wissenschaftliche Karriere, die zur Mitgliedschaft in unserer Akademie geführt hat, sowie besondere Verdienste um die ÖAW in leitender Funktion in der Akademie.

Darüber hinaus wird Engagement im weitesten Sinne gefordert, Engagement, das die üblichen Schranken von Raum und Zeit übersteigt. Alles das trifft bei dir, lieber Prof. Schlögl, in überreichem Maße zu.

Es steht den fachlich kompetenten Kollegen an, dein reichhaltiges wissenschaftliches Œuvre Revue passieren zu lassen. Nichtsdestoweniger habe ich mich in den Akten der Akademie über deinen Zugang zu deinem Wissensgebiet – der Organischen Chemie – ein wenig kundig gemacht. Vollständigkeit darf man hier nicht erwarten.

Jedenfalls wähle ich einen systemtheoretischen Zugang zu einem globalen Beschreibungsversuch. Eine punktförmige Aktivität klingt normalerweise in Raum und Zeit ab. Allerdings existieren in der nichtlinearen Dynamik eindimensionale Wellen, die sich ohne Formänderung über große Distanzen und Zeiten ausbreiten. Man nennt sie Solitonen. Es scheint, dass die Aktivitäten unseres Jubilars durch solche Solitonen beschrieben werden können.

Wie aber hätte ein chemischer Oszillator auszusehen, der diese Ausbreitung speist? Das scheint zunächst ein Widerspruch gegen den zweiten Hauptsatz der Wärmelehre zu sein, und genau deswegen wurde die Publikation eines solchen schwingenden chemischen Systems um Jahre verzögert. Es gibt aber eine solche Farbreaktion, weitab vom Gleichgewicht, die Belousov-Zhabotinsky-Reaktion, die periodisch schwingende Farbveränderungen aufweist. Sie ist der Ausgangspunkt für Untersuchungen über Chaos in Systemen und Selbstorganisation der Strukturbildung.

All diese Überlegungen werden innerhalb der Chemie getätigt, einer Disziplin, die von Maimonides, dem Leibarzt eines Pharaos, bis zum Nobelpreis für Chemie des Jahres 2004 reicht, verliehen für die Erklärung der Funktionen eines Proteins, das biologische Strukturen zum Abbau freigibt und sie quasi dafür markiert.

Dein Fach, lieber Herr Prof. Schlögl, die Chemie der Kohlenstoffverbindungen – die Organische Chemie –, ist vielfältig wie kaum eine andere chemische Disziplin; sie ist die Basis allen Lebens und das mit hoher Wahrscheinlichkeit nicht nur auf dieser Erde.

Mein Zugang ist der des Ingenieurwissenschaftlers. Auch aus dessen Sicht verwertet die Natur ihre Abfälle sehr viel einfallsreicher als wir Menschen das normalerweise tun. Das Endprodukt von Kernreaktionen in Sternen, die kosmische Asche namens Eisen, ist im Zentrum der vier Subeinheiten des Hämoglobins angeordnet und transportiert damit in unserem Blut den Sauerstoff, den die Gewebe benötigen.

Eine Stufe in der Komplexität zurückgeschritten, und wir sind bei einem Arbeitsgebiet unseres Jubilars, den Metallocenen. Dabei sind Metalle in spezieller Weise mit ringförmigen organischen Verbindungen verknüpft. Sie haben große Bedeutung als Katalysatoren für die Kunststoffproduktion.

Ob die Schwache Wechselwirkung die Schraubrichtung von Lebensbausteinen festgelegt hat oder ob es bloß der Zufall war? Es hat eher mit physikalischer Chemie zu tun, dass die Levo-Chiralität in Lebensbausteinen prädominant ist. Jedenfalls hat unser Jubilar spezielle Verbindungen, die auch als ihr Spiegelbild vorkommen, besonders auf ihre räumliche Struktur hin untersucht.

Die Fülle dieser Arbeiten konnte Karl Schlögl nur bewältigen, weil ihm dabei seine liebe Frau Rosmarie bis auf den heutigen Tag stets treu zur Seite gestanden ist: in wissenschaftlichen Belangen wie im Leben, in guten Tagen wie in schweren Stunden, als Stütze und Hilfe.

Genug zu seinem Œuvre, das über 200 Arbeiten umfasst und ihm zahlreiche Preise eingebracht hat: den Universitätspreis der Wiener Wirtschaft, den Preis für Naturwissenschaften der Stadt Wien, die Wilhelm-Exner-Medaille, die Loschmidmedaille. Zuteil wurde ihm auch die Ehre des ersten gewählten Dekans an der naturwissenschaftlichen Fakultät der Universität Wien. Nach seiner Funktionsperiode als Präsident der österreichischen Chemiker wurde er zum Ehrenpräsidenten auf Lebenszeit ernannt.

Die ÖAW hat dem Jubilar sowohl den Rudolf-Wegscheider-Preis als auch den Erwin-Schrödinger-Preis zuerkannt. Die administrative Erfahrung und das organisatorische Geschick Prof. Schlögls führten zu seiner Wahl zum Sekretär der mathematisch-naturwissenschaftlichen Klasse im Jahre 1987 bzw. zum Generalsekretär im Jahre 1991. Letztere Funktion bekleidete er bis 1995. Schließlich fungierte er von 1997 bis 2000 als Vizepräsident der Akademie. In all diesen Funktionen zeichnete er sich durch ein besonders hohes Maß an Loyalität zum Präsidenten und zu den übrigen Mitgliedern des Präsidiums aus. Für das Wohlergehen seiner Klasse ist er stets mit Bestimmtheit eingetreten. Für die Sorgen und Probleme seiner Mitarbeiter hatte er immer ein offenes Ohr.

Als Architekt komplexer Moleküle hat er an der Akademie alsbald begonnen, gemeinsam mit den Mitarbeitern die Struktur des Rechenzentrums den wachsenden Erfordernissen organisatorisch anzupassen. Er war und ist ein Mann, auf den man sich verlassen kann.

Lassen Sie mich, meine sehr geehrten Damen und Herren, eine Episode Revue passieren, die sich anlässlich eines Besuchs von Präsidialmitgliedern in China zugetragen hat. Bei der Besichtigung kaiserlicher Einrichtungen in Nanjing nahm Karl Schlögl in einem kleinen Raum Platz, der zur Ablegung von Prüfungen für zukünftige hohe kaiserliche Beamte vorgesehen war. Es hätte nicht viel gefehlt, und er hätte seine Prüfungsarbeit geschrieben als Vertreter seiner Wissenschaft, der Sohn des Hauptschuldirektors, verbunden mit dem goldenen Band der Pflichterfüllung, hin zu anderen Kulturen, über Raum und Zeit.

Dabei sind dem Jubilar menschliche Qualitäten stets ebenso wichtig gewesen wie sein Engagement für die ÖAW und sein Wissensgebiet. Seine Mutter, die immerhin 101 Jahre alt geworden ist, hat er täglich besucht.

Für meine Frau und mich, die wir gerne mit ihm und Rosmarie Delikatessen der chinesischen Küche genießen, bedeutet das Alter seiner Mutter ein genetisches Versprechen, diesem Vergnügen mit Sicherheit für alle voraussehbare Zeit nachkommen zu können.

Wenn ich abschließend unserem Jubilar daher „Ad multos annos“ zurufe, so ist das mehr als ein frommer Wunsch, es ist eigentlich die Feststellung eines Faktums. In diesem Sinne, verehrter Herr Vizepräsident, sehr geehrter Herr Prof. Schlögl, lieber Karl: „Ad multos annos!“

Begrüßung
anlässlich des Euro-CASE Workshops „Biotechnology and Society, the Science Generation Project"

Werte Gäste aus europäischen Ländern,
sehr geehrte Damen und Herren!

Bereits der Titel Ihres Workshops enthält in Abkürzungen verpackt eine bemerkenswerte Initiative. Eine unabhängige, nicht auf Gewinn ausgerichtete Organisation von Akademien der Angewandten Wissenschaften, Technologien und des Ingenieurwesens, beschickt von 18 Ländern, hat es unternommen, über das Projekt Science-Generation unzweifelhaft vorhandene Gräben zwischen Wissenschaft und öffentlicher Meinung zu überbrücken. Der Schwerpunkt dieses Workshops liegt in der Interaktion von Biotechnologie und Gesellschaft.

Die Österreichische Akademie der Wissenschaften, von ihrer Satzung her zur Förderung der Wissenschaft verpflichtet, ist sich der gegenwärtigen Schwierigkeiten des naturwissenschaftlich-technischen Bereiches im weitesten Sinne durchaus bewusst.

Gerade in den Lebenswissenschaften haben die Erkenntnisse und damit die Möglichkeiten, in Prozesse des Lebens einzugreifen, sehr stark zugenommen. Die Öffentlichkeit reagiert auf das daraus resultierende Trommelfeuer an Informationen oft verwirrt, manchmal sogar misstrauisch. Während die „Rote Gentechnologie", soweit sie therapeutischen Zielen dient, fast selbstverständlich angenommen wird, gibt es für die „Grüne Gentechnologie", die sich zum Beispiel mit der genetischen Modifikation von Erntepflanzen oder Obstbäumen befasst, Widerstände, die nicht einfach wegdiskutiert werden können.

Umso verdienstvoller sind Initiativen, welche die Distanz zwischen hoher Wissenschaft und negativen Grundhaltungen durch ehrliche Informationen zu überbrücken versuchen. Produzenten von gentechnisch modifizierten Organismen könnten leicht der Unglaubwürdigkeit geziehen werden. Wissenschaftliche, nicht auf Profit gerichtete Institutionen, wie es die Akademien sind, besitzen viel eher einen A-priori-Bonus an Glaubwürdigkeit.

Die Österreichische Akademie der Wissenschaften besitzt Forschungseinrichtungen, die in den genannten Bereichen tätig sind. Die Kommission für die Reinhaltung der Luft ebenso wie das Institut für Technikfolgen-Abschätzung üben Monitoring-Funktionen aus. Wir sind allerdings der Meinung, dass es für die Akademie nicht genügt, Situationen und Neuentwicklungen zu bewerten. Im eigenen Bereich ist auch Neues zu erarbeiten. Das geschieht beispielsweise am Gregor-Mendel-Institut für Molekulare Pflanzenbiologie, am Institut für Biomedizinische Alternsforschung, am Institut für Molekulare Biotechnologie, am Forschungszentrum für Molekulare Medizin, ebenso aber am Institut für Biophysik und Röntgenstrukturforschung und an der Forschungsstelle für Integrierte Sensorsysteme.

Der Transfer von verlässlicher, genauer und verständlicher Information zur Öffentlichkeit besitzt eine wesentliche politische Funktion. Nicht nur, dass Sorgen über Sicherheitsrisiken die Zustimmung politischer Gremien überproportional blockieren können, das geringe oder sogar negative Ansehen technischer oder biotechnologischer Ausbildung, die zugegeben kompliziert und langwierig ist, bringt es mit sich, dass wir in Europa ohne aktive Gegensteuerung bald zu wenig junge Menschen haben werden, die sich in diesen Fächern Kompetenzen erwerben. Ohne Umkehr dieses Trends sind negative Folgen für die Infrastruktur unserer Staaten in beunruhigende Nähe gerückt.

Daher ist für die EURO-CASE-Initiative eines ihrer Gründungsväter Alain Mongon ebenso zu danken, wie es Prof. Preining für das lokale Engagement an unserer Akademie Dank zu sagen gilt. Inoffiziell darf ich ihn als Mr. EURO-CASE titulieren.

Dem Workshop wünsche ich durch die Teilnahme der neuen EU-Länder im Erfahrungsaustausch mit etablierten Organisationen gutes Gelingen.

Unser wirkliches Mitglied, der Nachrichtentechniker und Computerphilosoph Heinz Zemanek, hat die Informatiker als „Architekten des abstrakten Objekts“ bezeichnet. In Modifikation dieser Aussage möchte ich die Molekularbiologen verschiedenster Provenienz als „Architekten genetisch modifizierten Lebens“ titulieren. Möge ihre Arbeit, die auch Grenzen aufzeigen kann, breiteste Beachtung finden.

Ich danke Ihnen für Ihre Aufmerksamkeit.

Begrüßung und Einleitungsworte anlässlich der Festveranstaltung des Stefan-Meyer-Instituts für subatomare Physik

Hochverehrter Herr Professor Kienle,
werte Festgäste,
sehr geehrte Damen und Herren!

Es ist mir eine große Ehre, Sie bei der Festveranstaltung des Stefan-Meyer-Instituts für subatomare Physik namens des Präsidiums der Österreichischen Akademie der Wissenschaften begrüßen zu können.

Die ÖAW setzt mit diesem Institut eine wissenschaftliche Tradition fort, die mit dem ersten Radiuminstitut seiner Art begonnen hat. Es war das erste Forschungsinstitut der ÖAW und existiert seit nahezu 100 Jahren.

Die lange und enge Kooperation zwischen dem Pariser und dem Wiener Radiuminstitut wird durch den ehrenvollen Besuch von Madame Hélène Langevin-Joliot unterstrichen, die im Folgenden die Freundlichkeit haben wird, Grußworte an diese Festversammlung zu richten. Als Resultat dieser Zusammenarbeit sind Standards zur Beschreibung der Eigenschaften der Radioaktivität entstanden.

Der Boden, auf dem wissenschaftliche Leistungen wachsen, muss vorher entsprechend aufbereitet werden. Dazu sind besondere Qualitäten des Wissenschaftsmanagements erforderlich. Ihre Grundlage sind profunde Sachkenntnisse. Diese hat Stefan Meyer ebenso erfolgreich eingebracht wie Karl Lintner als Generalsekretär der ÖAW. Er und Otto Hittmair haben die Reorganisation des Radiuminstituts in das Institut für Mittelenergiephysik in die Wege geleitet und damit ein Signal für die erfolgreiche Existenz einer relativ kleinen Forschungseinheit in die Welt gesetzt, die durch zweckentsprechende Kooperationen mit hervorragenden wissenschaftlichen Institutionen interessante Ergebnisse erzielte.

Erkenntnissen, die in der Gründungsphase des Radiuminstituts durch das Einbringen von Alfa- und Beta-Strahlen in ein Magnetfeld gewonnen wurden, werden heute Fragen über die starke Wechselwirkung in gebundenen Systemen zur Seite gestellt. Wie kann es sein, dass sich die Summe der Masse der konstituierenden drei Quarks eines Protons oder Neutrons gerade nur zu etwa zwei Prozent der gemessenen Nukleonenmasse aufrechnet? Warum sehen wir auch in den fernsten Regionen des beobachtbaren Universums keine Leidenfrost-Vorhänge zwischen Materie und Antimaterie? Anders gefragt: wieso reichen kleinste Asymmetrien zwischen Materie und Antimaterie aus, um dieses Universum mit der uns umgebenden Materie und nicht zu gleichen Teilen auch mit Antimaterie zu erfüllen?

Lassen Sie mich, meine sehr geehrten Damen und Herren, nur ein Beispiel aus einer Serie von Experimenten nennen. Das Studium des Zerfalls des neutralen Kaons, das aus einem Down-Quark und einem Anti-Strange-Quark besteht, sollte es erlauben, dieses Universum besser zu verstehen. Der Einsatz von negativen Kaonen anstelle des Elektrons in Wasserstoff, Deuterium oder Stickstoff wird es ermöglichen, Präzisionsaussagen über die Naturkräfte zu liefern.

Ohne Zweifel sind dazu große technische Hürden zu überwinden: vom Betrieb spezieller Beschleuniger-Einrichtungen über die Kühlung von Teilchenstrahlen mit parallel laufenden Elektronenstrahlen bis zur Messung der Spektren mit Silikon-Detektoren. Möglich werden solche Ergebnisse nur in Zusammenarbeit mit bestausgerüsteten wissenschaftlichen Partnern. Ich nenne beispielhaft das Paul-Scherer-Institut in der Schweiz, das National-Laboratorium Frascati in Italien und die Gesellschaft für Schwerionenforschung in Deutschland.

Ungeachtet der Namensänderung des nunmehrigen Stefan-Meyer-Instituts für subatomare Physik und der Verlagerung seiner Forschungsschwerpunke möchte ich auf das unveränderte Bestreben seiner Forscher hinweisen, diese Welt besser zu verstehen. Dem Institut sei daher ins Stammbuch geschrieben: Plus ça change, plus ça reste!

Ich danke Ihnen für Ihre Aufmerksamkeit.

Begrüßung

anlässlich der Preisverleihung und des Festaktes „Ignaz L. Lieben-Preis 2004" sowie Laudatio anlässlich der Verleihung der Medaille „Bene merito" an Isabel und Alfred Bader

An den Anfang meiner Begrüßung darf ich mit Freude die Stifter des wieder errichteten Lieben-Preises stellen: Isabel und Alfred Bader. Es ist uns eine große Ehre, Sie beide hier willkommen zu heißen. Wir haben uns erlaubt – als Hommage an die Kunstkenner –, die Feier in den renovierten Johannessaal zu verlegen. Die Renovierungsarbeiten wurden gestern abgeschlossen. Hier, unter dem wunderbaren Fresko des Franz Anton Maulbertsch aus dem Jahre 1766, kann dank Ihrer großzügigen Stiftung dieser Preis zum zweiten Mal aus der Taufe gehoben werden.

Ich begrüße alle Mitglieder der Familie Lieben, die aus verschiedenen Teilen Europas zu uns gekommen sind. Wir hoffen, die jäh unterbrochene Tradition der Vergabe des Lieben-Preises mit ungebrochener wissenschaftlicher Dignität fortführen zu können und denken, dass bereits der erste Auswahlprozess an das hohe Niveau der Vergangenheit anknüpft.

Sehr herzlich begrüße ich den ersten Preisträger des wiedererrichteten Ignaz L. Lieben-Preises, Zoltan Nusser, der zu uns aus Budapest mit seiner Frau gekommen ist.

Es freut mich sehr, den ungarischen Botschafter in Wien, Istvan Horvath, und den Wissenschaftsattaché der Französischen Botschaft, Jerome Segal, willkommen heißen zu können.

Ich begrüße den Rektor der Universität Wien und Vorsitzenden der Österreichischen Rektorenkonferenz, Georg Winckler, und den Rektor der Technischen Universität Wien, Peter Skalicky, deren Anwesenheit die erfolgreiche Kooperation dreier großer österreichischer Wissenschaftseinrichtungen im Rahmen des Ignaz Lieben-Projektes verdeutlicht.

Herzlich willkommen heiße ich den Dekan der Fakultät für Technische Chemie der Technischen Universität Wien, Johannes Fröhlich, den Dekan der

Fakultät für Lebenswissenschaften der Universität Wien, Christian Noe, den Geschäftsführer des Austrian Research Centers, Helmut Krünes, die Vizepräsidentin des Fonds zur Förderung der wissenschaftlichen Forschung, Juliane Besters-Dilger, und Georg Haber, den Direktor des Jüdischen Museums, in dem morgen die Ausstellung „Die Liebens" eröffnet wird.

Ferner begrüße ich den Gastredner, Eos Szathmary, den wir aus Budapest willkommen heißen. Der Gastredner wurde zu einem Zeitpunkt ausgesucht, zu dem die Auswahl des Preisträgers nicht feststand. Der starke ungarische Schwerpunkt bei dieser Festveranstaltung wird durchaus begrüßt, war aber nicht beabsichtigt.

Mein Gruß gilt weiters den Teilnehmern am Symposion „Mäzenatentum und naturwissenschaftliche Forschung", das nach dieser Preisverleihung in der Universität Wien eröffnet wird, und Ihnen allen, meine Damen und Herren, die Sie als Mitglieder dieses Haus repräsentieren oder als Gäste uns die Freude Ihres Besuches machen.

Mit großer Freude eröffne ich diesen Festakt, der die erste Veranstaltung in einer Reihe von Veranstaltungen im Rahmen des Ignaz Lieben-Projektes ist:

- Dabei handelt es sich um ein Symposion, veranstaltet von der Universität Wien,
- ein Benefizkonzert, veranstaltet vom Konzerthaus Wien, und
- eine Ausstellung, veranstaltet vom Jüdischen Museum in Wien.

Wissenschaftsakademien verschreiben sich traditionell der „Auszeichnung" hervorragender Forschungsleistungen: Keine andere Institution in Osterreich, so meine ich, ist besser dafür geeignet, solche Leistungen zu prämieren und sie der Öffentlichkeit zu präsentieren, als unsere nationale Wissenschaftsakademie – die Österreichische Akademie der Wissenschaften.

Zurzeit werden 16 Preise – der Großteil davon für Nachwuchswissenschaftler – von der ÖAW vergeben.

Mit der Wiedererrichtung des Lieben-Preises werden neue Wege in der Nachwuchsförderung gegangen: Sowohl die Ausschreibungsmodalitäten als auch das Auswahlprocedere wurden internationalisiert. Auf Wunsch des Stifters wird der Preis nicht nur an Österreicher vergeben, sondern auch an Wissenschaftlerinnen und Wissenschaftler aus Bosnien-Herzegowina, Kroatien, der Tschechischen Republik, Ungarn, der Slowakei und Slowenien.

Wir veröffentlichten das „Preisausschreiben" an Forschungseinrichtungen in Mittel-, Ost- und Südosteuropa – von Banja Luka bis Szeged, von Pardubice bis Dubrovnik.

Der Widerhall war schon beim ersten Mal sehr groß. Die Preisvorschläge hatten durchwegs hohes wissenschaftliches Niveau.

In einem zweistufigen Bewertungsprozess wählte eine Jury, die aus Vertretern von Universität Wien, Technischer Universität Wien und aus Mitgliedern der Akademie im In- und Ausland besteht und sich auf externe internationale Gutachten stützte, den Preisträger aus.

Die Akademie vergibt nun somit ihren dritten Preis mit ostmitteleuropäischem Schwerpunkt. Dies kann wohl als Indiz eines stärkeren Zusammenrückens der Staaten Zentraleuropas im Forschungsbereich gesehen werden. Ich darf nun unseren Festredner, Eos Szathmary, auf das Podium bitten, um uns seine Reflexionen zu diesem Thema näher zu bringen.

*

Laudatio anlässlich der Verleihung der Medaille „Bene merito" an Isabel und Alfred Bader

Out of respect for the laureates, I will switch to English for the next part of my speech. It is a great honor and pleasure for me to present Isabel and Alfred Bader, the recipients of the "Bene merito" medal.

Isabel Bader comes from a Protestant family in Kirkland Lake in Northern Ontario. Her father, Herbert Overton, was a cabinet maker who emigrated from England to Canada in 1906. Her mother, Stella Sirr, comes from a large family in New Liskeard. Higher education was important to both parents, and two of their three children went to university – Isabel won a scholarship to Victoria College in Toronto.

After the war she went to England with the intention of living and teaching there. On the ship she met Alfred Bader who was returning to Europe for the first time to visit friends and relatives. They spent some time together in England, but when Alfred had to go back to the USA, Isabel decided to stay in Bexhill in East Sussex where she had been offered a teaching position. From 1949 until her marriage to Alfred Bader in the 1980s, she lived there, teaching first English and then Spanish and History.

Alfred Bader comes from a large Jewish family originally resident in Kyjov in the Czech Republic. His grandfather, Moritz Ritter von Bader, participated in the building of the Suez Canal as an engineer and was knighted by Emperor Franz Josef for his services as the Austrian consul in the Egyptian city Ismailia. Alfred Bader's mother, Elisabeth Serényi, comes from an aristocratic Catholic family with large estates in Hungary.

Alfred Bader was born in Vienna on April 28, 1924. When Hitler marched into Austria he was forced to leave his home like so many others: he was sent to England with the first Kindertransport on December 10, 1938. After studying chemistry at Queen's University in Canada and at Harvard, he founded Aldrich Chemical Company, a supplier of research chemicals, in 1951. In the early 1970s, Aldrich, by then a very large company, merged with Sigma, a biochemical supplier. Until his retirement in 1991, Alfred Bader was president, and then he became chairman of Sigma-Aldrich.

Early in his life, Alfred Bader became interested in art and history of art. In the meantime he has become one of the most renowned private collectors of 17th century Dutch Art. In addition, both he and Isabel have sponsored many prizes and grants for scientists and students in the fields of art and chemistry, Alfred Bader's two passions. Among others, they finance awards for the promotion of scientific research conferred by the Royal Society.

Robert Rosner, whom I am pleased to welcome as our guest today, was fascinated by the history of the Ignaz L. Lieben-Award and had the idea to re-establish this prize. He was supported by Christian Noe and Arnold Schmidt, both members of the Austrian Academy of Sciences, and former Vicepresident Peter Schuster – all of them are here today. As a friend of Alfred Bader, Robert Rosner also got him and Isabel enthusiastic about this idea and they offered to cover the expenses. Within a few months it was agreed that for the next 30 years the amount of 18,000 $ will be awarded every year, beginning in 2004.

Finally, it is essential today to remember the violent anti-Jewish pogrom that occurred 66 years ago and is usually referred to as "Reichskristallnacht", a term that became a euphemism for this brutal pogrom and does not adequately convey the suffering it caused. In Vienna, the pogrom lasted several days: 42 synagogues and small prayerhouses were set ablaze, thousands of Jewish-owned stores and homes were looted, vandalized and confiscated. In all, 6.457 Jews were arrested, 3.700 of them were sent to the Dachau concentration camp.

The Full Assembly of the Austrian Academy of Sciences has decided to confer the "Bene Merito" medal on Dr. Alfred and Isabel Bader. This medal is given to individuals who make great contributions to the Academy. In this way, the Academy would like to thank Isabel and Alfred Bader for their generous financial support, which makes it possible to award the oldest prize of the Austrian Academy of Sciences for the first time again this year.

I want to emphasize the significance of the fact that a man who was forced to leave Austria, his home country, now enables the Austrian Academy of Sciences to re-establish this prestigious award for the benefit of young scientists in Central Europe.

Festvortrag

anlässlich der Präsentation der Zeitschrift „SIAK-Journal – Zeitschrift für Polizeiwissenschaft und polizeiliche Praxis“

Sicherheit, Forschung und das 7. EU-Forschungsrahmenprogramm

Sehr geehrter Herr Bundesminister,
werte Festgäste!

Den vielschichtigen Überbegriff Sicherheit verbindet man mit Risiko, Angriff, Katastrophe, Verwundbarkeit, Bedrohung, Krise, Verlässlichkeit, Vertraulichkeit, Attacke, Ausfall, Schutz und vielen anderen Begriffen.

Fundamental scheint mir, dass nur in einer sozioökonomischen Atmosphäre der Sicherheit geordnete menschliche Interaktionen möglich sind. Es ist mein Eindruck, dass das Bundesministerium für Inneres (BMI) Sicherheit als eines seiner Hauptprodukte in verschiedensten Ausprägungen produziert.

Zusätzlich zu diesem Tagesgeschäft, das in Folge stets wechselnder Anforderungen und Herausforderungen wohl niemals zur Routine werden wird, ist es durch die politische Erweiterung im Rahmen der EU und die damit verbundenen inneren und äußeren Sicherheitsanforderungen neuer Art erforderlich, losgelöst vom Tagesgeschäft über diese Anforderungen in weiten Zusammenhängen unter Zuhilfenahme der Wissenschaften nachzudenken.

Dieser Zugang, der ganz natürlich die Österreichische Akademie der Wissenschaften mit einbindet, ist nicht wirklich neu. Schon 1846 hat Staatskanzler Metternich seinem Kaiser, Ferdinand I., vorgeschlagen, feste Punkte wie eben diese Akademie zu installieren, um das Schwirren der Geister zu vermeiden. Sie sehen daraus, meine sehr geehrten Damen und Herren, den ungeheuren Zuwachs an Gedankenfreiheit. Ich gehe dabei davon aus, dass zum Unterschied zu Metternich hier und heute und vor allem zu dieser Uhrzeit niemand ernstlich diesen Vortrag als mit staatsgefährdenden Ideen belastet klassifizieren würde.

Der wissenschaftliche Zugang erfordert es, die eingebrachten Begriffe zunächst zu analysieren, um danach Vorschläge für die Sicherheitsforschung in Österreich formulieren zu können. An der ÖAW ist das gemeinsam mit der ARC systems research, einem Tochterunternehmen des außeruniversitären Forschungsinstituts ARC Seibersdorf, sowie der Austrian Space Agency, geschehen. Ich gehe davon aus, dass es ähnliche Aktivitäten am Institut für Wissenschaft und Forschung der Sicherheitsakademie gegeben hat. Im Rahmen des ÖAW/ARC-Projektes wurden 20 halbtägige Workshops „Sicherheitsforschung in Österreich“ abgehalten, in denen verschiedene Gruppen von Befragten spontan jene Themenbereiche nennen konnten, die sie für diese Art von Forschung für relevant hielten. Lassen Sie mich einige der diskutierten Punkte als eine Art Zwischenbericht anführen:

Sicherheitsaspekte der Infrastruktur, Verkehrssicherheit, Naturkatastrophen, Technische Gefahren, Bedrohungen durch Krankheiten, Forderung nach einer Stelle zur österreichweiten Koordination für Sicherheitsforschung, bis hin zur Abschätzung des Finanz- und Personalbedarfs.

Als Standort dieser Einrichtung wurde die ÖAW genannt. Genugtuung habe ich dabei empfunden, dass diese Nennung von außen kam.

Zu registrieren ist jedenfalls, dass in den USA die National Academy of Sciences und die National Academy of Engineering ganz massiv in Belange der Sicherheitsforschung eingebunden sind. In diesem Zusammenhang erscheint es nicht uninteressant, relevante US-Budgets mit Zahlen zu illustrieren. Das Department of Homeland Security verfügt über ein Jahresbudget von 36 Milliarden $ und koordiniert externe Geldflüsse von etwa 100 Milliarden $. In die reine Sicherheitsforschung fließt etwa eine Milliarde $/Jahr.

Es wäre zu bequem, die daraus entstehende Technologie und Gerätschaft per Import uneingeschränkt und unkritisch willkommen zu heißen. Durch mitimportierte Verfahren entstehen Quasinormen und machen die Vernetzung mit lokal entwickelten Datenbanken nicht eben leichter. Wir sind also darauf angewiesen, für kritische Technologien Eigenentwicklungen auch dann zu initiieren, wenn damit gegen den Grundsatz verstoßen werden sollte, schon Erfundenes nicht nochmals zu erfinden.

Bei technischen Entwicklungen ist es in der heutigen Zeit signifikant, die ohnehin unscharfe Grenze zwischen militärischen und zivilen Entwicklungen zugunsten der Wirtschaftlichkeit nach beiden Seiten aufzuweiten. Für Fragen der Sensorik und der erdnahen Weltraumerkundung stehen spezielle ÖAW-Forschungseinrichtungen zur Verfügung. Die volle Ausnutzung der Synergien zwischen Sicherheitstechnik, ziviler Forschung und Verteidigung erscheint als Gebot der Stunde.

Zu bedenken ist, dass Technik allein die Sicherheit nicht garantieren kann, aber Sicherheit ohne Unterstützung durch die Technik schlicht unmöglich ist.

In der heutigen Morgenausgabe einer Tageszeitung kann man nachlesen, dass im Bereich des Bundesministeriums für Inneres eine Aufrüstung im IT-Bereich um 36 Mio. € Tagesroutine ist.

Die Notwendigkeiten der technischen Aufrüstung zeigen aber auch die strukturellen Defizite Europas auf. Die noch begrenzte Kooperation der Mitgliedstaaten, die ungenügende Koordination, zusätzlich erschwert durch den hohen Finanzbedarf, und die beschränkte Bereitschaft, diesem in ähnlichem Ausmaß wie in den USA Rechnung zu tragen, hindern Europa daran, seine wissenschaftlichen, technischen und industriellen Stärken voll auszunützen.

Ein ab dem Jahr 2007 konzipiertes Sicherheits-Forschungsprogramm der EU mag dem genannten Übelstand abhelfen. Die Forderung Xavier Solanas nach der Schaffung einer integrierten Agentur für Verteidigung, Forschung, Beschaffung und Bewaffnung scheint derart gewichtige Sicherheitsaspekte zu enthalten, dass es kein Fehler wäre, Sicherheit auch im Titel zu manifestieren. Solanas Bericht „Ein sicheres Europa in einer besseren Welt“ ist ein mit Gewinn zu lesender Baustein des 7. EU-Forschungsrahmenprogramms.

Lassen Sie mich, meine sehr geehrten Damen und Herren, drei ÖAW-interne Beispiele anführen, wie vorliegende Forschungsresultate im Rahmen der Sicherheitsforschung zu unser aller Nutzen weitergeführt werden könnten.

Unser wirkliches Mitglied Prof. Zemanek, Nachrichtentechniker und Computerphilosoph, hatte beim Bau des ersten Digitalrechners Österreichs, des „Mailüfterls“, mit ausgesuchten Bauteilen zu kämpfen. „Ausgesucht“ bedeutete dabei, dass die Bauteile in Folge ungünstiger Charakteristiken nur mehr eingeschränkt brauchbar waren und bei logischen Verknüpfungen daher gelegentlich Fehler auftraten. Zemaneks Überlegungen über Schaltungen für logische Funktionen mit gelegentlichem Fehlverhalten führten zu Strukturen, die uns heute im Sicherheitsbereich wohl bekannt sind: hochgradige Parallelität und Mehrheitsabfragen für die Resultate. In damals nicht vorhersehbaren Quantencomputern der nahen Zukunft, wie sie an unserem neu gegründeten ÖAW-Institut für Quantenoptik und Quanteninformation angedacht und in weiterer Folge entwickelt werden, kommen Verfahren zum Einsatz, die, wie die molekulare Verschaltung von Bauelementen mit einer in der Quantenwelt auftretenden Mischung von Zuständen, zu hochwahrscheinlichen Resultaten führen wird.

Ein anderes Beispiel ist die von Boltzmann entwickelte Thermodynamik, mit der Moleküle betrachtet werden, die Bindungen eingehen, miteinander in thermischem Kontakt stehen und Energie und Volumen besitzen. Menschen gehen soziale Bindungen ein, stehen untereinander in wirtschaftlichem und informatorischem Kontakt und brauchen Nahrung und Lebensraum. Es liegt also nahe, den mathematischen Apparat der Thermodynamik, erweitert um spezielle Nebenbedingungen, die für die Interaktion von Menschen in der Gesellschaft geeignet modelliert werden, auf die menschliche Population anzuwenden. Die Ergebnisse sind verblüffend. Ebenso wie Fettaugen in der Suppe mit kreisförmigen Strukturen Grenzen ziehen, entstehen in der Simulation im geographischen Bereich abgeschlossene Siedlungsgebiete, die auch an Südafrika, Nordirland, Israel oder an die Auflösung der Bosnischen Gesellschaft in serbische, kroatische und moslemische Gebiete, in New York in Chinatown und Little Italy erinnern mögen. An den Grenzen sind Reibung und Unsicherheit programmiert. Zu ihrer Vermeidung wären Strategien für die Siedlungspolitik zu entwickeln.

Als letztes Beispiel erwähne ich die Untersuchungen des langjährigen Direktors des ÖAW-Instituts für Biomedizinische Alternsforschung, Prof. Wick, jetzt Präsident des Fonds zur Förderung der wissenschaftlichen Forschung, der als Immunologe und Pathologe gegen das Auftreten von Arteriosklerose schon bei jungen wehrpflichtigen Menschen Diagnose- und Therapiemaßnahmen entwickelt hat, welche die Entzündungen durch Bakterienrasen in Blutgefäßen und damit die gefürchtete Plaquebildung beizeiten verhindern.

Die auch im militärischen Bereich angewandten Vorsorge- und Gesundheitsmaßnahmen, die natürlich auch bei der Zivilbevölkerung breit gesetzt werden können, sind ein Beispiel für Ergebnisse einer Kommission, die auf einem Übereinkommen zwischen der ÖAW und Dienststellen des Bundesministeriums für Landesverteidigung beruht. Darin heißt es u. a., dass für Grundlagenforschung an der ÖAW bei Fragestellungen, die für das Verteidigungsministerium relevant sind, materielle und finanzielle Unterstützung durch dieses gewährt werden kann.

Meine sehr geehrten Damen und Herren! Es ist Ihre Absicht, den Wirkungsbereich Ihres Instituts für Wissenschaft und Forschung Ihrer Sicherheitsakademie mit einer vierteljährlichen Zeitschrift zu erweitern. Die erste Nummer des SIAK-Journals liegt vor. Sie weist fünf Beiträge auf. Ihr Bestreben, ein umfangreiches und interessantes Spektrum an Themen zu bearbeiten, von dem ich nur auszugsweise Sozialwissenschaften, Kriminologie, Kriminalistik, Politikwissenschaft, Psychologie und Pädagogik anführe, gibt Ihnen bei konsequenter Realisierung Ihres Publikationsvorhabens Gelegenheit, verschiedene Fragen zu beantworten, ohne innerhalb eines Zeitraumes von mehreren Jahren auch nur auf eine einigermaßen ähnliche Thematik zu stoßen. Zusammen mit einem ambitionierten Zielgruppenprofil gehen Sie einen Weg, den gute Wünsche ebenso begleiten, wie diese Veranstaltung dazu beitragen möge, Sicherheit durch verstärkte Forschung, wie das schon durch die Einrichtung der Sicherheitsakademie des BMI und des Instituts für Wissenschaft und Forschung bewirkt wurde, weiter zu stärken und zu verbessern. Dazu begleiten Sie die besten Wünsche der ÖAW.

Ich danke Ihnen für Ihre Aufmerksamkeit.

Eröffnung
des Festaktes anlässlich der Stiftung einer Gedenktafel für Gottfried Wilhelm Leibniz

Hohe Festversammlung,
sehr geehrte Damen und Herren!

Es ist mir eine besondere Ehre und Auszeichnung, Sie im Namen der Österreichischen Akademie der Wissenschaften zu einem Festakt begrüßen zu können, welcher die Enthüllung einer Gedenktafel für Gottfried Wilhelm Leibniz zum Ziel hat.

Die Schaffung dieser Gedenktafel wäre nicht möglich gewesen ohne die steten, engagierten Aktivitäten unserer Kommission für die Geschichte der Naturwissenschaften, Mathematik und Medizin. Das Geflecht dieser Bemühungen über große Zeitläufe hinweg erscheint als goldenes Band, geflochten aus der Koordination unseres verstorbenen Mitglieds und ehemaligen Akademiepräsidenten Otto Hittmair, den vielfältigen Arbeiten unseres wirklichen Mitglieds Prof. Othmar Preining, unterstützt durch die geistesgeschichtliche Expertise unseres wirklichen Mitglieds und gegenwärtigen Obmanns Prof. Hermann Hunger sowie der Summe der herausragenden Beiträge der Mitglieder und Mitarbeiter dieser Kommission. Stellvertretend für sie alle danke ich Frau Prof. Lore Sexl für die Konzeption, die Koordination und Durchführung dieses Festaktes, der so reichhaltig mit Komponenten der Wissenschaft und Kunst durchwoben ist.

Für die Österreichische Akademie der Wissenschaften, meine sehr geehrten Damen und Herren, ist die Rückbesinnung auf Gottfried Wilhelm Leibniz für immer mit der Gründung dieser Akademie verknüpft.

Es hat vieler seiner zunächst augenscheinlich nicht erfolgreichen Aktivitäten bedurft, ehe er Anfang 1713 Kaiser Karl VI. in einer Audienz seinen Plan vortragen konnte, eine Akademie in Wien mit den Klassen Literatur, Mathematik und Naturwissenschaften zu gründen. Leibniz mag geahnt haben, dass er das zugesicherte Direktorat zu Lebzeiten wohl nicht antreten könnte. So schrieb er an Heraeus, den kaiserlichen Hofantiquar: „Man baut Häuser, die man nicht bewohnen wird. Man pflanzt Bäume, die man nicht genießen soll.“[23]

Es ist unmöglich, auf die vielen Aktivitäten einzugehen, denen das Multitalent Leibniz als Philosoph, Mathematiker, Physiker, Techniker, Jurist und Diplomat nachging. Von seinen 20.000 Briefen an etwa 600 führende Gelehrte seiner Zeit sind mehr als 15.000 archiviert.

Auch zu den Fundamenten der Musik legte Leibniz seine Gedanken dar. Das chromatische Spielen von Instrumenten war ihm ein schwer erreichbares Ziel. Noch war die Kunde nicht nach Europa gedrungen, dass ein halbes Jahrhundert zuvor der chinesische Prinz Chu Tsai Yu die 12. Wurzel aus 2 auf 9 Dezimalstellen genau berechnet hatte und damit jene Basis gelegt hatte, die über Werckmeisters Stimmung zur Komposition des Wohltemporierten Klaviers von Johann Sebastian Bach führen würde.

Lassen Sie mich zu den philosophischen Arbeiten von Leibniz global sagen, dass er als Diplomat der Philosophie bemüht war, aufzuzeigen, wie nahe seine Vorgänger an das gekommen waren, was er als Wahrheit verstand. Indem er alle Begriffe auf einfache Konzepte zurückführen wollte und jedem Konzept ein Zeichen zuwies, näherte er sich der Schaffung einer logischen Sprache. Später wurde dieser Zugang von Russell und Wittgenstein aufgegriffen und von Gödel mathematisiert.

Im Feld dieser Mathematik führte Leibniz jenes Dualsystem ein, das über die Darstellung von Zahlen auf Elektronenrechnern hinaus für die gesamte Informationstheorie bis hin zur digitalen Informationsübertragung von fundamentaler Bedeutung wurde. Das Konzept seiner Rechenmaschine erlaubte die automatische Behandlung der vier Grundrechenarten, wie der Mathematiker und Informatiker der DDR-Ära Lehmann mit dem ersten korrekten Nachbau zeigen konnte.

Auch wenn für Leibniz der Begriff der ersten Ableitung und damit der Tangentensteigung noch nicht mit dem Konzept eines Grenzprozesses verbunden war, verwendete er für Differentiale eine Notation, die es erlaubte, mit ihnen fast wie mit gewöhnlichen Variablen zu rechnen. Zu dem bekannten Prioritätsstreit mit Newton genügt es zu sagen, dass er für eine gewisse Zeitperiode den Fortschritt der Mathematik für jene behinderte, die weiter die Notation Newtons verwendeten. Die Notation von Leibniz hat letztlich den Sieg davon getragen, ausgehend von seiner Behandlung linearer inhomogener

[23] G.W. Leibniz, Memoires I, § 27. Zitiert nach: Klopp, O.: Die Werke von Leibniz, Bd. X, Klindworth, Hannover 1864–1884, 21

Differentialgleichungen erster Ordnung bis hin zum Kalkül der äußeren Differentialformen des Elie Cartan.

In der Mechanik hat Leibniz mit dem Doppelten dessen, was wir heute kinetische Energie nennen, vorausschauend über Erhaltungssätze nachgedacht, deren moderne Erweiterungen bis zu den Konzepten Einsteins reichen.

Es erscheint nicht zweckentsprechend, den Blick nur in die Vergangenheit zu werfen. Das Konzept der höheren Ableitungen finden wir schon bei Leibniz. Es muss aber legitim sein, und bei Leibniz finden wir immerhin Anklänge dazu, die Frage zu stellen: was ist die 2½-te Ableitung? Oder jene der Ordnung Pi? Die Antworten sind heute direkt mit dem Riemann-Liouville Operator auszudrücken. Fragen der genannten Art besitzen zunehmende Bedeutung, etwa bei der Untersuchung ökonomischer Zeitreihen mit gedächtnis-ähnlichem Verhalten. Darüber hinaus sind es Probleme bei Transportprozessen mit der Eigenschaft der Superdiffusion, Verformungseigenschaften von Proteinen und Gesetze der modernen Werkstoffmechanik, wo diese fraktionale Differential-Integralrechnung von Bedeutung ist. Wir wissen heute, dass es von dort auch eine Brücke zur Geometrie der Fraktale von Mandelbrot gibt.

Meine sehr geehrten Damen und Herren! Zu der rue Leibniz und dem square Leibniz in Paris, der Leibnizgasse in Wien, dem Leibniz-Rechenzentrum der Bayerischen Akademie der Wissenschaften und dem Leibnizkrater auf dem Mond gibt es jetzt einen weiteren Standort am Herbert-Hunger-Haus der ÖAW in der Sonnenfelsgasse, wo des Universalgenies Leibniz gedacht wird.

Ich bitte Sie, Ihr spezielles Wissen über Leibniz, das Sie anlässlich dieses Festaktes erwerben, hinaus zu tragen, gemeinsam mit der Haltung, dass Wissenschaft ein niemals abgeschlossenes, aufregendes Unternehmen ist, das uns befähigt, den Herausforderungen dieser Welt besser zu begegnen.

Ich danke Ihnen für Ihre Aufmerksamkeit.

Begrüßung

anlässlich des Vortrags von Jürgen Ehlers „E=mc²: ein wissenschaftlicher Paukenschlag mit langem Nachhall" im Rahmen der Einstein Lectures

Sehr geehrte Damen und Herren!

Namens der Österreichischen Akademie der Wissenschaften begrüße ich Sie sehr herzlich. Es freut mich ganz besonders, Ihnen heute eine neue Vortragsreihe der ÖAW vorstellen zu dürfen, die Einstein Lectures.

Seit mehreren Jahren wendet sich die Österreichische Akademie der Wissenschaften im Rahmen von Vortragsreihen an jene Öffentlichkeit, die an wissenschaftlichen Fragen interessiert ist. Das ist heute, im Zeitalter selbsternannter Popularisierer, schwieriger denn je.

Sie haben vorhin die Worte Einsteins gehört und gelesen. Wenn er die Übereinstimmung wissenschaftlicher Theorien mit den Fakten der Natur einfordert, so zeichnet er jenen Weg vor, den jede wissenschaftliche Richtung einzuschlagen hat, die für sich verlangt, akzeptiert und anerkannt zu werden.

Die moderne Physik ist in der Lage, Phänomene der Natur mit bemerkenswertem Erfolg zu erklären. Die Quantenelektrodynamik etwa stimmt mit physikalischen Beobachtungen auf das Genaueste überein.

Einsteins Spezielle Relativitätstheorie bringt für kleine Geschwindigkeiten vernachlässigbare Korrekturen an der Newton'schen Mechanik an. Die Ausbreitung einer elektromagnetischen Welle in Materie besitzt jedoch eine Gruppengeschwindigkeit, die eben nicht klein ist. Die Korrekturen sind daher signifikant, und diese Theorie ist durch tausende Experimente überprüft. Auch die Allgemeine Relativitätstheorie ist überprüft. Nicht allein durch das scheinbare Auswandern von Sternpositionen anlässlich einer Sonnenfinsternis, sondern auch durch das Mitziehen eines „ruhenden" Koordinatensystems um rotierende Massen. Auch das Zueinander-Spiralen von Pulsaren durch den Energieverlust, den die Gravitationsstrahlung bewirkt, unterstützt diese Theorie.

Es gibt aber heute Fragen, die unsere Generation von Physikern bewegen, die über Einsteins Überlegungen hinausgehen. Ich nenne drei davon:

1. Gibt es zu unseren globalen vier Dimensionen zusätzliche sechs, die quasi aufgerollt sind?
2. Ist die Zerstrahlung eines Schwarzen Loches durch die Hawking-Strahlung mit unserer Konzeption der Quantenmechanik konsistent?
3. Gibt es die Dunkle Materie und wie beeinflusst sie das Schicksal unseres Universums?

In einem Vortrag wird es um das Bose-Einstein-Kondensat in der Nähe des absoluten Nullpunkts gehen, in dem Atome ihre Individualität aufgeben und sich zu einem Superatom verschmelzen. Können wir einen solchen Zustand im Kern eines Neutronensterns durch die Sternhülle hindurch beobachten?

Unser Zugang zu solchen Fragen muss schrittweise erfolgen, und so soll es heute um eine Form eines Erhaltungssatzes gehen, der Materie mit Energie in Beziehung setzt.

Die Vortragsreihe wird, wie die erfolgreichen Reihen der vergangenen Jahre, gemeinsam mit der Industriellenvereinigung Wien veranstaltet. Ich darf mich bei dieser Gelegenheit sehr herzlich für die gute Zusammenarbeit und die großzügige finanzielle Unterstützung bedanken.

Fortgesetzt wird dankenswerterweise auch die seit Jahren bewährte und erfolgreiche Kooperation mit dem Stadtschulrat für Wien. Mit dem jeweiligen Vortragenden werden Diskussionsveranstaltungen für Schülerinnen und Schüler organisiert, um unserer Jugend den Kontakt mit führenden internationalen Forschern zu ermöglichen. Nicht zuletzt danke ich Frau Dr. Marianne Baumgart, die diese Vortragsreihe so hervorragend organisiert hat.

Heute Abend freue ich mich ganz besonders auf den Vortrag von Herrn Prof. Jürgen Ehlers über den Paukenschlag, den die Formel $E=mc^2$ verursacht hat.

Begrüßung

anlässlich des Symposiums „Cutting Edge Technologies for Fundamental Sciences, Life Science and Medical Applications"

Ladies and Gentlemen,

Since the welcome address was already given by director Widmann, let me just mention that it is a great honor and pleasure for me to extend greetings to you on behalf of the Austrian Academy of Sciences. You represent an outstanding community of experts devoted to cutting edge technologies centered around new methods to reveal fundamental properties of matter.

These methods will not only lead to a better understanding of the properties of fundamental regimes of this universe, but will also result in new medical therapies for ailing patients. In this way, physics will serve the needs of humanity in the most fundamental sense of the word.

As a Professor of Mechanics of Materials and Structures at Vienna University of Technology, I am impressed by the width of topics treated at this international symposium.

I understand that the study of Dark Matter is a fantastic and extraordinarily complicated endeavor. Dark Matter obviously lurks in the vast voids of space and does not take part in building structures. It would amount to a new Copernican revolution, if we could identify the constituents of Dark Matter. Alternatively, massive neutrinos, massive compact halo objects of some sort around galaxies and hydrogen atoms were considered as candidates. However, super symmetric theories point to Weakly Interacting Massive Particles and these WIMPS really lend themselves as good candidates to solve the missing matter enigma.

The lightest of these super symmetric particles, the neutralino, is assumed to be stable; its own antiparticle and itself should show up in a detector to deposit its energy when elastically scattering with nuclei. These detectors, built with ultra-pure Germanium, Silicium, or Natrium-Iodide, are cooled to a few hundredths of a degree above absolute zero and are instrumental in this cryogenic Dark Matter Search.

It is certainly a very difficult and delicate task to sort out all perturbations that are constantly injected by cosmic radiation and natural radioactivity, even if placed deep down below the surface of our Earth.

If my interpretation of what I found in the internet is correct, there seem to be indicators of an annual modulation of detector recordings resulting from the trajectory of our Earth around the Sun. This would point to a massive cloud of WIMPS outside our galaxy. It should motivate us to enhance detector technology as much as possible, including also cryogenic calorimetry.

As a further topic, the degree up to which the symmetry between matter and antimatter is conserved. Within the Standard Model according to the Bell-Lüders-Pauli theorem of 1954, any Lorentz-invariant field must be CPT-invariant. However, only experiments will allow to verify to which degree this symmetry is preserved in nature. Antihydrogen is a promising candidate. The injection of antiprotons and positrons into a Penning trap paves the way to future high-precision spectroscopy of this antihydrogen. Possible small deviations within this spectrum could point to a slight asymmetry between matter and antimatter and help to explain why we do not see Leidenfrost curtains in this universe, thus indicating that matter instead of antimatter is the favored constituent of our Universe.

Finally, the extension of free electron lasers to the realms of X-ray frequencies will allow to study the structure and the electronic properties of matter on an atomic scale.

I was intrigued by the principle that it is the interaction of undulators with their X-ray light that produces coherent X-ray flashes. Within the technology for X-ray lasers I can imagine that there is a demand for the exciting civil engineering task to build a hall of exceptional mechanical properties, housing the undulator for this device.

Personally, I have no doubts that the energy output and the frequency limit of these X-ray lasers will be further increased in the future. However, I can see competition from acceleration processes, generating a well-structured relativistic plasma wave that propagates near the speed of light in the wake of a laser pulse. This wave accelerate charged particles to a linear energy rate as high as 1 GeV/cm, some 1000-fold higher than the highest energy achieved by a conventional acceleration field.

The invention of chirp pulse amplification allows the design of solid state lasers sufficiently compact to sit on a table-top and to deliver Tera-Watt-pulses.

Maybe, in the future there will be instruments at our disposal which will be so powerful that we can observe the induced production of electron-positron pairs in strong electrical fields, study the particle production in the Early Universe, and even observe the evaporation of Mini-Black-Holes in the Lab.

Nevertheless, these exciting possibilities should not detract us from the necessity to treat ailing patients who suffer from cancer in organs which are either not easily accessible from the outside by surgery or are located near organs that are critical for the functioning of the organism.

The newly founded institution MedAustron in Wr. Neustadt is aiming at a therapy with an accelerator specifically designed for the aforementioned purpose, with an output stream of particles that are either protons or carbon-nuclei. This particle stream can be intensity-modulated to achieve the maximum biological efficiency at a predetermined interval at some distance from the source output. For example, the distance interval between 3 to 5 centimeters can be determined, in which a neoplastic structure deep in the brain or a prostate tumor can be precisely aimed at and thus be treated. This is a valuable addition to conventional X-ray therapy which up to now was not available in Europe. In fact, patients travelled to the USA or to Japan to benefit from such a treatment.

In addition to medical applications, research activities in material science will be carried out at this site. Hence, curative treatment will be complemented by scientific research.

Ladies and Gentlemen, please use your contacts to share your experience with those who present these cutting edge technologies to advance the state-of-the-art of these methods and devices for the dual purpose of gaining a deeper understanding of the Universe and of alleviating the condition of ailings patients.

Thank you very much for your attention.

Dankansprache
anlässlich der Verleihung des Ehrendoktorats der Technischen Universität Prag

Rector Magnifice,
Spectabiles,
distinguished Mrs. President of the Academy of Sciences of the Czech Republic,
distinguished Vicerectors and Vice Deans,
Ladies and Gentlemen,

Let me first express my deep gratitude to the Academic Council of the Czech Technical University Prague for the decision to award an honorary doctorate to me. Because of the distinguished history of CVUT and its excellence in research and teaching, this award fills me with great pride.

Should my research in the internet not have misled me, according to the edict of emperor Joseph 1st, on January 18, 1707, an Estate School of Engineering was founded in Prague, 40 years before the well known École de Ponts et Chaussees de Paris was opened.

In the course of history, split ups in different branches were observed. Let me compare the situation with spectroscopy. Under an external magnetic field, spectral lines are split into distinct lines according to the angular momentum quantum number. This is the Zeeman effect. A similar effect is observed, when external electric fields are applied. This is the Stark effect.

The political and cultural external fields were strong enough to induce those splittings. Today, with the higher sociological temperature induced by personal freedom, these splittings may either persist or not persist for administrative reasons. However this is history!

We are not just invited, we are rather urged to cooperate across political borders in order to advance science and efficient teaching to maintain our standard of living in a society immersed in a life of rising complexity.

In Vienna, we have greatly benefited from cultural cross-fertilization with Czech science. Let me just give you an example from Vienna University of Technology.

When I was a student at this institution, called Technische Hochschule at that time, I had the privilege to attend lectures on Structural Analysis by Prof. Ernst Melan, born in Brnó. He has studied in Prague. Incidentally, his tenure as Full Professor in Vienna lasted 38 years. My father already attended his lectures in 1933. Melan was a gifted civil engineer and an equally talented theoretician. He greatly advanced the theory of elasticity, thermoelasticity and plasticity, not to speak about his inclination to mathematics, which had made him publish a book on ordinary and partial difference equations in structural analysis. Through his lectures, very early in my academic career, I was immersed into a civil engineering curriculum much like to what was offered in Prague at that time. Thus, I could appreciate Peter Parler's achievements as the engineer and the architect who built Charles Bridge, one of the most famous medieval stone bridges. In fact, I often walked over this bridge and the dual meaning of mechanical strength of materials and human strength of Saint John Nepomuk not to yield to pressure, as documented by the five stars above his head, meaning "tacui" in Latin, i.e, "I have kept quiet", were absorbed in my vocabulary.

Ladies and Gentlemen, let us compare progress in Civil Engineering, considering Charles Bridge for another moment. Today, the Rio Antirion Bridge spans nearly 3 kilometers from the Peloponnesian peninsula to central Greece, the world's longest cable-stayed suspension bridge. The four pylons are designed to withstand earthquakes up to an intensity of seven on the Richter scale and wind speeds up to 250 km/h.

Legend has it that, as Peter Parler was concerned about the strength of the 16 arcs of Charles Bridge, upon order of the king, eggs were collected from the nearby countryside to augment the strength of the mortar. The citizens of Velvary were worried that their eggs might not withstand the transport, so they cooked them. According to this legend, this further strengthened the grout, together with some wine. I am afraid to say that a chemist with whom I discussed this method, refuted this idea: the denaturated protein fragments do no longer possess the fractal dimension of slightly less than 3 to enhance the molecular adhesive binding forces of the grout.

Today, it is one of the tasks of young civil engineers to apply bands of reinforced glass fibres to ailing structures of reinforced concrete, where the reinforcement bars have partially lost their strength because of corrosion.

In our laboratories we nowadays can study spider webs which are many times stronger than steel, on an equal weight basis, and even waterproof. In addition, we begin to understand that the superstrong glue of blue mussels attains its strength from iron ions which are essential for the metal-mediated protein cross linking process. This is one of the ways, biotechnology enters civil engineering.

Perhaps we should list some of the activities of today's civil engineers. They design, plan, construct, build, and manage all sorts of structures: houses, bridges, tunnels, power stations, sewage treatment plants and landfill sites. They share responsibilities with the administration to plan, build, and operate different means of transportation and they realize projects to preserve or restore the environment. Civil engineers plan power stations and try to minimize energy losses of buildings by installing advanced insulations. They are active to prevent catastrophes by careful analysis of wind loads, the design of dampers for bridges and high rise buildings to increase the resistance against earthquakes and extreme winds. They share responsibilities with other executives when far-reaching decisions have to be made.

Sometimes, as it occurs in many other professions, civil engineers are not successful. The doubly curved dam of Vajont, with a height of 261 meters, was meant to be a masterpiece of bold engineering, capable of storing 50 million cubic meters of water for power generation. On Wednesday, October 9, 1963, a land slide, which was anticipated but considered to be a few powers of ten smaller than it actually was, nearly filled the basin within very short time and created a wall of water which swept to the opposite bank, destroyed the village of Casso, topped over the dam and raged through the canyon onto the villages below. It effectively wiped out 4 more villages. 160 people were killed. A thin layer of clay, immersed in the limestone, weakened by the stored water, was the trigger for the massive landslide. This is one of the lessons we will never forget. Modern risk assessment – a new field of studies partially financed by the European Union – tries to locate risk factors in time and to avoid chains of dependencies which could eventually lead to disaster.

At the Department of Civil Engineering of Vienna University of Technology we have observed a decrease in the number of students. Engineering studies are not easy, they are time-consuming and demand a strong orientation. If we continue failing to attract a fair share of our young high potentials, we will not be able to profit from their knowledge, creativity, energy, dedication and ability to cooperate, and, on the longer run, we may be confronted with a decline in our productivity.

In this context, it is appropriate to reflect on the emergence of respect by which the graduates of technical studies are rewarded by large segments of the population. In the past, studies in the humanities were met with outmost respect: the most brilliant graduates formulated their words of thanks at their graduation *sub auspiciis imperatoris* in Latin. There is growing awareness that practical skills deserve greater appreciation to adjust and transform our society to the required level of industrialization.

Please do not misunderstand me! I do not intend to downgrade the importance of the humanities. What I request is that technical talents and skills are met with equal respect.

In the 19th century, talented children, mainly from middle class families, attended the Polytechnica which were later upgraded to Technical Highschools. In the second half of the 20th century, these institutions of higher learning were further upgraded to Technical Universities. At the beginning of the 20th century, the Technical Highschools were granted the right to award the degree of a Dr.techn., equivalent to a PhD.

At present, we notice a further transformation of the landscape of technical studies. Reluctantly, we restructured traditional curricula that have led to the degree of Dipl.-Ing. in Civil Engineering to two-step curricula. At the end of the first step a Bachelor's degree is awarded, and at the end of the second step a Master's degree. It is evident that politicians were very interested in these profound changes: the duration of studies is reduced, many students can be integrated earlier into the work force and the costs for the institutions of higher learning, subsidized by the government, can be reduced. At some point of the fact-finding negotiations, resistance was voiced: short studies leading to a Bachelor's degree would predominantly transfer job-related skills. Theoretical instruction would be unduly postponed to the second phase of the studies, where it may be too late.

In fact, for this very reason some American universities have offered one-track studies, directly leading to a Master's degree. In Japan, this approach is also favored. However, for the sake of adaptation of European studies to international conventions, two-step studies, not only in the field of Civil engineering, will finally prevail. What remains, is concern of the universities to make the best out of the given situation.

In addition, we must not forget teaching institutions, "Fachhochschulen" in German language, which offer instruction in specific topics that are more application-oriented. These institutions will award B.Eng. and M.Eng. degrees. Technical Universities, on the other hand will offer B.Sc. and M.Sc. degrees. Holders of such rather scientifically oriented degrees will be expected to understand scientific principles. Typically, they will want to enhance their capabilities to create new approaches and methods. These students will supply the pool of future university teachers. Using their research and teaching skills, they will try to accomplish a fast transfer of innovation to more sophisticated methods and enhanced possibilities of design. University students will learn to structure the teaching material offered to them at their own pace. They will be prepared for life-long learning.

In my opinion, universities should have the right to select or reject students. To my knowledge, this right is established through entrance exams in your country and for instance in Slovakia, but not yet, for universities, in Austria.

The education of a civil engineer above the level of a Master of Science leads to a Doctor of Science, a PhD or a Dr.-Ing – a demanding task, which is pursued by approximately 15 % of M.Sc. graduates. This is a relatively small percentage. Nowadays, PhD candidates in civil engineering are closely connected with research within the institutes and research facilities of the universities. We cannot fail to observe that recently industrial research was reduced in some countries. Large companies now offer fewer group leader positions with scientific profiles sufficiently ambitious to reach academic standards as set by top universities. The supply of PhD candidates from this source thus has been diminished to a trickle.

In Austria, as in other European countries, there are discussions to establish so-called Universities of Excellence. They will mainly offer post graduate studies for promising holders of PhD degrees.

In my capacity as President of the Austrian Academy of Sciences I am confronted with the assessment of the quality of the research institutes of the Academy. In the USA, with several very strong National Laboratories, there is no need for Research Institutes of the National Academy of Sciences and the National Academy of Engineering. In smaller countries, however, where National Laboratories are either not available or where they are severely underfinanced, Research Institutes of National Academies are beneficial. The Austrian Academy of Sciences has a number of strong Research Institutes. In the future, a more intense cooperation of Academy Institutes with University Institutes will be necessary. Directors of Academy Institutes who frequently are also professors at a university have a good job mix as they have access to high quality research with the possibility to transfer their knowledge directly to the students. Of course, their teaching loads must be kept reasonably small.

Ladies and Gentlemen, let me come back to more project-oriented tasks of civil engineers. Our society wants to create structural landmarks excelling ordinary structures in different ways. Bridges were examples already mentioned. Skyscrapers are another manifestation of this desire. At the moment, the world's highest skyscraper is Taipei 101, with 101 floors and a height of 508 meters. Groups of eight floors remind the observer of elements of a bamboo-rod. The fastest lifts of the world are installed in Taipei 101. To reduce lateral oscillations, as arising during strong winds or earthquakes, a sphere of 800 tons was mounted between the 86th and the 88th floor.

How do skyscrapers of such outstanding dimensions influence the life of people who live in such a building or in its vicinity? This is hard to tell. In fact, human society has changed nowhere so fast and dramatically as in cities. Remember the awe, the admiration, and the fear, Babylon has received according to the Old Scriptures. On the drawing boards of architects skyscrapers are planned which will rise up to 1 km, thanks to contemporary materials. Such buildings cannot be evacuated easily in case of emergency. Will people living in such structures to leave them on a daily basis? Or rarely? Or practically never? It is hard to say! Would such a building be of any benefit to society? The answer is controversial. However, it is a safe bet that anything that can be built will eventually be built. The architectural philosophy for such gigantic structures has been developed long time ago. Think about the ideas of Le Corbusier who was invited to build a house in Marseille as an elementary particle of a future vertical city. Not only for skyscrapers and shell-structures the cooperation of civil engineers and architects is essential. As an example of an uncommon shell structure let me, in passing, just mention the Sidney Opera House.

From an esthetic viewpoint, tunnels certainly cannot compete with skyscrapers. However, they are indispensable for fast traffic connections. They are central elements of subways and of roads and railway lines crossing mountains. In Austria, at Graz University of Technology, Vienna University of Technology, and at the University of Innsbruck computer simulations of the excavations of tunnels by the "New Austrian Tunneling Method" were performed. Especially in towns, where subway tunnels often must be driven under old houses, it is mandatory to restrict the settlements of the surface.

Full-face excavation of tunnel sections is often not possible. Occasionally, the soil must be improved before the excavation. This can be done by means of a shield of jet-grouted horizontal columns. To avoid overloading of fresh columns, they are produced sequentially. Then the tunnel is excavated. The fresh excavation is secured by shotcrete. In this way a thin, flexible shell is constructed. There is a strong interaction between hardening and creep of the shotcrete shell and the viscous soil. To successfully apply the developed method, it is necessary to determine the properties of jet-grouted soil.

Ladies and Gentlemen, the percentage of Civil Engineering constructions modeled on the computer is rapidly increasing. This requires reliable thermo-chemo-mechanical models of the properties of materials. Frequently, the mathematical descriptions of such models are not available off the shelf. Modern material modeling is increasingly based on a multiscale approach, often starting at the nanoscale and then moving via several scales such as the microscale, the mesoscale, etc., up to the macroscale. For the latter, traditional material experiments may be sufficient. For the smaller scales, however, new tools must be developed. Let me give an example: the nanoworld is dark for our eyes, as the wavelength of visible light is far too large to reveal details on the atomistic level. Hence, we need synchrotron light or, maybe in the future, even X-ray lasers. Sharing these modern possibilities on a European level is a must, particularly for smaller countries, if we do not want to lose the race for innovation.

From the medieval age up to more recent times there was a practical trade besides the trades of shoemakers and bakers: masters of computation, "Rechenmeister" in German. Who will be their modern successors? Computational engineers hold the promise to be successors in their fields of expertise. They will be proficient in Numerical Linear Algebra, Parallel Computing, Computational Biochemistry and Computer Algebra, to name just a few subjects, and they will be required to participate in an industrial internship exposed to the professional work environment.

In the field of civil engineering they will of course be experts in Finite Element Methods which have partially overcome the limitations of our minds. If we subdivide a system into its individual components or "elements", the mechanical behavior of which is well understood, then, in principle, all that is needed is to assemble the elements to the global system to predict its structural behavior.

Ladies and Gentlemen, before entering Bethlehem Chapel, I looked up to the sky, not failing to admire the concave steeple. It reminded me of a surface of rotation, the pseudosphere, which is a surface of constant negative Gaussian curvature, isometrically mapping a section of the hyperbolic plane onto this surface until its edge interferes. According to a theorem by David Hilbert it is impossible to map the entire hyperbolic plane to any surface in 3D-space. However, it was shown a few years ago that it is possible to map the entire hyperbolic plane onto a five-dimensional manifold. For four dimensions I do not know the answer but I would conjecture that this mapping does not exist.

Returning to the three-dimensions of the Euclidian space, I see another problem associated with this spire. Influence lines play an important role in structural analysis of beams. They allow determination of the most unfavorable loading for the internal forces at a specific point. If these influence lines are extended to influence surfaces for two-dimensional structures such as plates, they allow the evaluation of bending moments and shear forces. These influence surfaces look like the spire of this chapel and, in fact, their poles extend to infinity such as those of the pseudosphere.

Rising up not exactly to infinity but to the height of a geostationary satellite with the aid of a very light rope fabricated from nano-carbon tubes would revolutionize space transport, provided these nanotubes could ever be welded into such a rope.

The award of an honorary doctorate by the Czech Technical University in Prague is an important moment in my personal life story. Thus, from now on I will be affiliated to CVUT, acting as an emissary transferring your ideas and your way of thinking to my professional environment and vice versa.

Having looked up at the spire of Bethlehem Chapel, eventually I want to look down to its floor which has witnessed important historical moments. Here, at this very place, about 600 years ago, a man preached, who in a very critical phase of his existence placed his principles above his own life by exclaiming that the truth will prevail. How could I do better at this historical place than to repeat the words by Jan Hus: “Pravda vít’ezí!”

Thank you very much for your attention.

Ansprache
anlässlich der Eröffnungsfeier „ICT-Technologiepark Universität Innsbruck“

Hochverehrter Herr Landeshauptmann,
sehr geehrte Frau Bürgermeisterin,
Magnifizenz,
Spektabiles,
sehr geehrter Herr Sektionschef,
sehr geehrter Herr Direktor Blatt,
werte Kollegenschaft der Forschungseinrichtungen,
meine sehr geehrten Damen und Herren!

Es ist mir nicht nur eine Ehre, sondern ich empfinde auch tiefe Genugtuung darüber, bei der Eröffnung des ICT-Technologieparks der Universität Innsbruck und damit des neuen Standortes des ÖAW-Instituts für Quantenoptik und Quanteninformation persönlich anwesend sein zu können. Standorte werden bekanntlich nicht auf Vorrat errichtet, ihr Bau ist Ausdruck eines sorgfältig erwogenen Konzepts, das als Hauptkomponenten sowohl den wissenschaftlichen Auftrag als auch die Bereitschaft des politischen Umfelds beinhaltet, diesen Forschungsbereich als Zukunftsinvestition zu fördern und auszubauen.

Mit Freude nimmt die Österreichische Akademie der Wissenschaften wahr, dass sich Tirol im Ausbau seiner wissenschaftlichen Einrichtungen auf der Überholspur befindet. Mein herzlicher Dank gilt dem Herrn Landeshauptmann für die großzügige Unterstützung des neuen Akademieinstituts.

Die Ambition Tirols, in der Quantenmechanik eine hervorragende Position einzunehmen und sie kontinuierlich zu halten und weiter auszubauen, hat Tradition. Sie reicht ein dreiviertel Jahrhundert in die Vergangenheit zurück und ist mit dem Nobelpreis für Erwin Schrödinger verknüpft. Sie wurde und wird mit zahlreichen hervorragenden Gelehrten fortgeführt, stellvertretend nenne ich den großen Tiroler Otto Hittmair, der als Forscher und Lehrer an die Technische Universität Wien berufen wurde und als Mitglied des Präsidiums der ÖAW, besonders als Präsident, langfristig und konsequent Weichen gestellt hat, die zu dem heutigen ÖAW-Institut für Quantenoptik und Quanteninformation geführt haben. Mein Amtsvorgänger Prof. Werner Welzig hat die Idee zur Gründung dieses Instituts aktiv verfolgt und unterstützt.

Die Organisationsform des neuen ÖAW-Instituts, die in sehr gutem Einvernehmen mit der Universität geschaffen wurde, ist ein Modell, das über dieses Institut hinaus von grundsätzlicher Bedeutung ist. Eine durch enge Zusammenarbeit mit der Universität gekennzeichnete Struktur erhöht einerseits die Attraktivität der universitären Einrichtungen und gibt andererseits jungen Talenten die Möglichkeit, Arbeitsplätze mit bester Ausstattung einzunehmen, die wiederum die Reputation des Bundeslandes Tirol in einem Gebiet erhöhen, dessen Zukunftsträchtigkeit unbestritten ist. In unserer modernen Informationsgesellschaft sind wir, wie es Nobelpreisträger Manfred Eigen formuliert hat, zum Fortschritt verdammt. Dieser Fortschritt wird am Institut für Quantenoptik und Quanteninformation in hervorragender Weise durch hochkarätige Publikationen in den Wissenschaftsjournalen Nature und Science ausgewiesen. Durch eine Darstellung in Scientific American wird überdies eine andernfalls nicht erreichbare Breitenwirkung erzielt. Zahlreiche renommierte internationale Preise unterstreichen die hohe Reputation der Mitarbeiter dieses jungen Instituts.

Es überstiege meine fachliche Kompetenz, und es wäre im Rahmen einer Grußadresse auch unmöglich, über komplizierte wissenschaftliche Begriffe zu referieren, Analogien müssen genügen. In Quantensystemen treten Phänomene auf, die im Erfahrungsbereich unserer makroskopischen Welt nicht vorkommen. Verschränktheit ist ein solcher Begriff, zu dessen Veranschaulichung man an zwei Teilchen eines Quantensystems denke, die bezüglich ihrer Eigenschaften wie durch einen unsichtbaren Faden aneinander gebunden erscheinen. Über eine gewisse Distanz hinweg bleibt diese Eigenschaft selbst dann erhalten, wenn sich die Teilchen voneinander entfernen. Messungen im Quantensystem zerstören diesen Zustand. Trotzdem kann man ihn mit Hilfe eines dritten verschränkten Teilchens übertragen, ohne ihn zu kennen. Obwohl dabei nur Information übertragen wird, nennt man diese Operation Quanten-Teleportation. Mit ihrer Hilfe kann man daran gehen, Information zu speichern. Weiters gibt es physikalische Quanten-Anordnungen, die als Gatter für logische Verknüpfungen dienen, wie in der klassischen Schaltalgebra. Damit wird der Weg zum Quantencomputer frei. Solche physikalische Anordnungen können nur allzu leicht gestört werden. Die Parole heißt daher: Abkühlen bis in die Nähe des absoluten Nullpunkts. Mit Lasern können die inneren Zustände abgelesen werden. Diesen Weg der Quantenoptik und Spektroskopie geht der Direktor des Instituts, Prof. Blatt, in seiner Abteilung. Die ultrakalten Atome, Quantengase und sogar Moleküle dazu liefert Prof. Grimm. Er fängt gekühlte Atome in Fallen ein und kühlt sie soweit ab, dass sie mit der Wellenfunktion eines Teilchens beschrieben werden können. Der Fachbegriff dazu heißt Bose-Einstein-Kondensat. Theoretische Forschungen zur Quantenoptik und Quanteninformation führt Prof. Zoller durch. Er denkt über Quanten-Repeater nach, um Quantenkommunikation über lange Strecken möglich zu machen. Zur Theorie der Quanteninformation und des Quantencomputings steuert Prof. Briegel seine Ideen bei, und zwar mit graphentheoretischen Überlegungen, wie größere Verbände von Teilchen in einem Quantensystem trotz Rauschens der warmen Umgebung für eine sichere Quantenkommunikation herangezogen werden können. Nicht zuletzt besitzt das Institut für Quantenoptik und Quanteninformation eine Abteilung, die nicht in Innsbruck, sondern in Wien beheimatet ist. Im Zeitalter von Videokonferenzen über Internet ist das kein echtes Problem. In dieser Abteilung untersucht Prof. Zeilinger Quanten-Kommunikation mit Photonen. Er hat zum Beispiel erfolgreich quer über die Donau eine Distanz von mehr als 600 m bewältigt. Laut Zeitungsmeldung von heute sind es jetzt sogar schon 7,8 km quer durch Wien, von der Kuffner-Sternwarte in Ottakring zum Millenium Tower in der Brigittenau.

In der Zahlentheorie, meine sehr geehrten Damen und Herren, hat die Zeit zwischen der Erkenntnis der Schönheit von tiefliegenden Gesetzen über ganze Zahlen und den ersten Anwendungen in der Kryptographie fast 2000 Jahre gedauert. Hier, in der Quantenphysik am Standort Tirol wurde der Weg von Schrödingers Konzept bis hin zur Quantenkommunikation in nicht einmal 70 Jahren zurückgelegt.

Als Präsident der ÖAW erfüllt mich die Eröffnung des Tiroler Standortes des Instituts für Quantenoptik und Quanteninformation und natürlich auch des Wiener Standortes mit großer Freude und tiefer Genugtuung.

Strategische Überlegungen über ein erfolgreiches und effizientes Wissenschaftsmanagement müssen jedoch über einen solchen erfreulichen Anlass hinaus getätigt werden. Neues Wissen in der erkenntnisgetriebenen und anwendungsoffenen Forschung zu erarbeiten ist kein Prozess, der allein der zeitlich ausreichenden Bemannung von Fließbändern bedarf. Erkenntnisse aus zufälligen Konstellationen sind wesentliche Voraussetzungen zur Schaffung neuen Wissens. Gewiss, der Zufall begünstigt in erster Linie jene, die ausreichend vorbereitet sind. Vom Standpunkt des Wissenschaftsmanagements ist es daher unsere Aufgabe, hart arbeitenden kreativen Forschern optimale Voraussetzungen für ihre Tätigkeit bereit zu stellen. Das bedeutet konkret: eine vorzügliche Ausstattung, eine überkritische Zahl von Mitarbeitern und nicht zuletzt eine adäquate Finanzierung.

In einer kompetitiven Wissenschaftsumgebung erscheint die strategische Ausrichtung von Wissenschaftsbereichen wesentlich. Neben klar definierten Hauptkomponenten neuer Kerngebiete wie etwa der Biowissenschaften mit der unterstützenden Bioinformatik einschließlich der patientenorientierten Molekularen Medizin erscheint es zunehmend unverzichtbar, *etablierte* Einzelwissenschaften nicht nur räumlich, sondern auch nach ihren Gebieten, Methoden und Resultaten zu vernetzen.

Lassen Sie mich das an einem Beispiel illustrieren. Keramikscherben von archäologischen Ausgrabungen, nach einer Neutronenaktivierung bezüglich ihres Alters datierbar gemacht, werden dreidimensional abgetastet und nicht nur entsprechend ihren Bruchgrenzen, sondern auch gemäß ihrer Gaußschen Flächenkrümmung zusammengesetzt. Fragen der Krümmung, in Verallgemeinerung der Raumkrümmung auch von höher dimensionalen Räumen, sind Forschungsgebiete, die über die Relativitätstheorie hinaus in Richtung zu moderner Kosmologie weisen. Die Energien des Big Bangs haben Anlass zur Entstehung von Elementarteilchen gegeben, die sich zu Atomen, Molekülen und Sternen zusammengeschlossen haben und damit zu Sonnensystemen mit Planeten geführt haben. Physikalische Information mag in Schwarzen Löchern quasi eingefroren werden. In kälteren Regionen, auf Planetenoberflächen, die flüssiges Wasser besitzen, ist Information in der Ribonukleinsäure und ihrer Fortentwicklung, der Desoxyribonukleinsäure gespeichert und unterliegt als lebende Materie den Prozessen der Evolution. In deren intellektueller Weiterführung gibt diese Evolution Anlass zur Schaffung von Codierungssystemen und damit zur Informationsverarbeitung in Computern, deren modernste Ausprägung in der Form des Forschungsgebietes Quantencomputer hier und jetzt in diesem Institut betrieben wird.

Einzelne *bestehende* Forschungsgebiete mit neuen zu vernetzen ist deshalb ebenso zwingend wie die Konstruktion tragfähiger Plattformen in Venedig, die auf zahlreichen nur begrenzt tragfähigen, verschränkten Piloten ruhen und dennoch in der Lage sind, so mächtige Strukturen wie den Markusdom zu tragen. Solche Plattformen in virtuellen Räumen neuer Erkenntnisse und der aus ihnen resultierenden Anwendungen zu errichten, ist die ÖAW im Sinne ihres Gründungsauftrages – die Wissenschaft in jeder Weise zu fördern – bemüht. Mit Sicherheit wird das ÖAW-Institut für Quantenoptik und Quanteninformation mit seinen hervorragenden Mitarbeitern zu solchen Erkenntnissen und den daraus erwachsenden neuen Anwendungen beitragen.

Ich danke Ihnen für Ihre Aufmerksamkeit.

Begrüßung

anlässlich des Vortrags von Wolfgang Ketterle „Auf Einsteins Spuren: die kälteste Materie im Universum“ im Rahmen der Einstein Lectures

Sehr geehrte Frau Bundesministerin,
wertes Auditorium!

Es ist mir eine besondere Ehre, Herrn Prof. Wolfgang Ketterle vom Massachusetts Institute of Technology, Träger des Nobelpreises 2001 für Physik, bei uns begrüßen zu dürfen.

Meine weiteren Grüße gehen an alle Kolleginnen und Kollegen aus den Bereichen Forschung und Lehre, an Sie alle, meine sehr geehrten Damen und Herren, und nicht zuletzt an unsere jungen Zuhörerinnen und Zuhörer!

Es ist der Österreichischen Akademie der Wissenschaften ein Anliegen, mit den Einstein Lectures, die gemeinsam mit der Industriellenvereinigung Wien und der Österreichischen Physikalischen Gesellschaft abgehalten werden, einen Beitrag zum Weltjahr der Physik zu leisten. Mit der Resolution 58/293 der Generalversammlung der Vereinten Nationen wurde das Jahr 2005 zum Anlass genommen, sich der Physik als einer der Grundlagen zum Verständnis der Natur bewusst zu werden.

Meine sehr geehrten Damen und Herren! Anlässlich einer Internet-Recherche bin ich auf die dringende Frage eines Studenten gestoßen, was denn der 6. Materiezustand sei. Als Antwort erhielt er den Hinweis, dass neben den traditionell bekannten Zuständen fest/flüssig/gasförmig, beispielsweise des Wassers, der Plasmazustand etwa des Sonnenwindes, sichtbar durch das Nordlicht, beobachtbar sei. Zusätzlich wären da noch die ultrakalten Zustände Bose-Einstein-Kondensat und Fermi-Kondensat zu nennen, so wie jener des ultraheißen Quark-Gluonen-Plasmas. Niemand aber sollte lege artis versuchen, die Materiezustände durchzunummerieren.

Prof. Ketterle, der nicht nur einmal als „Mr. Cool“ apostrophiert wurde, wird uns im Folgenden eine faszinierende Gesamtschau über ultrakalte Materiezustände des Universums geben. Wenn sich die Eigendrehimpulse, also die Spins in einem quantenmechanischen System zu einer ganzen Zahl addieren, sind die so entstehenden Bosonen bestrebt, kollektiv den tiefsten Energiezustand einzunehmen. Die Wellenpakete überlappen, die atomaren Identitäten gehen verloren, es entsteht quasi ein Superatom. Sind die Spins des quantenmechanischen Systems hingegen halbzahlig, gilt für die entstehenden Fermionen das Pauliverbot und in einem Leiter, wie z. B. der Metallkappe meines Kugelschreibers, nimmt das Elektronengas eine Äquivalenttemperatur von etwa 20.000 K an, erstaunlicherweise, ohne die Fingerspitzen zu verbrennen.

Die Forschungsresultate über solche ultrakalten Materiezustände sind in letzter Zeit explodiert. Ich nenne stellvertretend den Atomlaser, Suprafluidität, Supraleitung mit der Aussicht auf Hochtemperatur-Supraleiter und die Abbremsung der Gruppengeschwindigkeit des Lichts auf Radfahrer-Geschwindigkeit.

Es ist faszinierend, dass die erst seit fünfzehn Jahren experimentell realisierten ultrakalten Materiezustände inzwischen nicht nur einen alleinstehenden Forschungsgegenstand darstellen, sondern auch als Modelle für die Kerne von Weißen Zwergen und Neutronensternen dienen.

Es erfüllt mich mit Genugtuung, dass solche Materiezustände am Institut für Quantenoptik und Quanteninformation der Österreichischen Akademie der Wissenschaften routinemäßig zu Forschungszwecken eingesetzt werden. Nicht zufällig ist an diesem Institut mit Standorten in Innsbruck und Wien eine Organisationsform realisiert, die die Kooperation des Akademieinstituts mit räumlich benachbarten Universitätsinstituten begünstigt. Sie beinhaltet Synergien, die in näherer Zukunft auch am Institut für Hochenergiephysik der Österreichischen Akademie der Wissenschaften durch Personalunion mit einer an der Technischen Universität Wien einzurichtenden Professur genützt werden sollen. In diesem Zusammenhang danke ich Frau Bundesministerin Gehrer für ihre steten und nachhaltigen Bemühungen, die Forschungen an der ÖAW konsequent zu fördern.

Ich bitte nun den Präsidenten der Österreichischen Physikalischen Gesellschaft, Herrn Prof. Rauch, um seine Worte und danke Ihnen, meine sehr geehrten Damen und Herren, für Ihre Aufmerksamkeit.

Begrüßung und Eröffnungsworte anlässlich der Emeritierungsfeier für Wolfgang Kummer, wirkliches Mitglied der ÖAW

Dear Professor Kummer,
dear Vicerector Rammersdorfer,
distinguished guests,
Ladies and Gentlemen,

It is my great honor and pleasure to welcome you on behalf of the Austrian Academy of Sciences. My special greetings go to Prof. Wolfgang Kummer on the occasion of his promotion to professor emeritus. As representatives of the distinguished speakers in the colloquium dedicated to Wolfgang Kummer, I would like to welcome Prof. Jack Steinberger, Nobel prizewinner 1988, instrumental for pushing European High Energy Physics to the front of international research and Prof. Carlo Rubbia, Nobel prizewinner 1984, Director-General of CERN from 1989 to 1993, a continual fountainhead of new ideas, who, by the way, is an Honorary Member of the Austrian Academy of Sciences.

Let me extend sincere welcome greetings to all of you participating in this colloquium. The title "Wolfgang Fest" actually indicates that you, dear Wolfgang Kummer, never planned this event as a solemn reconsideration of bygone times. On the contrary, this reunion should be considered as just another station on our way and the path of Wolfgang Kummer into the future with the aim to describe nature by the language that permits to predict phenomena in the framework of theories – and this language is mathematics.

There is, however, more to consider in Wolfgang Kummer´s life than referring to him as an outstanding theoretician from whom our Academy has greatly benefited. He has successfully used his multitude of talents and has put them to work with great dedication and determination. As one of our youngest Corresponding Members who later was elected to Full Member, he founded the Institute of High Energy Physics of the Austrian Academy of Sciences.

He acted as Director of this Institute at very important and occasionally also critical times. Because of his ability to cooperate with CERN on a multinational level he was soon promoted to important functions within this organization, which witnessed an unprecedented European scientific uprise in the postwar era. Wolfgang Kummer was never afraid to defend the field of physics, dear to him, against various local administrations and administrators. I am very happy that today, again, the Academy can rely on his valuable expertise at an instant of time when the wish of reorganisation seems to spur beyond the available financial means.

Reading the program of your colloquium which brings together authorities from around the globe, I have to admit that as a Professor of Civil Engineering, specialized in the area of Mechanics of Deformable Solids, I feel like attending an outstanding concert without being able to switch places with a skilled performer. However, the approach to formulate stresses, strains and dislocations via variational principles firmly embedded in tensor analysis seems to be not so far away from methods used by you to formulate Lagrangians. The way to understand physics from an engineering standpoint does not seem to be too far off, as the curriculum of Paul Dirac indicates, who started his professional career as an engineer, as Jack Steinberger and also Wolfgang Kummer did.

Allow me please to recapitulate my questions and ideas, when I was confronted with the program of your colloquium.

It is not only my impression that today particle physics is meeting cosmology. Carlo Rubbia's provocative question: "How little do we know about the universe?" seems to be not only an appropriate starting point to speculate about, but to measure the properties of Dark Matter and Dark Energy. I asked myself: why is the critical mass density equal to 1 in this universe and how did inflation succeed to let it converge to that value? Does the apparent faintness of supernovae indeed suggest the pressure of a repulsive force that accelerates the universe and thus avoids the Big Crunch of this flat space-time-structure?

Or, when skimming pages of some of the papers by Dominik Schwarz posted in the Internet: why do galaxies tend to group or cluster in filaments, sheets or cells and avoid other space-regions by populating surfaces like interconnected soap bubbles? I understand that quadrupole and octopole elements in the Cosmic Microwave Background are not of cosmic origin. But are they introduced by the local movement of our solar system?

Finally, there is Supergravitation which was formulated 30 years ago to let gauge field theory and quantum gravity interact. Is this the way to unify the description of all forces of nature with the possibility to include extra dimensions? Now that Supergravitation has emerged again after it was eclipsed by other considerations just to be a key component of modern string theory, is there a consistent way to include gravitation into a more general picture? Einstein's gravitation cannot be renormalised, but do we have now, through Supersymmetry, a means to construct a theory of supersymmetric particles. Will we observe them with the Large Hadron Collider at CERN? How did Peter van Nieuwenhuizen feel when, on a spring evening in 1976, suddenly 2000 terms generated by a supersymmetric transformation cancelled on the computer? Is two-dimensional gravity an appropriate model for the higher dimensions? Roman Jackiw will elaborate on that.

Let us not forget, however, that Prof. Kummer's work was moving into similar directions, either alone or together with graduate students who are now professors themselves.

His international cooperation with the Bogolyubov Institute for Theoretical Physics of the National Academy of Sciences of the Ukraine, in Kiev, and with the respected Walter Thirring Institute for Mathematics, Astrophysics and Nuclear Investigations in the Transcarpatian Region of the Ukraine had an effect clearly transgressing scientific policy: it helped to establish contacts of Ukrainian scientific institutions with Western institutions.

In passing, I would like to mention that Prof. Kummer, together with Dr. Stjepan Moskaliuk from the Ukrainian Academy of Sciences, has been engaged in fighting disgraceful forms of human trafficking.

The urge of dedicated scientists to ameliorate human conditions sometimes generates technical solutions. Prof. Rubbia's proposal to harness accelerators for the production of energy via nuclear fission with a minimum of nuclear waste and for the destruction of existing waste by transmutation has witnessed resistance from outsiders. Personally, I doubt that the energy demands of mankind can be met over a longer period of time without resorting to processes of strong interaction in one or the other form.

Ladies and Gentlemen, let me conclude these remarks with my best wishes for a stimulating exchange of ideas and let me, last but not least, express the wish that you, dear Wolfgang, will continue with your work in the exciting scientific field of Theoretical Physics with the energy and dedication that are your personal trademarks.

Thank you for your attention.

Begrüßung
anlässlich der „International Conference on Exotic Atoms"

Ladies and Gentlemen,

It is my great honor and pleasure to welcome you on behalf of the Austrian Academy of Sciences at the Conference on Exotic Atoms which emphasizes their properties as tools to clarify fundamental mechanisms of subatomic physics.

The list of participants shows that approximately 100 distinguished scientists have honored the Academy with their attendance. Let me extend my sincere welcome greetings to all of you, coming from renowned research institutions from all parts of the globe. We welcome our neighbours as well as our guests from Japan, India, the USA, among them researchers from distinguished laboratories at Berkeley and Harvard, and scientists from the Paul Scherrer Institute and from CERN in Switzerland.

Going through the program of contributions, given by experts from all parts of the world, fills me with respect. As a Professor of Civil Engineering specialized in the areas of Mechanics of Deformable Solids and Computational Mechanics, my approach to physics is partially guided by engineering intuition. Let me, therefore, try to recapitulate some of my ideas when I was first confronted with the topics of your conference.

The idea to replace one electron of an atom with a negative meson is well established. These systems were studied 50 years ago. The investigation of deeply bound states, however, was initiated only recently. These states are of great interest since they provide direct information about the meson-nucleon potential. As a meson, a pion or kaon can be selected. My impression is that prior to the mid eighties of the past century the scientific community believed that because of nuclear absorption, deeply bound states were too broad to be distinguishable. The pion-nucleus potential, however, pushes the pion outward. Thus, the absorption probability is decreased and even the deepest bound states are long-lived enough to be distinguishable. The separation between adjacent levels is larger than the spectral width of the absorption process.

What is the reason to investigate hadronic atoms? It is based on the study of interactions. The atoms are formed by electromagnetic forces which are well known. The Strong Interaction mediated by Quantum Chromodynamics (QCD) distorts the spectrum and lets the atom decay. When this Strong Interaction constitutes a small perturbation, it is possible to calculate its effect. Data on hadronic atoms replace experiments in the realm of low energy, which would be difficult or even impossible to be performed on nuclear particles.

Precision measurements on the simplest of hadronic systems as Pionic Hydrogen and Kaonic Hydrogen are available today. Data on Pionium are also available. As further atomic constituents, Deuterium or Helium-3 or Helium-4 and heavier atoms are used. These experiments resulted in the accumulation of extensive data on the spectroscopy of hadronic atoms.

It is remarkable that the hadrons which contain light quarks have total masses that are considerably larger than the sum of their quark masses. This phenomenon is explained by spontaneous breaking of chiral symmetry of massless quarks in Strong Interaction Physics.

Putting emphasis on antiparticles, paves the way to gently let antiprotons and positrons interact in a Penning trap and laser cool the resulting antihydrogen to a few degrees above absolute zero.

Some possibilities are available to test symmetries of Nature experimentally.

You will certainly remember the huge press echo when Madame Wu from Columbia University in 1956 refuted the idea that for the Weak Interaction reality would be invariant under Parity Transformation which was translated "to be watched through a mirror".

The Cronin and Fitch paper of the Princeton experiment in 1964 that Parity plus Charge Conjugation is not conserved with kaons was perhaps too technical to attract the attention of the public. Recently, this result was independently verified with the decay of B-mesons.

Charge-Parity-Time (CPT) invariance in any order is, as I understand, now confirmed at a level of 9 parts in 10 as the most stringent test with baryons and antibaryons, and is, indeed, guaranteed theoretically in Quantum-Field-Theory in a flat space-time.

CPT demands for each particle that the equivalent antiparticle has the same mass, lifetime, spin and isospin, but opposite values for all the additive quantum numbers.

The QCD spectrum is richer than the one of the simple quark model, as gluons can act as principle components of entirely new types of hadronic matter when glue balls and hybrids are appended to the list.

Matter-antimatter physics addresses topics of fundamental symmetries and quark-gluon phenomena. There must be some subtle effects that have filled this universe predominantly with matter. Leidenfrost curtains which would separate matter regions from antimatter regions can nowhere be seen. I will return to this problem later.

The quasi-soliton Tsunami wave brought terrible damage to a large region on this planet. The quantum soliton particle, the Theta-plus or, by its other name, the Pentaquark, consists of 5 quarks: 2 up-quarks, 2 down quarks and a strange antiquark. It is a fascinating particle which was searched in vain for nearly 40 years. When the search was almost abandoned, its existence was recently confirmed. This is not even the end of the story. A negative kaon absorbed by a Helium-4 nucleus can result in a structure which confines 9 quarks: the Tribaryon state.

At first glance, Bound-state-beta-decay seemed to me like a variant of a beta decay where the created electron remains bounded in an inner orbital of the daughter atom, emitting a monochrome antineutrino of the electron variety. Indeed, for neutral atoms, when all the inner shells are occupied, Bound-state-beta-decay does not contribute very much to reduce the stability of a nucleus.

The situation is different, however, when nucleosynthesis in a hot stellar plasma is considered. Then the Bound-state-beta-decay becomes a significant decay branch. This process could then influence stable neutral atoms to become unstable if most of their electrons are stripped. This amounts to a cosmological consequence: long lived nuclei serving as clocks for the age of our galaxy and the entire universe may decay much faster than laboratory data would indicate.

A new facility at the Paul Scherrer Institute and in other laboratories will be built to generate large numbers of ultra cold neutrons. This in turn will enable new measurements of the neutron electric dipole moment (EDM). Is it really zero? Its precise determination puts constraints on the theories of T- and CP-symmetry violation. A finite value, as predicted by Supersymmetric Models, would provide conclusive evidence for CP-violation beyond the Standard model.

Let us assume that CPT is conserved. An EDM different from zero would help to explain the matter-antimatter asymmetry observed in this Universe through a new source of CP-violation and point to experimental possibilities of today!

QCD can give us a clue how matter will behave in the realm of really high temperatures and high densities. In case of high densities and low temperatures, matter will behave as a Fermi sea of essentially free quarks. The theory of super conduction shows, however, that under the presence of an attractive interaction the Fermi surface is unstable. For electrons, the formation of Cooper pairs is a bit difficult because repulsion must be modified by the right kind of crystal which offers phonon-mediated attractive interactions to render super conduction possible, at least at low temperatures. For quarks, the situation is easier. QCD interactions between them are always attractive. So QCD will mediate a form of Color super conduction in quark matter.

In hot neutron stars, the situation becomes very complicated. It is remarkable that today a semi quantitative description of the behavior of the cores of neutron stars is available.

In down-to-earth physics, new machines will offer new possibilities for antiproton experiments. Along with new detectors measurements of unprecedented precision will be possible.

Ladies and Gentlemen, let me conclude my remarks with my best wishes for a stimulating exchange of ideas among you. Your field is indeed exciting and it is my impression that progress advances at lightning speed. Let me not forget to thank the Stefan-Meyer-Institute für subatomare Physik and its new director, Prof. Widmann, for the initiative to organize this Conference.

Thank you for your attention.

Rede

anlässlich der Feier für Heinz Zemanek, wirkliches Mitglied der ÖAW, aus Anlass seines 85. Geburtstags

Hochverehrter Herr Professor Zemanek,
Eminenz,
sehr geehrter Herr Vizekanzler,
sehr geehrte Damen und Herren!

Es ist mir eine große Ehre und Freude, Ihnen, sehr geehrter Herr Prof. Zemanek namens der Österreichischen Akademie der Wissenschaften und im eigenen Namen herzliche Glückwünsche zu Ihrem besonderen Geburtstag entbieten zu können.

Wir alle nehmen an Jahren zu. Sie, verehrter Herr Prof. Zemanek, besitzen vom Blickwindel Ihrer ungebrochenen Schaffenskraft aus gesehen, die Fähigkeit, uns bei dieser Betrachtung alt aussehen zu lassen.

Ihre Berufslaufbahn lässt sich in vier Abschnitte gliedern:

- Digitale Nachrichtentechnik,
- Bau des Mailüfterls,
- Formale Definition von PL/I,
- Verallgemeinerung Abstrakter Architektur.

Um später darauf zurückkommen zu können, erwähne ich aus dem ersten Abschnitt Ihre Habilitationschrift „Zur Störverminderung imperfekter Schaltnetzwerke“. Durch Verwendung des nachrichtentechnischen Verfahrens der Rückkopplung konnten Sie die Bündelung von an die hunderttausend parallelen Zweigen auf etwa zehn bis hundert reduzieren. Damit sind Sie in den technisch realisierbaren Bereich gelangt.

In den beiden letzten Abschnitten ihrer Berufslaufbahn waren Sie zunehmend in die Aktivitäten der Österreichischen Akademie der Wissenschaften eingebunden, zunächst als international anerkannter Experte, als IFIP-Präsident, ab 1970 als korrespondierendes Mitglied im Inland und ab 1984 als wirkliches Mitglied der ÖAW.

Im Laufe Ihrer verschiedenen beruflichen Schwerpunktsetzungen haben sich Ihre Interessen zum Abstrakten hin verschoben. Sie sind zum Computerphilosophen geworden. Ich halte das für keinen Zufall!

Die Beherrschung des Werkzeugs Hammer lässt unwillkürlich nach Gelegenheiten Ausschau halten, Nägel einzuschlagen und damit zunehmend komplexe Strukturen aufzubauen: Zäune, Dachstühle, Fachwerke, Brückentragwerke.

Die Frühzeit der Beschäftigung mit Rechenmaschinen hat Denker angezogen, die das Automatenhafte am Rechenvorgang durchdachten und um die technische Umsetzung bemüht waren: Schickard, Pascal, Leibniz. Deren Beschäftigung mit Philosophie hat ihren Zugang geprägt. In der Phase des Übergangs vom terminalbetreuenden Mainframerechner zum Personal Computer hatte die ÖAW den Vorteil, von den weitgespannten, herausragenden Talenten Heinz Zemaneks zu profitieren.

Geübt im Umgang mit dem Handwerkszeug der analogen und digitalen Nachrichten- und Übertragungstechnik, der Laplacetransformation für diskrete Schaltelemente und der z-Transformation für äquidistante abgetastete Systeme, erweiterte sich das Interesse Heinz Zemaneks auf Grundsatzfragen mit philosophischem Kolorit. Ausgehend von Wittgensteins Tractatus logicophilosophicus und dessen Adaption auf die heutige Informationstechnologie führte Heinz Zemanek mit seinem Team am IBM-Labor die formale Definition einer Programmiersprache bis zur Semantik dort weiter, wo John Backus mit seiner metasprachlichen Beschreibung der Syntax von ALGOL die Richtung vorgegeben hatte. Das Leitbild im ursprünglichen Wortsinn war für das Team das Bild Pieter Breughels vom Turmbau zu Babel mit seinen verschiedenen Interpretationen.

In der ÖAW war Heinz Zemanek erfolgreich bemüht, Brücken zwischen Nachrichtentechnik, Informatik und den Geisteswissenschaften zu schlagen, Brücken zwischen Vergangenem und Bestehendem, zwischen Geplantem und neu zu Überdenkendem.

In seinem Referat zur Leibnizausstellung interpretierte er das Informelle des menschlichen Geistes, der jenseits aller formalen Theorien einschließlich der Unentscheidbarkeit gewisser Theoreme in komplexen logischen Systemen zu denken befähigt ist, indem er das Leibnizsche Mühlengleichnis so formulierte:

„Nehmen wir an, es gäbe eine Maschine, die denken und empfinden könnte, und wir würden sie so vergrößern, dass sie wie eine Mühle zu durchwandern wäre. Wir würden Bauteile finden, die zueinander in Kontakt stehen, aber niemals etwas, woraus das Denken und die Vorstellungswelt dieser hypothetischen Maschine zu erklären wäre."[24]

Diese Antinomie erscheint heute ebenso ungelöst wie vor 23 Jahrhunderten. Auswirkungen dieser Überlegung betreffen uns heute unmittelbar: die Aussage des Yehoshua Bar-Hillel, dass es keine Chance für eine vollautomatische Sprachübersetzung von hoher Qualität gibt, gilt trotz unverkennbarer Fortschritte unverändert.

Die Phase der Beschäftigung mit Abstrakter Verallgemeinerter Architektur betrachtet Heinz Zemanek als nicht abgeschlossen. In dieser Phase hat er versucht, allgemeine Konzepte des Systementwurfs wie Modularität, Orthogonalität und Kompaktifizierung aus den Visionen des römischen Architekten Vitruvius Pollio heraus zu verallgemeinern. Dabei ergibt sich die Schwierigkeit, dass eine hochgradig nichtlineare Transformation, ähnlich der Laplacetransformation, die in gleicher Weise den verallgemeinerten Frequenzbereich wie logische Verknüpfungen im Raum-Zeit-Bereich berücksichtigen würde, bis heute nicht bekannt ist.

Im Bereich der Systemtheorie ist ein Beispiel Heinz Zemaneks besonders anschaulich. Es markiert den Übergang von einem durchschaubaren zu einem undurchschaubaren System. Eine durchsichtige Klarsichtfolie, auf einem Kern aufgewickelt, lässt diesen zunächst noch gut erkennen. Ein paar Windungen später, durch zunehmende Totalreflexion abgeschirmt, ist nicht mehr erkennbar, was die Basis dieser Aufwicklung war.

Lassen Sie mich, meine sehr geehrten Damen und Herren, auf die Habilitationsschrift von Heinz Zemanek zurückkommen. Scheinbar ist ihre technische Bedeutung infolge zunehmender Zuverlässigkeit mikroelektronischer Bauteile nur mehr in der Retrospektive zu erkennen. Dieser Anschein trügt jedoch.

Vergegenwärtigt man sich, dass die ÖAW ein Institut für Quantenoptik und Quanteninformation mit den Standorten Innsbruck und Wien errichtet hat, in dem Konzepte von Quantencomputing untersucht werden, die aufgrund quantenmechanischer Verschränkung einen so hochgradigen Parallelismus zulassen, dass die Atome des sichtbaren Universums nicht ausreichen würden, daraus Prozessoren eines konventionellen parallelen Computers von gleicher Leistung zu bauen, und dass in dieser quantenmechanischen Anordnung durch Dekohärenz sehr wohl Strömungen auftreten, die in Schranken

[24] Vortrag anlässlich der Eröffnung der Leibnizausstellung im Festsaal der ÖAW am 18. November 2004

zu halten sind, dann erhalten die frühen Untersuchungen von Heinz Zemanek neue Aktualität. Der sich scheinbar schließende Kreis wird durch die neue Koordinate der technologischen Innovation in den Raum hinaus zu einer Schraublinie verformt, die sich selbstähnlich in eine noch nicht absehbare Zukunft verschraubt.

In diesem Sinn wird der Rückblick auf erkenntnisgetriebene Forschung zu einem neuen Startpunkt für aktuelle Überlegungen. Er könnte in eine Richtung weisen, zu welcher der hochgeschätzte Jubilar uns schon öfters eines vorexerziert hat: Er war schon einmal dort – vor uns allen.

In diesem Sinne rufe ich Prof. Zemanek zu: „Ad multos annos!"

Begrüßung und Eröffnungsworte anlässlich des Symposiums „Altern ist Leben"

Hochverehrter Herr Professor Rosenmayr,
sehr geehrte Damen und Herren!

Es ist mir eine Ehre, Sie im Namen der Österreichischen Akademie der Wissenschaften zum Internationalen Symposium „Altern ist Leben" begrüßen zu dürfen.

Das Phänomen der Langlebigkeit in unserer Gesellschaft betrifft nicht nur uns persönlich – es hat vielfältige Auswirkungen, die in die Sozioökonomie, die Medizin, die Soziologie und in weite Bereiche der Kultur hineinreichen. Schon im Jahr 2030 wird der Anteil der Sechzigjährigen ein Drittel unserer Gesamtbevölkerung ausmachen.

Verantwortliche Politik weiß um die vielen Probleme und Herausforderungen, die eine solche demographische Situation mit sich bringt – es geht dabei sicherlich um sehr viel mehr als sich hinter dem Schlagwort „Pensionsreform" verbirgt.

Die ÖAW war sich der Problematik des alternden und kranken Menschen in unserer Gesellschaft seit jeher bewusst. Der dritte Präsident in der Geschichte der Akademie, Karl Rokitansky, hat es als seine Lebensaufgabe angesehen, Krankheitsbilder zu ihren Ursachen in Beziehung zu setzen. Aus über 60.000 von ihm durchgeführten Autopsien hat er fundamentale Änderungen in den therapeutischen Strategien abgeleitet. Er überzeugte die Chirurgen, Bauchschmerzen nicht mit Salben zu behandeln, sondern zu operieren, wenn dies notwendig war. Damit hat er das Leben vieler Menschen gerettet. Wesentliche von ihm vorgeschlagene Reformen haben auch nach 160 Jahren ihre Gültigkeit behalten.

Die Auseinandersetzung mit dem Alter und dem Altern durchzieht die Geschichte der Menschheit. Sie hat sich im Gilgamesch-Epos der Sumerer niedergeschlagen und ist bei den chinesischen Taoisten nachzulesen. Die vergebliche Suche nach dem Jungbrunnen hat die Alchemisten beschäftigt, die

Künstler angeregt und nicht zuletzt Paracelsus zu treffenden Worten veranlasst.

Im Neuen Testament heißt es beim Evangelisten Johannes: „Wenn du aber alt geworden bist, wirst du deine Hände ausstrecken und ein anderer wird dich gürten und dich führen, wohin du nicht willst.“[25] Diese Worte sind es wert, analysiert zu werden. Aus ihnen ist nicht eindeutig abzulesen, um welche Erkrankung es sich im Zusammenhang mit dem Alter gehandelt hat, die die genannte Abhängigkeit vom Helfer erzeugt hat. Sicherlich hat das Verhalten des hier beschriebenen alten Menschen mit den vier geriatrischen I's zu tun:

- Immobilität,
- Instabilität,
- Inkontinenz,
- intellektueller Abbau.

Gleichzeitig haben die Worte aber auch eine soziale Komponente. Der Helfer ist offenbar bereit, den Alten beim Anziehen zu unterstützen und auch, ihn zu führen. Die Unfähigkeit des Erkrankten, mitzuteilen, wohin er will, führt aber dazu, dass sein Wunsch, weil nicht bekannt, unerfüllt bleibt.

Gebrechlichkeit und Pflegeabhängigkeit sind kein unabwendbares Schicksal, sondern können bis in die letzten Lebensphasen verhindert werden, wie Prof. Böhmer ausführen wird.

Die ÖAW hat mit der Gründung des Instituts für Biomedizinische Alternsforschung in Innsbruck Initiativen gesetzt, Präventivmaßnahmen zu studieren. Dabei geht es insbesondere um die Frage, welche Behandlungsprogramme für physische und psychische Krankheiten im Alter zu entwickeln seien. In einem neuen Forschungsschwerpunkt an diesem Institut wird seit Kurzem über Proliferation, Differenzierung und Zelltod beim Altern von Zellen geforscht. Das Institut ist im 6. Rahmenprogramm der EU in ein Netzwerk von vierzehn europäischen Staaten eingebunden, das Forschungsprogramme über das Altern koordiniert. Generell – ich denke Frau Direktorin Prof. Grubeck-Loebenstein wird darüber berichten – geht es nicht darum, das Leben um jeden Preis zu verlängern, sondern die verbleibende Lebensspanne positiv zu beeinflussen.

Über das Schicksal der Einzelperson hinaus sind Aussagen über das statistische Kollektiv der Bevölkerung von entscheidender Relevanz für die Planung unserer Zukunft. Das Institut für Demographie der ÖAW liefert Vorhersagen für demographische Trends und schätzt die sozialen und ökonomischen Konsequenzen für eine alternde Bevölkerung ab.

---

[25] http:/www.bibel-online.net/buch/43.johannes/

Die gewonnenen Aussagen deuten darauf hin, dass weder steigende Geburtenraten noch höhere Zuwanderungszahlen allein den Alterungsprozess der Bevölkerung signifikant beeinflussen. Nur das Schrumpfen kann gemindert werden. Direktor Lutz wird über die Forschungsarbeiten des Instituts berichten.

Einer der Arbeitsschwerpunkte des Instituts für Technikfolgen-Abschätzung ist die Bewertung der Wirksamkeit medizinischer Interventionen und deren ökonomische und organisatorische Implikationen. So wird es z. B. sehr bald Gentests geben, die Aussagen darüber erlauben, mit welcher Wahrscheinlichkeit eine bestimmte Erkrankung auftreten wird. Im Hinblick auf den Schutz der Konsumenten und auf die sozioökonomische Tragweite besteht die Notwendigkeit, die Zulassung und Kostenübernahme derartiger Tests zu regeln. Direktor Tichy wird über einschlägige Arbeiten des Instituts referieren.

Nicht zuletzt wird das Institut für Kultur- und Geistesgeschichte Asiens auf diesem Symposium die große Wandelbarkeit der Sicht des Alters aus dem Blickwinkel anderer Kulturen aufzeigen.

Die hochkarätige Besetzung dieses Symposiums durch internationale Referenten gibt uns die Möglichkeit, sich mit einem breiten Spektrum von Meinungen und Resultaten zum Phänomen des Alterns auseinanderzusetzen.

Es scheint ein Faktum zu sein, dass der Beitrag älterer Menschen zur Stabilität und Vielfalt unserer Gesellschaft unterschätzt wird. Die spezifischen Talente und Kräfte des Alters werden daher nicht genutzt. Prof. Kruse hat in einer Online-Publikation auf Aussagen aus dem dreibändigen Hauptwerk „Das Prinzip Hoffnung" des Philosophen Bloch hingewiesen, mit denen die Hoffnung auf eine Welt ausgedrückt wird, in der die Entfremdung des Menschen von Gesellschaft und Natur überwunden sein wird. Bloch warnt dort vor der Gefahr, dass das Entwicklungspotenzial im hohen Alter verkannt wird, wenn die Tendenz übermächtig wird, „sich auf Jugend zu schminken"[26].

Ich glaube allerdings, dass hinter dieser Tendenz ein biologisches Prinzip steckt, das weit über den Menschen hinaus gilt. Auch erfolgreiche Arten im Tierreich können ihre Lebensspanne nicht verlängern, sie ist genetisch festgelegt. Erfolgreiche Käferarten haben zum Beispiel die Fähigkeit entwickelt, sich über lange Spannen ihres Lebens den Eindruck der Jugendlichkeit zu bewahren. Dieses evolutionäre Prinzip haben auch wir Menschen übernommen. Die Altersfernsicht unserer Augen korrigieren wir mit passgenauen Brillen, die zunehmende Schwerhörigkeit mit computergesteuerten Hörgeräten, den Ver-

[26] Kruse, Andreas: Stärken des Alters erkennen und nutzen (http://www.ag60plus.de/servlet/PB/menu/1379896n)

lust des Kauapparats ersetzen wir durch Prothesen und Implantate. Durch Osteoporose verursachte Brüche im Oberschenkel- und Hüftbereich werden durch computergeformte Teilimplantate versorgt, die in zunehmendem Maße mittels Knopflochchirurgie positioniert werden. Gesichtsspannungen, Unterspritzungen und zuletzt das Färben von Haaren ebenso wie das Rasieren sollen einen jugendlichen Eindruck vermitteln.

Die Anti-Aging-Welle greift aber noch tiefer in das Leben der Menschen ein. Die Grenzen zwischen Nahrungsergänzungsmitteln und Medikamenten scheinen nicht mehr wohldefiniert und glatt zu sein, sondern fraktal aufgefächert.

Das Nikotin-Amid-Adenin-Di-nukleotid, kurz NADH, ist die aktive Form des Vitamins B3. Auf molekularem Niveau ist es als Transporter von Elektronen vom Krebszyklus her zur Elektronen-Transport-Seitenkette hin dort eingesetzt, wo die universelle Energie-Währung der lebenden Zelle entsteht: das in den Mitochondrien erzeugte Adenosintriphosphat (ATP).

In meiner Studienzeit, meine sehr geehrten Damen und Herren, gab es ein universelles Kürzel für das Löschen und nachfolgende Überschreiben des Rechenregisters in einem Computer: Clear-and-Add: CLA.

Ein Kennzeichen flexiblen Alterns ist es, nicht bloß Neues zu lernen, sondern gezielt zu vergessen, was nicht mehr länger im Umlauf ist. Mit dem Löschen des Rechenregisters sind heute nicht mehr Programmierer beschäftigt, sondern perfekte Compiler, welche die Höheren Programmiersprachen in Maschinenbefehle übersetzen. CLA ist damit wieder quasi frei geworden und dient der jungen Generation von biochemisch konditionierten Anti-Aging-Spezialisten als Kürzel für die konjugierte Linolsäure, Englisch: Conjugated Linoleic Acid, kurz: CLA. Diese in der Anti-Aging-Szene verwendete Substanz entsteht in geringen Mengen in den Mägen grasfressender Tiere. In ihrer Wirkung ist diese Trans-Fettsäure auf den Menschen nicht unumstritten, vor allem, weil sie eine Insulin-Resistenz auslösen könnte. Prof. Huber ist auf diesem Gebiet eine hochgeschätzte wissenschaftliche Autorität.

In einer Denkfabrik, wie sie multidisziplinäre Forschung nun einmal benötigt, sollte es ungeachtet der gebotenen Wissenschaftlichkeit zulässig sein, gekonnt zu spekulieren. Ein Repräsentant dieser Richtung ist Aubrey de Grey, ein Informatiker an der Cambridge-Universität, der nach der Heirat mit einer Genetikerin sein Interesse an Lebensverlängerung entdeckt hat und mit durchaus ernst zu nehmenden Fachpublikationen in der renommierten Wissenschaftszeitschrift Nature zum Bio-Gerontologen mutiert ist. Der theoretische Ansatzpunkt von de Grey sind die bereits erwähnten Mitochondrien, die im Laufe der Evolution ihr eigenständiges Leben als Bakterien aufgegeben haben und zu Organellen innerhalb der Zelle gewandelt wurden, welche ATP erzeugen. De Grey meint, dass die kurze Desoxiribonukleinsäure (DNA) der Mitochondrien schneller mutiert als die DNA im Zellkern. Mitochondrien müssen also nach Meinung de Greys in regelmäßigen Abständen eine Auffrischung ihrer DNA erhalten, und der Mensch könnte damit sogar das halbe Alter des Methusalem erreichen. Der Genesis zufolge wurde Methusalem 969 Jahre alt. Manche vermuten hinter dieser Altersangabe, dass Monate und nicht Jahre gezählt worden wären. Danach wäre Methusalem 80 Jahre alt geworden. Diese Annahme führt aber auf Widersprüche.

De Grey hat jedenfalls einen Preis für die älteste Maus ausgesetzt. Bis jetzt steht der Rekord einer solchen Methusalem-Maus bei etwa fünf Jahren Lebenszeit.

Altern ist nicht aufhaltbar, aber es lässt sich offenbar verzögern. Zucker im Blut verbindet sich mit Kollagen, es kommt dadurch zu Vernetzungen, zu verdickten Arterien, steifen Gelenken, schwachen Muskeln und versagenden Organen. In einem Interview hat Prof. Huber eine einfache Gegenstrategie vorgeschlagen: eine 12- bis 14-stündige Senkung des Blutzuckerspiegels, vornehmlich in der Nacht, zu erzielen durch Nahrungskarenz. Darüber hinaus steht zur Frage, ob solche zu Vernetzungen führende Zuckerverbindungen mit Eiweiß wieder auflösbar sind. Im Prinzip geht das mit Sulfit-Präparaten, diese sind aber meines Wissens noch in der klinischen Testphase. Zusammen mit Vitaminen zur Bindung freier Radikale, wie Vitamin C und Vitamin E und der bereits angesprochenen Nahrungskarenz, könnte die Lebenserwartung tatsächlich weiter erhöht werden.

Ich bin ein schlechter Prophet, meine sehr geehrten Damen und Herren, aber zehn Jahre scheinen mir bei diesem Zugang eine obere, kaum erreichbare Grenze zu sein. Zur Frage steht, was ein Mensch mit dieser zusätzlichen Zeit anfangen könnte bzw. möchte.

In der heutigen Gesellschaft scheint Alter mit dem Stigma der Unbrauchbarkeit belegt zu sein. Das muss sich radikal ändern, und die Bevölkerungsstatistik lässt erkennen, dass eine solche Änderung hoch an der Zeit ist. Sicherlich nicht zur Förderung von ungesundem Karrierestreben sollte die Möglichkeit stärker genutzt werden, erfahrene und bewährte Mitarbeiter für eine Beratungstätigkeit aus dem Ruhestand zurückzuholen oder sie erst später in ihn zu entlassen. In den USA scheinen sich solche „Neue Rollen" zu bewähren.

Ich stehe nicht an, dazu meine persönliche Meinung zu formulieren. Solche Experimente können nicht losgelöst von der industriellen Innovationsgeschwindigkeit gesehen werden. Wenn Innovationen, wie es derzeit der Fall ist, ungebremst ablaufen, wenn also neue Verfahren der Biotechnologie, der Nanotechnologie und sogar der Quantenphysik in die Phase der industriellen Umsetzung gelangen, werden es selbst flexibel gebliebene Mitarbeiterinnen und Mitarbeiter schwer haben, mitzuhalten. Wenn aber die Innovation ein Plateau – einen Terrassenpunkt – durchläuft und vorübergehend verlangsamt wird, sehe ich für flexibel gebliebene ältere Mitarbeiterinnen und Mitarbeiter durchaus Chancen, ihr schnell abrufbares Wissenssystem in die Produktion einzubringen: vielleicht in der Qualitätskontrolle, wo der schlaue Produktionsvorbereiter alle Tricks kennt, die ihm im Laufe seines Berufslebens begegnet sind, um das Produkt mit minimaler Fehlerrate zu produzieren.

Prof. Rosenmayr, dem ich für die Initiative zur Abhaltung dieses Symposiums sehr herzlich danke, als einer unserer angesehensten Soziologen, im In- und Ausland mehrfach ausgezeichnet, fordert in diesem Zusammenhang, ein tragendes Element einer neuen Kultur der Langlebigkeit bereitzustellen. Danach soll es statt des „wohlverdienten Ruhestandes" neue Ideen und Praktiken einer gesellschaftlichen Mitverantwortung der Alten geben. Es muss ethisch sein oder werden, sich im Alter dieser Aufgabe nach besten Kräften zu stellen. Nicht umsonst haben die Vereinten Nationen in Madrid 2002 einen Aktionsplan beschlossen, welcher der Verbesserung des Wissens über neue Chancen für das späte Leben dienen soll.

In der Aprilnummer des vergangenen Jahres im Wissenschaftsjournal „The Scientist" wird statistisch erhoben, in welchem Alter sich die Menschen aus ihrem beruflichen Leben zurückziehen möchten. Der scharfe Gipfel liegt bei 65 bis 69 Jahren. Dazu müssen wir ökonomische und soziologische Möglichkeiten schaffen, die tief in die gegenwärtige Arbeitswelt eingreifen. Derzeit wird auch die leistungsfähige Alterskohorte praktisch ausgegrenzt. Das muss sich ändern. Ein überaus fähiger Mitarbeiter unserer Akademie, seit dem 18. Lebensjahr mit hochsitzender Querschnittslähmung an den Rollstuhl gefesselt, hat dazu geknurrt: „Ich bin nicht behindert – ich werde behindert!" Eine analoge Aussage gilt für das Alter leistungsfähiger Personen. Sie muss modifiziert werden.

Ich will hier nicht in Sozialutopien schwelgen. Es gibt sie ja alle, diese Alterskrankheiten, die wir zu fürchten gelernt haben, einschließlich der rapide ansteigenden Bresthaftigkeit der letzten Lebensphase. Hier ist die Solidarität der Gesellschaft und ihrer Institutionen einzufordern, die für den Einzelnen oder für die Familie nicht mehr tragbare Belastung aufzufangen. Unser Gesellschaftssystem wird auch danach bewertet werden, wie diese Aufgaben bewältigt werden.

Für den alternden Menschen selbst gilt, dass er beizeiten ein Konzept entwickeln muss, wie er bei relativer Gesundheit und in Würde altern möchte.

Das schließt die persönliche Verpflichtung ein, zu versuchen, möglichst flexibel zu bleiben. Der 96-jährige Cellist Pablo Casals meinte dazu, dass ein Mensch, der arbeitet und sich nicht langweilt, auch nicht alt sei!

Unser wirkliches Mitglied Leopold Vietoris, ein knapp vor dem 111. Geburtstag verstorbener Mathematiker, hat noch im Alter von 105 Jahren eine wissenschaftliche Arbeit über Restgliedabschätzungen von Fourierreihen verfasst.

Es ist richtig und wichtig, dass die Österreichische Akademie der Wissenschaften dazu beiträgt, Impulse für die zukünftige wissenschaftliche Entwicklung der Altersforschung zu setzen. Davon, so bleibt zu hoffen, werden wir alle profitieren.

Ich danke Ihnen für Ihre Aufmerksamkeit.

Begrüßung und Eröffnungsworte

anlässlich des Kolloquiums zum Gedenken an Leopold Schmetterer, wirkliches Mitglied der ÖAW, (1919–2004)

Sehr geehrte gnädige Frau,
werte Kolleginnen und Kollegen aus dem In- und Ausland,
sehr geehrte Damen und Herren!

Es ist mir eine große Ehre, Sie namens der Österreichischen Akademie der Wissenschaften beim Kolloquium zum Gedenken an unser wirkliches Mitglied Prof. Leopold Schmetterer begrüßen zu dürfen. Eigentlich hätte es als begleitende fachbezogene Festveranstaltung zu seinem 85. Geburtstag stattfinden sollen. Durch seinen tragischen Tod ist es jedoch anders gekommen.

Als gelernter Bauingenieur habe ich ein Auge für Brückenbauer. Prof. Leopold Schmetterer war ein solcher. Er hat Brücken errichtet zwischen verschiedenen wissenschaftlichen Kulturen und Fächern, zwischen Orten und Zeiten und nicht zuletzt zwischen Menschen. Als Mathematiker hat er darin eine hochdimensionale Aufgabe gesehen, die vielleicht am ehesten in einem Banachraum zu formulieren wäre.

Vergegenwärtigen Sie sich, meine sehr geehrten Damen und Herren, ein Röntgenbild, vielleicht ihr eigenes. Sosehr es diagnostisch nützlich ist, besitzt es doch unbestreitbare Nachteile. Die dreidimensionalen Strukturen der Organe erscheinen in der zweidimensionalen Projektion überlagert, der flaue Kontrast ist durch die Absorptionskoeffizienten im menschlichen Körper vorgegeben.

All diese Beschränkungen fallen in der Computertomographie weg. In den frühen Sechzigerjahren hat Allan Comark von der Tufts Universität eine Arbeit über Tomographie als Zugang zu einem neuen bildgebenden Verfahren publiziert, und Godfrey Hounsfield hat bei der Firma EMI in England 1972 den ersten Scanner auf dieser Basis gebaut. 1979 haben beide Wissenschaftler den Nobelpreis für Physiologie und Medizin erhalten. Es war Leopold Schmetterer, der darauf hingewiesen hat, dass der österreichische Mathematiker Johann Radon, wirkliches Mitglied unserer Akademie, schon im Jahre 1917 die mathematische Basis für die Rekonstruktion einer hinreichend regulären Funktion im R3 aus der Kenntnis ihrer Mittelwerte auf allen Ebenen im R3 beschrieben hat. Die Rekonstruktion steht in enger Verbindung zur klassischen Fouriertransformation und wird heute Radontransformation genannt – dank Leopold Schmetterer. Bis heute ist dieser Algorithmus die Basis für die rechnerische Bildrekonstruktion der neuesten Transmissions-Computer-Tomographen mit elektronisch ablenkbarem Kegelstrahl – unter Einbeziehung modernster Filtertechniken, etwa um störende Streifen von Metallimplantaten gleichsam „wegzurechnen".

Sie können mich nun, meine sehr geehrten Damen und Herren, zu Recht einer gewissen Unsystematik bei meinem Zugang zur wissenschaftlichen Laufbahn Leopold Schmetterers zeihen, zu einem Curriculum, das ihn als überaus vielseitigen Mathematiker ausweist. Seine wissenschaftliche Entwicklung kann ich bestenfalls auszugsweise nachzeichnen.

Leopold Schmetterer wurde am 8. November 1919 in Wien geboren. Er wuchs in bescheidenen Verhältnissen auf. Als Mitarbeiter in einer Versicherung war sein Vater eher an Musik als an höherer Schulbildung seiner Kinder interessiert. Leopolds Mutter, aus einer kinderreichen Arbeiterfamilie stammend, ermöglichte ihrem Sohn den Besuch eines Gymnasiums, wo er vor allem in Mathematik und Latein brillierte.

Sein weiterer Bildungsweg führte ihn in eine Lehrerbildungsanstalt, die er 1938 mit der Lehrberechtigung eines Volksschullehrers verließ. Nach dem Anschluss Österreichs an das Dritte Reich war es Leopold Schmetterer klar, dass er sich aufgrund seiner politischen Einstellung erst gar nicht für eine Stelle als Lehrer zu bewerben brauchte. So wurde seine schon mit vierzehn Jahren erkennbare Begeisterung für Mathematik zu seinem Lebensziel. Er studierte bei Gröbner, Hornich, Mayrhofer und Strubecker und dissertierte bei Hofreiter 1941 über eine spezielle Approximation irrationaler Zahlen. In diesen Jahren wurden er und unser wirkliches Mitglied Edmund Hlawka Weggefährten. Schmetterers Laufbahn, mit einer *sub auspiciis* Promotion glanzvoll begonnen, wurde durch seine Einberufung zum Militär jäh unterbrochen. 1944 wurde er zur numerischen Auswertung aerodynamischer Gleichungen für Flugzeugkonstruktionen verpflichtet. Später hat es Schmetterer mit Erleichterung aufgenommen, dass keiner der Entwürfe jemals das Stadium der Flugtauglichkeit erreichte.

1945, nach einigen Wochen Internierung in einem amerikanischen Lager, kehrte er an das Institut für Mathematik der Universität Wien als Assistent zurück. An diesem Institut lernte er seine spätere Frau Elisabeth kennen, die ihm drei Söhne und eine Tochter schenkte.

Das Mathematische Institut erlangte durch die Berufung von Edmund Hlawka und den bereits erwähnten Johann Radon schon bald nach Kriegsende wieder hohe internationale Geltung. Schmetterers vielseitige Interessen erlaubten es ihm, sich mit Arbeiten zur Theorie der trigonometrischen Reihen zu habilitieren.

An dieser Stelle gestatte ich mir eine zeitlich unsystematische Bemerkung, aus der ein Vorausverweis resultiert. Von Fourierreihen ist es nicht weit zum Fourierintegral, und damit ist der Weg zu den charakteristischen Funktionen offen, die ein ideales Instrument zur Gewinnung von Aussagen über Summen von Zufallsvariablen darstellen und damit zur Herleitung von Grenzwertsätzen verwendet werden können. Die Begegnung Schmetterers mit dem Altmeister dieser Funktionen, Lucas, sollte später zu einer Gastprofessur an der Catholic University in Washington führen. Gastprofessuren an der University of California in Berkeley, am Technion in Haiffa, an der Universität Clermont-Ferrand und an der Bowling Green State University in Ohio sollten im Weiteren folgen.

Zunächst aber drängte unser wirkliches Mitglied Paul Funk Leopold Schmetterer dazu, an der damaligen Technischen Hochschule Wien eine Vorlesung über Mathematische Statistik für Versicherungsmathematiker zu halten. Parallel dazu wurde Schmetterer eingeladen, an der Universität Wien eine Vorlesung über Wahrscheinlichkeitstheorie und Statistik anzubieten. Daneben arbeitete er mit großem Fleiß an seinem wissenschaftlichen Hauptwerk: „Einführung in die Mathematische Statistik", das 1956 nicht nur im deutschen Sprachraum eine Lücke schloss, sondern auch ins Englische und Russische übersetzt wurde und zehn Jahr später in einer völlig überarbeiteten Neuauflage erschien. In diesem Jahr erhielt Leopold Schmetterer einen Ruf an die Universität Hamburg als Direktor des Instituts für Mathematische Statistik. Rückberufungen nach Wien, an die Technische Hochschule bzw. an die Universität, folgten bald, und so kam es, dass Leopold Schmetterer 1961 als Ordinarius an die Universität Wien zurückkehrte. 1971 übernahm er auch die Leitung des Rechenzentrums an der Universität Wien.

Anstatt über die zahlreichen wichtigen akademischen Funktionen Prof. Schmetterers zu referieren, soll an diesem Ort seine starke Verankerung in der Österreichischen Akademie der Wissenschaften herausgestrichen werden. 1971 wurde Leopold Schmetterer zum korrespondierenden Mitglied gewählt und schon im Jahr darauf zum wirklichen Mitglied. Von 1975 bis 1983 bekleidete er die sehr anspruchsvolle Funktion des Generalsekretärs der ÖAW und Sekretärs ihrer mathematisch-naturwissenschaftlichen Klasse. In dieser Zeit kam es zu einer Ausweitung der Aktivitäten der ÖAW auf neue wissenschaftliche Bereiche, so z. B. auf die Molekularbiologie. Mit großem Einsatz beteiligte sich Prof. Schmetterer an den Verhandlungen zur Standortfindung in der Stadt Salzburg. Internationale Kontakte der ÖAW waren ihm ein großes Anliegen, so z. B. zur IIASA in Laxenburg. Schmetterer wurde Direktor des ÖAW-Instituts für sozioökonomische Entwicklungsforschung und Vorstand des ÖAW-Rechenzentrums. Ehrenvolle Mitgliedschaften in anderen Akademien legen Zeugnis von seinem hohen Ansehen in der wissenschaftlichen Welt ab. Bereits 1971 wurde er zum Mitglied der Leopoldina gewählt, später erfolgte die Wahl in die Berlin-Brandenburgische Akademie, dann in die Sächsische und schließlich in die Bayerische Akademie der Wissenschaften.

Zu seinen zahlreichen weiteren Ehrungen gehören die Wahl zum Fellow am Institute for Mathematical Statistics, ein Ehrendoktorat der Universität Clermont-Ferrand, das Österreichische Ehrenkreuz für Wissenschaft und Kunst 1. Klasse, das Goldene Ehrenzeichen für Verdienste um die Republik Österreich, der Ludwig-Boltzmann-Preis, die Verdienstmedaille der Leopoldina und der Erwin-Schrödinger-Preis der ÖAW.

Auch die rasch voranschreitende Abnahme seiner Sehkraft konnte Leopold Schmetterer nicht davon abhalten, Seminare der Mathematik und der Theoretischen Physik mit großer Anteilnahme und bester Vorbereitung zu verfolgen. All das wäre ohne die opferbereite Hilfe seiner lieben Frau nicht möglich gewesen. Als sie im August des Vorjahres bei einem Spaziergang während eines Kuraufenthaltes im Seewinkel stürzte, hielt er ein Auto an und stieg zu, um Hilfe zu holen. In diesem Gefährt ereilte ihn auf einer Bahnkreuzung sein trauriges Schicksal, das statistisch als seltenes Ereignis zu klassifizieren ist.

Die Brücken, die Leopold Schmetterer errichtet hat, bestehen nach dem Ableben seines Erbauers weiter und ihre Abbilder manifestieren sich in jenen Themen, die von Fachleuten verschiedener Zweige der Statistik bei diesem Kolloquium referiert werden.

Erlauben Sie mir, sehr geehrte Damen und Herren, mit einigen Worten auf meine Reflexionen beim Lesen des Programms des Kolloquiums einzugehen, auf Reflexionen, die mir in der Erinnerung an Leopold Schmetterer bewusst wurden.

Um das Jahr 1948 war es der Plan des damaligen Ordinarius für Statistik, Prof. Winkler, an der Universität Wien einen post-graduate-Kurs für das Fach Statistik einzurichten. Im deutschsprachigen Raum hatte zu dieser Zeit die Statistik eher den Rang einer Hilfswissenschaft für die Volkswirtschaftslehre. Im Rahmen dieses Kurses überantwortete Winkler die Pflege der Mathematischen Statistik an Leopold Schmetterer. Er glich, zunächst als Autodidakt, das Niveau der von ihm vorgetragenen Statistik an den internationalen Standard an.

Wie sehr die heutigen Anwendungen, etwa von Gesundheitsregistern und der Epidemologie die Fortführung grundlegender Überlegungen illustrieren, wird Prof. Krickeberg darlegen. Er war auch führend an den Aktivitäten der Bernoulli-Society quer über den Globus beteiligt und hat Leopold Schmetterer in den Jahren 1971 bis 1973 als Präsident einer Vorgängergruppe dieser Society, der International Association for Statistics in the Physical Sciences, erlebt.

In der Behandlung der Theorie der Schätzungen, insbesondere von erwartungstreuen Schätzern, zeichnete sich Leopold Schmetterer durch seine Präzision und sein Bemühen aus, weitestgehende Verallgemeinerungen vorzunehmen. In jedem Grundkurs der Statistik wird heute darauf hingewiesen, dass man von einem Schätzer nicht alles gleichzeitig verlangen kann. Wenn er nicht erwartungstreu ist, sollte er zumindest asymptotisch erwartungstreu sein. Mit zunehmendem Stichprobenumfang sollen Abweichungen vom wahren Wert des zu schätzenden Parameters in der Grundgesamtheit geringer werden. Der Schätzer soll also konsistent sein. Eine minimale Varianz des Schätzers kann nicht unterschritten werden, hier gilt die Schranke von Rao-Cramér, und im mehrdimensionalen Fall tritt an ihre Stelle die Fisher-Matrix. Eine gewisse Stabilität gegen Ausreißer in der Stichprobe verlangt das Weglassen von Randwerten: der Schätzer ist dann zwar nicht mehr erschöpfend, weil er nicht die gesamte Information ausschöpft, aber robust. Weit über diese grundlegenden Eigenschaften hinaus setze ich die Thematik des Vortrags von Prof. Pfanzagl an: Was ist ein optimaler Schätzer?

Ein Buch über Mathematische Statistik setzt entweder Grundkenntnisse über Wahrscheinlichkeitstheorie voraus oder aber stellt die Grundlagen dieser Theorie im Einführungskapitel dar. Den zweiten Zugang hat Leopold Schmetterer in seinem Hauptwerk gewählt. Im Vorwort zur 1. Auflage zeigt er die Selbstbeschränkung auf: im Folgenden wird er von der Wahrscheinlichkeit von Ereignissen und nicht von der Wahrscheinlichkeit von Mengen sprechen. Prof. Heyer wird sich, so vermute ich zumindest, in seinem Vortrag über „Hypergruppen in der Analysis und Wahrscheinlichkeitstheorie“ weniger Beschränkungen als Schmetterer auferlegen.

Am morgigen Nachmittag wird Prof. Strasser darüber sprechen, was Leopold Schmetterer lebenslang ein Anliegen war, nämlich über „Statistik als Gegenstand mathematischer Forschung“.

Prof. Hiriart-Urruty hat die Mathematische Optimierung zum Arbeitsgebiet erwählt. Er wird über offene Probleme in der nichtlinearen Analysis und der Optimierung berichten. An der Schnittstelle zwischen Statistik und Kontrolltheorie gelegen, besitzt dieses Gebiet enorme praktische Bedeutung.

Schließlich wird Prof. Schachermayer jene mathematischen Werkzeuge Revue passieren lassen, die es erlauben, das Risiko von Börsenspekulationen zu verringern. Keine Bank, die auf dem wachsenden Markt der Derivate aktiv ist, kann auf die neuen mathematischen Methoden verzichten, wenn sie konkurrenzfähig sein will.

Von den vielfältigen Zweigen der Statistik werden hier also zumindest sechs Hauptkomponenten dargelegt. Lassen wir abschließend Leopold Schmetterer zu Wort kommen, der sich darüber freute – ich zitiere –, „dass ich die Entwicklung eines Gebietes miterleben konnte, das vor 30 oder 40 Jahren nur einem kleinen Kreis von Spezialisten etwas zu sagen hatte, das aber heute in fast alle Zweige der Wissenschaft ausstrahlt und eine steigende Zahl von Praktikern und Theoretikern in seinen Bann schlägt".[27]

Ich danke Ihnen für Ihre Aufmerksamkeit.

[27] Mündliche Mitteilung von Prof. Schmetterer anlässlich einer Rede über Mathematische Statistik

Eröffnungsworte und Ansprache anlässlich der Verleihung der Stipendien der ÖAW im Rahmen der Jubiläumsveranstaltung „Zehn Jahre DOC“

Wir haben uns heute hier im Festsaal der Akademie zu einem besonders erfreulichen Anlass zusammengefunden: Das Doktorandenprogramm der ÖAW feiert heuer seinen zehnten Geburtstag! Dass sich Fördermaßnahmen immer größerer Beliebtheit erfreuen, ist nicht selbstverständlich. Bei unserem DOC-Programm ist es in hohem Maß der Fall.

Im Jahr 2004 wurde auf Initiative des Rates für Forschung und Technologieentwicklung eine Arbeitsgruppe eingerichtet. Diese hat eine Bestandsaufnahme aller Humanressourcenprogramme erstellt und in ihrer Empfehlung an das Bundesministerium für Bildung, Wissenschaft und Kultur eine Reduzierung der Fördereinrichtungen auf folgende drei Institutionen vorgeschlagen: Fonds zur Förderung der wissenschaftlichen Forschung, Österreichischer Austauschdienst und ÖAW.

Die Akademie ist sich der wichtigen und notwendigen Aufgabe als Förderinstitution bewusst. Die kontinuierliche Pflege des wissenschaftlichen Nachwuchses gehört seit jeher zu ihren Aufgaben. Sie war, ist und wird auch in Zukunft ein großes Anliegen der Akademie sein.

Einige Worte zu den einzelnen Stipendienkategorien. DOC ist das Nachwuchsförderprogramm für junge, hoch qualifizierte Doktorandinnen und Doktoranden aus allen Bereichen der Forschung, denen das Stipendium die Möglichkeit bietet, sich ausschließlich auf die Abfassung ihrer Dissertation zu konzentrieren.

DOC-FFORTE, das Doktorandinnenprogramm der ÖAW, richtet sich an junge Wissenschaftlerinnen aus den Bereichen Technik und Naturwissenschaften sowie Biowissenschaften und Mathematik. Durch DOC-FFORTE soll die Steigerung der Promotionen von Frauen in den genannten Disziplinen forciert werden.

In einem neuen Programm – DOC-Team – werden Teams von je drei Personen aus verschiedenen Bereichen der Geistes-, Sozial- und Kulturwissenschaften gefördert, die sich gemeinsam einem Problem stellen, das nur transdiziplinär, also fächerübergreifend, zu lösen ist. Auf diese Weise sollen die Engführung der Fächer und Disziplinen aufgelöst und neue wissenschaftliche Arbeits- und Organisationsprinzipien unterstützt werden.

APART – das Flaggschiff der PostDoc-Förderung – zeichnet Forschungsvorhaben für Habilitationen oder habilitationsäquivalente Leistungen aus.

Dank des Sponsorship der Unternehmen Raiffeisen Zentralbank, AGRANA und UNIQA konnte heuer erstmals ein Austrian Academy of Sciences CEE (Central and Eastern European)-Scholarship vergeben werden. Dieses richtet sich an junge Wissenschaftlerinnen und Wissenschaftler aus den Bereichen Wirtschafts- und Rechtswissenschaften sowie Volkswirtschaftslehre mit starkem CEE-Bezug.

*

10 Jahre Doktorandenförderung an der Österreichischen Akademie der Wissenschaften

Das Kind wird also zehn Jahre alt! Es wurde im Jahre 1995 mit dem Namen *Doktorandenstipendien der Österreichischen Akademie der Wissenschaften* aus der Taufe gehoben und hat im Lauf der Zeit noch zwei Geschwister bekommen. Längst ist aber ein anderer Name zum Markenzeichen geworden: DOC ist die heute bekannte Bezeichnung.

Zunächst glaubte jedoch – wie das so oft der Fall ist – nur die Mutter an das Kind. Kein Wunder – eine Förderung wie diese gab es zu diesem Zeitpunkt in Österreich nicht.

Was war das Neue an der Programmphilosophie?

Ich berichte aus einem der ersten, knappen mündlichen Statements der Implementierungsgruppe:

1. Sich früh Bewertungsvorgängen stellen, die über den eigenen wissenschaftlichen Kontext und Ausbildungsort hinausgehen.
2. Insgesamt damit jungen Österreichern und Österreicherinnen den Anreiz bieten, sich mit eigenverantwortlich formulierten Anträgen einem Qualifikationsvorgang und damit zugleich einer Konkurrenz innerhalb der Scientific Community zu stellen.
3. Qualifizierten und motivierten jungen Forschern und Forscherinnen die Konzentration auf ihre wissenschaftliche Arbeit erleichtern.
4. Erfahrungen im Ausland sammeln und damit die Mobilitätsrate erhöhen zu helfen.
5. Die Ausbildungswege durch das Doktorandenprogramm straffen.

Wir können feststellen, dass keiner der damals formulierten Punkte an Relevanz verloren hat: Dieses Land braucht mutige, motivierte und initiative junge Forscherinnen und Forscher, die selbständig ein wissenschaftliches Problem formulieren, sich aufwändigen Evaluierungsvorgängen stellen und die Fähigkeit haben, Kontakte zu Instituten im In- und Ausland aus eigenem Antrieb zu knüpfen.

Erlauben Sie mir, kurz einige Daten und Fakten zur Entwicklung von DOC zu nennen:

Im Sommer 1994 wurde die Programmidee von meinem Amtsvorgänger Werner Welzig dem damaligen Bundesminister für Wissenschaft und Forschung, Dr. Erhard Busek, unterbreitet.

Ein halbes Jahr später fand eine erste Sitzung des Implementierungskomitees statt, das aus Vertretern des Bundesministeriums für Wissenschaft und Forschung, des Universitäten-Kuratoriums, der Österreichischen Rektorenkonferenz und der ÖAW zusammengesetzt war. Als Vertreter der Rektorenkonferenz hatte ich damals die Ehre, in diesem Komitee tätig zu sein.

Schon im März 1995 wurde das Programm der Öffentlichkeit vorgestellt und zwei Monate später zum ersten Mal ausgeschrieben. 169 Anträge bei der ersten Einreichung zeigen, dass diese Fördermaßnahme von der Scientific Community sofort stark angenommen wurde.

2002 wurde auf Initiative des Bundesministeriums für Bildung, Wissenschaft und Kultur eine eigene Förderlinie namens DOC-FFORTE ins Leben gerufen:

Innerhalb kürzester Zeit konnte diese im Rahmen der Dachmarke DOC eingerichtet werden.

Zwei Jahre später wurde DOC-team implementiert: Dieses Stipendienprogramm sieht sich, wie schon erwähnt, als neuartige Förderart mit Schwerpunkt auf teamorientierter und disziplinenübergreifender Problemlösung.

Zwei Dinge können anhand dieser Genese gezeigt werden: Die neu geschaffenen Förderinstrumente wurden von Anfang an von verschiedensten wissenschaftlichen Einrichtungen des Landes mitgetragen, und das immer stärker werdende Engagement des Bundesministeriums für Bildung, Wissenschaft und Kultur in diesem Förderbereich ermöglichte den weiteren Ausbau der Förderung.

Dafür sind wir sehr dankbar.

Einige Worte zur Statistik: Von 1995 bis 2004 wurden 1700 Anträge auf ein DOC-Stipendium gestellt und 400 Stipendien vergeben. Die Bewilligungsquote liegt insgesamt also bei 23 Prozent. Der Frauenanteil bei Bewerbungen und Stipendienvergaben beträgt 50 Prozent.

Wir können feststellen, dass die Erfolgsquote bei DOC sehr hoch ist: Von den zwischen 1995 und 2003 Geförderten haben bisher mehr als 80 Prozent die Dissertation abgeschlossen – 47 Prozent davon waren Frauen.

Betrachtet man die Fächerverteilung bei den Vergaben, so fällt auf, dass die meisten erfolgreichen Dissertationsprojekte (41 Prozent) aus den Naturwissenschaften kommen, gefolgt von Projekten aus den Geistes- und Kulturwissenschaften (27 Prozent) und den Sozialwissenschaften (20 Prozent).

Bei der Förderung von Doktorandinnen und Doktoranden blicken wir auf zehn Jahre Erfahrung zurück und bitten unsere Geldgeber, die Doktorandenprogramme finanziell so auszustatten, dass die Förderdauer von zwei auf drei Jahre aufgestockt werden kann und die Stipendien so dotiert werden, dass sich Stipendiaten und Stipendiatinnen an den von ihnen ausgewählten Forschungseinrichtungen anstellen lassen können. Den internationalen Entwicklungen in der Nachwuchsförderung kann man, so meine ich, damit am ehesten gerecht werden.

Wenn wir ein Resümee aus den letzten zehn Jahren ziehen wollen, könnte man behaupten, dass die Akademie eine gute „Spürnase“ bei der Einrichtung der DOC-Programme hatte – die PhD-Phase wird in einer zukünftigen europäischen Ausbildungsarchitektur wesentlich an Bedeutung gewinnen.

Diese Jubiläumsveranstaltung darf nicht enden, ohne folgenden Personen und Institutionen zu danken:

- Frau Bundesministerin Elisabeth Gehrer, deren Engagement in Fragen der Nachwuchs- und Frauenförderung entscheidend zum Erfolg der Stipendienprogramme der ÖAW beigetragen hat,
- allen Komiteemitgliedern für ihren ehrenamtlichen Einsatz bei den Auswahlvorgängen; alle Absolventenstatistiken zeigen, dass in den Vergabejurys ausgezeichnete Arbeit geleistet wird,
- dem Europäischen Sozialfonds (ESF) für die Teilfinanzierung von DOC-FFORTE, der Stadt Wien, die jedes Jahr ein APART- und ein DOC-Stipendium fördert, und den Unternehmen AGRANA, UNIQA und Raiffeisen Zentralbank, die ab 2005 ein APART-Stipendium sponsern,
- allen „Verbindungspersonen“ vom Bundesministerium für Bildung, Wissenschaft und Kultur zur Akademie, die in unbürokratischer Art und Weise die ÖAW-Förderprogramme unterstützen; in alphabetischer Reihenfolge seien genannt: Doz. Christina Lutter, Dr. Christoph Ramoser, Dr. Roberta Schaller-Steidl und MR Alois Söhn,
- Prof. Egbert Zojer für sein interessantes Schluss-Statement,
- den Musikern Monika Etzelt und Johannes Strasser: das Crossover zwischen Barockraum und Jazzmusik ist, wie ich meine, durchaus anregend,

- allen Abteilungen der zentralen Verwaltung der ÖAW, die die effiziente Abwicklung der Stipendienprogramme ermöglichen: es sind dies Buchhaltung, Controlling, Öffentlichkeitsarbeit, Rechenzentrum, Rechtsabteilung und, last but not least, die Verwaltungsstelle für Stipendien- und Preisangelegenheiten.

Begrüßung und Einleitungsworte anlässlich des Europlanet Kick-off Meetings und der 1. Generalversammlung

Ladies and Gentlemen,

It is my great honor and pleasure to welcome you on behalf of the Austrian Academy of Sciences at the Europlanet Kick-Off Meeting which is, at the same time, the General Assembly #1.

The goal of this meeting was outlined by Michel Blanc, the Europlanet Coordinator for the Centre National de la Recherche Scientifique. I extend our welcome greetings to him and to ESA´s Huygens Project Scientist Jean-Pierre Lebreton as representatives of a group which includes 60 laboratories, 13 of them located in France. 17 European nations are involved in running these laboratories. Let me further extend my greetings to Dr. Daniel Weselka, representing the Austrian Federal Ministry for Education, Science and Culture, and Mag. Ingolf Schädler, representing the Austrian Federal Ministry for Transport, Innovation, and Technology. Last but not least I welcome Prof. Helmut Rucker, Department Head at the Space Research Institute of the Austrian Academy of Sciences, who organized this meeting in addition to contributing to the scientific work of your group.

I still remember how excited I was when the ESA Huygens probe was released on Dec. 25 of last year from the NASA Cassini probe and touched down on Titan's surface on January 14, 2005, as mankind's first successful landing on another world in the outer Solar system.

Huygen's six multifunction instruments faithfully recorded data during the descent, slowed by a parachute. I understand that the organization of the scientific interpretation of this stream of data is one of the reasons why you are here today, but certainly not the only one.

European Space Science activities along with research in Astronomy and Astrophysics must find a coordinated basis in order to increase their efficiency. Of course, there has been earthbound research going on in Europe on the magnetosphere, the ionosphere, and the atmospheres of the Saturn system. With the decision of the European Union to fund the project "European Planetology Network" for four years with a total sum of two million €, a coordinated approach is clearly needed. The prime objective is to support the Cassini-Huygens mission and future projects. Six activities have to be considered:

- Earth-based observations from ground and space telescopes in all spectral domains,
- Space missions for remote or in-situ observations,
- Planetary simulations which include physical and numerical models,
- Laboratory experiments,
- Setup of databases and information systems,
- Public outreach and educational products for interested citizens, especially for young people.

For this purpose, Discipline Working Groups in different scientific areas have been set up to cover all major fields of Planetary Sciences and to anticipate future research areas in planetology.

The following topics are included in the tasks of the Working Groups:

- Planetary and Solar system formation,
- Planetary interiors and their composition,
- Planetary moons,
- Astrobiology,
- Exoplanetary sciences,
- Planetary atmospheres, ionospheres and exospheres,
- Small bodies and dust,
- Planetary magnetospheres and plasma,
- Surface science.

Planetary Science can only be successful if it builds its science strategy upon the convergence of a very broad spectrum of disciplines, which include astrophysics, geochemistry, hydrodynamics and material sciences along with geology, geophysics and life sciences. Only with such a broad approach synergies between spacecraft, in-situ explorations, and earthbound observations can be achieved. A global observation strategy will have to include better access to large telescopes and joint analysis of data. Astronomical Institutes will be invited to offer their specialized know-how to resolve a complex picture.

Let us come back to the Cassini-Huygens mission. It is well known that one of the two channels sending data to Cassini and then to the Earth could not be received and thus the wind profile of Titan`s descent was not immediately available. It could be reconstructed, however, because of the registrations of many radio telescopes in Europe plus one from NASA, switched together to result in a very efficient Very Large Baseline Interferometer.

This incident is a good reason to further upgrade our European Very Large Baseline Interferometry network to form the most powerful radio telescope of the world in terms of resolution times sensitivity. This will require not so much the addition of new costly telescopes but a connection of at least some sites with optical fibers and a coordinated effort to increase the output data rate of the correlator by overcoming the computational bottleneck with the development of effective Fast Fourier Transform algorithms which benefit from multiple Central Processing Units communicating through shared memory.

Let me recapitulate two questions which emerged when preparing this address: The system Upsilon Andromedae is the first extra solar multi-planet system discovered by Doppler Spectroscopy. The three heavy Jupiter-like planets of this system which loop a faraway sun in highly eccentric orbits exhibit a very peculiar behavior. One of the planets returns to a nearly circular orbit every 7000 years. Does this indicate that a fourth planet was expelled and kicked into a far-off orbit, leaving the inner planets in eccentric orbits? Did a slingshot mechanism, a kind of planet-planet scattering, result in this configuration? Does this mean that scatterings of such sort are rather common and that a regular planetary system like our own is the exception rather than the rule? Such a regular behavior has lured some of our mathematicians into the futile task to try to prove the eternal stability of our system. Indeed, the longtime stability of a solar system is a prequisite for the emergence of life. Is thus life very rare? Together with the abrupt sequence of hot and cold periods of our Earth, which were apparently necessary for the emergence of cellular life and, finally, for intelligence: are we de facto alone in our galaxy?

Let me return form astrobiology to a more down-to-earth question of engineering. Had we known that the Huygens probe had landed on a surface crust with the consistency of loose sand, would it not have been advantageous if we had installed a nuclear battery in spite of concern of environmentalists about the dangers of the launch phase through our atmosphere? This would have extended the life of the Huygens Probe considerably. Most likely it would have left us with a wealth of additional data!

The Cassini-Huygens probe will not be the last experiment which was accompanied by a fantastic share of success that can justly be attributed to European scientific and engineering know-how. There will be new missions:

- Venus Express,
- Bepi Colombo to Mercury,

- Smart-1 to the Moon,
- Rosetta and Stardust will chase comets,
- Dawn will head towards Vesta and Ceres.

Ladies and Gentlemen!

Perhaps this meeting is just the beginning of a network of cooperations in Europe in the field of Planetary Sciences. I hope that these cooperations will be very successful, helping to clarify the mysteries of this cosmos which we will never stop trying to understand in even greater depth.

Thank you for your attention.

Buchbeitrag[28]

„Wissenschaft und Exzellenz"

(in: Steirisches Jahrbuch für Politik 2004)

In unseren Schulen, von den Volksschulen bis zu den Allgemeinbildenden Höheren Schulen und den Berufsbildenden Höheren Schulen, wird Wissen vermittelt. Dieser Prozess, der für Schülerinnen und Schüler manchmal Probleme mit sich bringt, wird für die, die bereit sind, sich einer zusätzlichen Ausbildung zu unterziehen, an Fachhochschulen und Universitäten weitergeführt.

Jenseits der zusätzlich vermittelten Charakterbildung, einer Erziehung zum verantwortlichen Staatsbürger und Mitarbeiter in einem Team, ist eine weitere Eigenschaft des Lernenden, später des Studierenden, entscheidend: wie sehr hat sich der Ausgebildete sein Staunen bewahrt, das ihn als Kind dazu angetrieben hat, die Dinge dieser Welt im Wortsinn zu begreifen, mit steigendem Alter zu verstehen und dort, wo das Verständnis zunächst nicht vorhanden war, Fragen zu stellen? Fragen an den Lehrer, die Arbeitskollegen oder direkt an die Natur im Rahmen von Versuchen.

Es ist Aufgabe der Forschung, neues Wissen zu generieren und über das neue Verständnis hinaus zu versuchen, die gewonnenen Erkenntnisse anzuwenden. Die Triebfedern für den Drang nach Erkenntnissen können verschiedenartig sein und geben Anlass zur Klassifizierung verschiedener Arten von Forschung mit oftmals unscharfen Grenzen. Aus wissenschaftlicher Neugier resultiert Grundlagenforschung. Gezieltes Interesse führt zu Angewandter Forschung, während kalkulierte Notwendigkeit die Motivation für Technische Entwicklung darstellt. Generell führt systematisches Ordnen von Erkenntnissen zu einem System, das zu Recht als Wissenschaft bezeichnet wird.

---

[28] Erschienen in: Hösele, H.; Lopatka, R.; Mantl, W.; Piza, H.; Prisching, M.; Schilcher, B.; Schnider, A. (Hg.): Steirisches Jahrbuch für Politik 2004. Verein für steirische Politik und Zeitgeschichte, Graz, 2005, 215–218

Universitäten gibt es, weil Wissen aus dem Blickwinkel neuer Erkenntnisse immer wieder anders geordnet und vermittelt werden muss. Es ist ein Qualitätsmerkmal guter Universitäten, dass sie ihr Wissen aus dem Geist der geleisteten Forschungsarbeit weitergeben, einer Forschung, die den Lebensnerv der Universität darstellt. Lehre und Forschung sind untrennbar miteinander verbunden. Dabei können aber die Gewichte verschieden gesetzt sein. Während die Lehre einen großen Teil der Arbeitskapazität von Universitätsmitarbeitern beansprucht, liegt in Forschungsinstituten, wie sie an vielen Wissenschaftsakademien beheimatet sind, der Arbeitsschwerpunkt auf der Gewinnung neuer Erkenntnisse, die dann der Fachwelt in einer knappen, oft hoch formalisierten Sprache mitgeteilt werden.

Der Umfang und die Qualität der Summe verfügbaren Wissens sind für die Zukunft unseres Landes und damit letztlich für die unseres Kontinents von fundamentaler Bedeutung. Da unsere Bodenschätze weitgehend erschöpft sind und die verfügbaren Energiequellen in hohem Maße ausgenützt werden, sollte in unserer postindustriellen wissensbasierten Gesellschaft Wissen als der maßgebende Rohstoff angesehen werden. Wissen zu mehren – und das in Konkurrenz mit anderen Wirtschaftssystemen – gibt uns die Möglichkeit, Lösungen von Gegenwarts- und Zukunftsproblemen unserer Gesellschaft zu erarbeiten. Daraus resultieren Fortschritt und Innovation.

Der mit dem Namen Lissabon-Strategie belegte Wunsch, Europa zu einem Wirtschaftsraum mit höchster Wettbewerbsfähigkeit umzugestalten, verlangt nach langfristig ausgerichteten Forschungsstrategien. Dazu sind die Akteure angehalten, gemeinsame Ziele zu definieren. Jeder Akteur ist dann verpflichtet, einen seiner Fähigkeiten gemäßen Beitrag verlässlich und zeitgerecht zu leisten.

Fortschritt, der mit neuen Erkenntnissen einhergeht, ist nicht bis ins Einzelne planbar. Kreative Forschung sucht sich ihren Weg ähnlich wie Wasser im Gelände.

Forschungsergebnisse müssen bewertet werden. Gewünscht sind exzellente Resultate. Exzellenz kann nicht a priori, womöglich durch selbst vergebene Qualifikatoren, attestiert werden. Wissenschaftliche Exzellenz muss sich im nationalen und internationalen Wettbewerb als solche erweisen. Erwiesene Exzellenz ermöglicht zukunftsorientierte Optionen und schafft Respekt für jene Institutionen, in denen sie beheimatet ist, und darüber hinaus nationale und internationale Anerkennung für den betreffenden Wissenschaftsbereich.

Die Frage nach der Existenz eines möglichst reichhaltigen Repertoires von Strategien zur Erzielung von wissenschaftlicher Exzellenz ist nicht nur von wissenschaftspolitischer, sondern auch von gesellschaftspolitischer Bedeutung.

Nicht zuletzt die internationale Konkurrenz um Märkte, die mit neuen Produkten beschickt werden, hat zu einem Umdenken über Fähigkeiten und Leistungen geführt. In weit geringerem Maß als noch vor vier oder fünf Jahrzehnten wird Gleichbehandlung von Alterskohorten im Ausbildungsstadium als soziale Verpflichtung verstanden. Chancengleichheit bedeutet im Berufsleben keineswegs gleiche Erfolge: Eliten entstehen nicht durch staatliche Verordnungen, sondern durch die Mobilisierung der geistigen Fähigkeiten der jungen Generation. Dazu sind zusätzliche finanzielle Mittel ebenso erforderlich wie ideelle Unterstützung, die einem zeitgemäßen Elitegedanken gerecht wird. Es muss bewusst gemacht werden, dass wir sehr oft bedeutende Entdeckungen einer kleinen Minderheit hoch begabter Menschen verdanken. Solche Begabungen sind zeitgerecht zu fördern, und es ist ihnen jenes ideelle Interesse entgegen zu bringen, das in unserer Gesellschaft etwa Fußballspielern, Schirennläufern, Tenören und Popstars zuteil wird.

Wenn auch Forschungsresultate im Bereich der Grundlagenforschung nicht auf Knopfdruck produzierbar sind – schon gar nicht solche mit Exzellenzanspruch, so gibt es doch Strategien, die eine Planung von an sich Unplanbarem erleichtern. Ein US-Physiker hat das so formuliert:

1. Wissenschaft soll elitär sein.
2. Brillante Leute sollen brillante Leute anziehen.
3. Junge Leute sollten nicht für Alte arbeiten.

Praktische Erweiterungen dieser Strategien werden innerhalb der Max-Planck-Gesellschaft so gehandhabt, dass wissenschaftliche Institute um herausragende Forschungspersönlichkeiten herum organisiert werden: „Die Besten sind gerade gut genug.“ Dieses Prinzip zusammen mit einer optimalen Ausstattung und weitest möglicher Freiheit hat auch an der Österreichischen Akademie der Wissenschaften zu international hoch bewerteten Resultaten geführt. Regelmäßige Evaluationen durch anerkannte ausländische Fachkräfte erlauben es, nicht nur die wissenschaftliche Lebensberechtigung von Instituten zu bewerten, sondern auch exzellente Leistungen durch finanzielle und organisatorische Maßnahmen zu belohnen. Umgekehrt kann beim Absinken von Leistungen oder auch dann, wenn das Fach bereits in den Kanon universitärer Lehrfächer eingegliedert worden ist, die Schließung der betreffenden Forschungsinstitution leichter bewerkstelligt werden als im universitären Betrieb.

Wissenschaftliche Exzellenz ist ohne Begabtenförderung undenkbar. Diese muss schon in der Schule einsetzen. Erst in letzter Zeit wurde die Förderung von Hochbegabten in unserem Land institutionalisiert. Als Beispiel sei die Einrichtung der Sir Karl Popper-Schule in Wien genannt.

Stipendienprogramme fördern gezielt den wissenschaftlichen Nachwuchs. In der ÖAW laufen zurzeit sechs Stipendienprogramme. Darüber hinaus werden 15 verschiedene Forschungspreise vergeben.

Die Schaffung spezieller wissenschaftlicher Einrichtungen wie die Teilchenbeschleunigungsanlage MedAUSTRON in Wiener Neustadt zur Behandlung von Tumoren und zur Werkstoffprüfung ist eine Strategie, die im Vollbetrieb ab 2013 wissenschaftliche Exzellenz erwarten lässt. Der Beitrag des Bundes ist dabei dankenswerter Weise erheblich.

Aus begleitenden Kontrollen ist abzulesen, dass der Lissabon-Prozess nicht ganz nach Wunsch abläuft. Als Korrektur-Strategie ist ab 2007 eine weitere Erhöhung der nationalen Förderungen und der EU-Förderung für den Wissenschaftsbereich vorgesehen. Das vor der Gründung stehende European Research Council soll die wissenschaftliche Konkurrenz im EU-Raum stimulieren. Durch verstärkten Wettbewerb sollen Spitzenleistungen erzielt werden, die zu Recht das Exzellenz-Attribut tragen.

Exzellente wissenschaftliche und technische Leistungen sind der Schlüssel für die Zukunft Europas. Sie tragen wesentlich zum wirtschaftlichen Wachstum Europas bei und erhöhen das politische Gewicht des Kontinents in der Welt. Die Qualität der Zukunft für unsere Nachfahren ist damit unmittelbar verknüpft.

Begrüßung

anlässlich des Vortrags von Bernard Schutz „Gravitationswellen: Einsteins neues Fenster ins Universum" im Rahmen der Einstein Lectures

Sehr geehrte Damen und Herren!

Es ist mir eine besondere Ehre und Freude, Sie im Rahmen der Einstein Lectures 2005 zum Thema „Gravitationswellen: Einsteins neues Fenster ins Universum" begrüßen zu dürfen. Die Veranstaltung wird von der Österreichischen Akademie der Wissenschaften gemeinsam mit der Industriellenvereinigung Wien und der Österreichischen Physikalischen Gesellschaft abgehalten.

Respektvoll begrüße ich den Vortragenden des heutigen Abends, Herrn Prof. Bernard Schutz vom Max-Planck-Institut für Gravitationsphysik, dem Albert-Einstein-Institut in Potsdam. Mit Prof. Schutz haben wir die Chance, einen Bericht aus dem inneren Kreis der Gravitationsforscher zu erhalten, dem Herr Schutz angehört. Ich verweise auf das preisgekrönte Buch von Marcia Bartusiak „Einstein's unvollendete Symphonie", das auch ohne physikalische Fachkenntnisse mit Genuss zu lesen ist und in dem Prof. Schutz zweimal vorkommt. Zusätzlich erwähne ich das anspruchsvolle Buch von Prof. Schutz „A first course in general relativity", das sich im angelsächsischen Universitätsbereich und darüber hinaus großer Beliebtheit erfreut.

Mit der Erwähnung der Allgemeinen Relativitätstheorie von Albert Einstein sind wir auch schon beim Thema, das Archibald Wheeler so beschrieben hat, dass schwere Massen den Raum verbiegen und der Raum diesen Massen ihre Fallrichtung vorgibt.

Von den vier Kräften in diesem im physikalischen Sinn kalten Universum, der Starken Wechselwirkung, der Elektromagnetischen Wechselwirkung, der Schwachen Wechselwirkung und der Gravitation ist Letztere im Vergleich zur Starken Wechselwirkung so schwach, dass sie geradezu als Schmutzeffekt apostrophiert werden kann. Nur zwei von diesen Kräften, die Elektromagnetische

Wechselwirkung und die Gravitation sind zu einer Fernwirkung fähig und eignen sich daher, tief ins Universum zu blicken.

Mit Galileis Fernrohr ist ein Weg beschritten, der heute bei den Riesenteleskopen mit adaptiver Optik angekommen ist: auf den trockenen Höhen der Berge Südamerikas und Hawaiis und dem Hubble Space Telescope im Weltraum.

Die Elektromagnetische Wechselwirkung wird makroskopisch durch die Maxwellschen Gleichungen beschrieben und mikroskopisch durch die Quantenelektrodynamik. Im Vakuum pflanzt sich das Licht als elektromagnetische Welle mit der größten im Universum zulässigen Geschwindigkeit fort: der Lichtgeschwindigkeit.

Die Gravitation wird durch Einsteins Feldgleichungen beschrieben. Gravitationsstrahlung, die sich laut Allgemeiner Relativitätstheorie ebenfalls mit Lichtgeschwindigkeit fortpflanzt, verbiegt den Raum.

Als Professor für Mechanik deformierbarer fester Körper an der Technischen Universität Wien nehme ich die Situation reflexartig aus der Sicht meines Faches wahr. Im Vergleich zum Vakuum macht sich Stahl weich wie Butter aus. Es gibt keine negativen Massen, und daher wird die Gravitationsstrahlung, im Unterschied zur elektromagnetischen Strahlung, durch die so genannte Quadrupolform beschrieben. Schon Einstein wusste, dass ein mechanisches System in Kugelsymmetrie nicht gravitativ strahlen kann. Aus der Störung der Symmetrie durch den um die Sonne umlaufenden Jupiter erzeugt die Gravitationsstrahlung bescheidene 1000 Watt, das ist ebenso viel, wie ein Bügeleisen an elektromagnetischer Leistung benötigt.

Ein fiktiver Monsterapparat, der imstande wäre, zwei Kugeln von je einer Tonne Masse im Abstand von einem Meter in der Sekunde 500-mal gegeneinander schwingen zu lassen, würde gerade 10 bis 40 Watt Leistung an Gravitationsenergie erzeugen. Das ist aussichtslos wenig für die technische Erzeugung im Labor.

Im Universum hingegen stehen Massen zur Verfügung, die durch ihre schnelle Verlagerung Gravitationsstrahlung erzeugen können, die mit äußersten technischen Anstrengungen als Gravitationswellen auf der Erde gerade noch registrierbar sind.

Der katastrophale Kollaps von Sternen im mittleren Massebereich in der Endphase ihrer Entwicklung zu Neutronensternen erfolgt nicht kugelsymmetrisch. Das gilt in gleichem Maße für die Endphasen schwerer Sterne, die als Schwarze Löcher enden, abgeschnürt von der Raumzeit des umgebenden flachen Universums in einer Konfiguration, die nur knapp über dem absoluten Nullpunkt Hawkingstrahlung entstehen lässt. Supermassive Schwarze Löcher im Zentrum von Galaxien sind durch ihren Mitzieheffekt der Raumzeit, den Lense und unser verstorbenes wirkliches Mitglied Hans Thirring untersucht haben, und durch Jets zerstrahlter, am Einsturz knapp vorbeigegangener Materie mit der Ausdehnung von Lichtjahren entlang der Rotationsachse dieser Gebilde erkennbar. Mehrfachsysteme von Neutronensternen und/oder Schwarzen Löchern sind Quellen von Gravitationsstrahlung. Während der Kollaps zu Neutronensternen Gravitationsstrahlung im Kilohertzbereich freisetzt, ist Gravitationsstrahlung von rotierenden Schwarzen Löchern und Neutronensternen in Doppelsternsystemen im Millihertzbereich zu erwarten. Die Physiker Russell Hulse und Joseph Taylor entdeckten einen Pulsar in einem engen Doppelsternsystem. Als Folge des Energieverlustes durch Gravitationsstrahlung schrumpft die Umlaufbahn dieses Systems derart, dass die beiden Sterne in etwa 200 Millionen Jahren verschmelzen werden. Für diesen indirekten Beweis der Gravitationsstrahlung wurden die Entdecker mit dem Nobelpreis ausgezeichnet.

Der Offizier und Gentleman Joseph Weber, Kapitän eines U-Bootjägers der Navy, in seinem späteren Leben zum Experimentalphysiker mutiert, versuchte um 1960, Gravitationswellen experimentell nachzuweisen. Er konstruierte 1,5 t schwere Aluminiumzylinder und versuchte, ihre durch Gravitationswellen angeregte Resonanz über Transducer auf der Basis des piezoelektrischen Effekts nach Pierre Curie durch Aufzeichnungen zu registrieren. Der Nachweis ist ihm nie zweifelsfrei gelungen, aber es bleibt ihm das Verdienst, es als Erster versucht zu haben. Seine zweite Frau, die Astronomin und Astrophysikerin Virginia Trimble hat ihren inzwischen verstorbenen Mann als einen zu $^{13}/_{16}$ ausgeprägten Radioingenieur beschrieben. Der verstorbene Wiener Physiker Roman Sexl hat zeitgerecht versucht, einen solchen Weberzylinder in Wien zu installieren, aber das Projekt konnte nicht realisiert werden. Die Konstruktionsverfahren nach dem Weberschen Prinzip gehen bis heute weiter – mit Hilfe tiefgekühlter Kugeln als Resonatoren.

In der Zwischenzeit ist ein anderes Konstruktionsprinzip zur Reife gelangt, um damit Gravitationswellen nachzuweisen. Ich halte es für eine Ironie der Technikgeschichte, dass das Michelsoninterferometer mit seinen zwei rechtwinkelig angeordneten Armen, das zum Nachweis der Nichtexistenz des Äthers diente, in seiner heutigen, millionenfach empfindlicheren Form dazu eingesetzt werden wird, Gravitationswellen nachzuweisen.

Ich vermute, dass Herr Prof. Schutz Ihnen die Projekte LIGO, VIRGO, TAMA und GEO600 vorstellen wird. Dabei wird auf die Notwendigkeit verwiesen werden, mit den Experimenten zur Registrierung der Gravitationsstrahlung bald in den Weltraum gehen zu müssen, da die Störungen auf der Erde nur sehr eingeschränkt zu beherrschen sind. In jedem Fall ist die Signalverarbeitung an und unterhalb der Grenze des Rauschens ein eigenes Forschungsgebiet, dem Prof. Schutz als Principal Investigator vorsteht. Der Beitrag der Theorie ist die Mustervorgabe der Schwingungen des Sternsystem-Kollapses, um die Filterung optimal durchführen zu können.

Das letzte Fenster der beobachtenden Astronomie wird geöffnet, und es wird damit möglich, noch viel frühere Phasen dieses Universums zu beobachten, als die, welche durch die Beobachtung der elektromagnetischen Hintergrundstrahlung zugänglich sind. Diese Hintergrundstrahlung wurde ja erst etwa 300.000 Jahre nach dem Urknall freigesetzt. Die Beobachtung der Gravitationsstrahlung ermöglicht es im Prinzip, frühe Phasen des Universums sofort nach der Inflation zu beobachten.

Noch sind wir nicht so weit, mit Gravitationsantennen Bilder erzeugen zu können, und das ist auch nicht einfach: Gravitation ist nicht abschirmbar. Es ist jedenfalls faszinierend, die Öffnung dieses letzten Fensters mit zu erleben, von dem Einstein wahrscheinlich meinte, dass es niemals aufschließbar wäre.

Ich danke Ihnen für Ihre Aufmerksamkeit.

Ansprache
anlässlich der Feierlichen Sitzung der ÖAW[29]

Hohe Festversammlung!

„Jährlich einmal findet die Feierliche Sitzung statt, in der einem größeren Kreise eine Übersicht des Wirkens der Akademie und der Veränderungen in ihr gegeben wird“[30], heißt es in der Satzung der Österreichischen Akademie der Wissenschaften. Dieser größere Kreis sind Sie, sehr geehrte Damen und Herren, die Sie uns die Ehre ihrer Anwesenheit erweisen.

Künftig soll es auch einen kleineren Kreis geben: einen neunköpfigen Senat der ÖAW, als dessen Vorsitzender der jeweilige Präsident des Nationalrates fungieren wird. Dieses hochrangig zusammengesetzte Gremium wird ein wichtiges Verbindungsglied zwischen Akademie und Gesellschaft sein. So kann der Senat der Akademie etwa empfehlen, bestimmte Forschungsthemen von nationalem bzw. übernationalem Interesse aufzugreifen, oder die Akademie kann von ihm Beratung in wichtigen forschungspolitischen, aber auch in wirtschaftlichen Angelegenheiten – bis hin zur Einrichtung und dem Ausbau besonderer Forschungsinstitutionen – erbitten. Nach eingehenden Diskussionen und Konsultationen auf höchster Ebene hat die Akademie in ihrer Gesamtsitzung am 29. April die Einrichtung dieses Senates beschlossen. Die dazu nötige Satzungsänderung bedarf noch der Bestätigung durch den Herrn Bundespräsidenten.

Als Beispiel einer gerade jetzt aktuellen forschungspolitischen Entscheidung sei die Teilnahme Österreichs an der Initiative „Sicherheitsforschung“ im 7. Forschungsrahmenprogramm der EU erwähnt. Hierzu hat die Akademie eine umfassende Vorstudie erstellt, die sich vor allem mit jenen Aspekten des Themas beschäftigt, die keinen militärischen oder direkt sicherheitspolitischen

[29] Ansprache erschienen in: Almanach der ÖAW, 2004/2005, Jg. 155, 279–285
[30] Satzung der ÖAW, 2005, 4

Charakter aufweisen und sich daher der Aufmerksamkeit eines neutralen Landes empfehlen.

Die Berichterstattung in den Feierlichen Sitzungen der letzten Jahre war relativ umfangreich. Nun hat sich das Präsidium entschlossen, die Berichte von Generalsekretär und Sekretär durch eine Filmdokumentation „Aus der Forschungstätigkeit der ÖAW" zu ersetzen und die Rede des Präsidenten in die Eröffnungsansprache zu integrieren. Damit sollen erstens Sie, sehr geehrte Anwesende, unmittelbarer angesprochen werden. Zweitens soll dadurch der Ablauf der Veranstaltung gestrafft werden. Eine relativ kurze Filmdokumentation kann selbstverständlich keinen Anspruch auf Vollständigkeit erheben. Das vermag auch die beträchtlich längere Sendung über die Österreichische Akademie der Wissenschaften nicht, die am 1. Juni im Kanal BR Alpha ausgestrahlt werden wird. Es ist einsichtig, dass die Ausschnitte nicht nur nach ihrem wissenschaftlichen Gewicht, sondern auch nach medialen Gesichtspunkten ausgewählt werden müssen; sie spiegeln keine Wertung wider.

Hohe Festversammlung!

Der gesetzliche Auftrag der Akademie besteht darin, „die Wissenschaft in jeder Hinsicht zu fördern"[31]. Nach Ansicht der Akademie wird diesem Auftrag am besten durch eine Symbiose aus traditioneller Gelehrtengesellschaft und moderner Forschungsträgereinrichtung entsprochen. Die Akademie will sich keinesfalls auf die Funktion einer Ehrenhalle von Gelehrten beschränken, ebenso wenig will sie nur eine Trägergesellschaft außeruniversitärer Forschungseinrichtungen sein.

Kennzeichnend für das Wirken der Österreichischen Akademie der Wissenschaften ist das Streben nach Exzellenz. Das gilt für Wahlen in die Gelehrtengesellschaft ebenso wie für Berufungen von Institutsleitern. Immer geht es der Akademie dabei um die Gewinnung der jeweils besten Köpfe, von denen eine Magnetwirkung auf exzellente Nachwuchsforscher und -forscherinnen ausgeht, sodass schließlich um solche Köpfe Exzellenzcluster entstehen. Wo dazwischen auch Bereiche mit geringerer Exzellenzdichte existieren, bemüht sie sich gezielt um Hebung des Niveaus. Solche Bereiche gibt es natürlich überall in der Wissenschaft, die Spitzenuniversitäten der Neuen Welt nicht ausgenommen.

Daraus resultiert eine gewisse Reserviertheit gegenüber Begriffen wie „Exzellenz-" oder „Eliteuniversität", wie sie zur Bezeichnung einer geplanten postgradualen Lehr- und Forschungseinrichtung anfänglich verwendet wurden. Mit

[31] Geschäftsordnung der ÖAW, 2002, 5

Aufmerksamkeit verfolgt die Akademie die Bestrebungen zur Gründung dieser nunmehr „Austrian Institute for Science and Technology" genannten Institution. Ihre räumliche Angliederung an einige der Forschungsinstitute der ÖAW, die in den letzten Jahren mit starker finanzieller Unterstützung des Bundes und einzelner Bundesländer, darunter der Bundeshauptstadt, errichtet wurden, steht derzeit in Diskussion, doch ist die Standortfrage noch nicht entschieden. Es ist auch offen, welche Synergiegewinne zwischen den von der ÖAW gesetzten Forschungsschwerpunkten im Bereich der molekularen Biologie und Medizin, von Quantenoptik und Quanteninformation, Materialwissenschaft, Computational Mathematics sowie Integrierten Sensorsystemen und den Forschungsgebieten der geplanten postgradualen Einrichtung zu erwarten sind, sodass ihnen zuliebe Parallelitäten zwischen den gegebenenfalls an dieser Einrichtung zu etablierenden Forschungsinstituten und den Feldern in Kauf genommen werden sollten, die derzeit schon an einzelnen Universitäts- und Akademieinstituten hervorragend gepflegt werden. Dass die bereits bestehenden Institute in der Lage sind, angemessene Beiträge zur Ausbildung von Studierenden in qualitativ höchstwertigen PhD-Programmen zu leisten, steht wohl außer Zweifel.

Worum es in der laufenden Diskussion primär gehen sollte, ist die Frage nach der bestmöglichen Positionierung Österreichs als Wissenschaftsland. Die Akademie hat darauf eine klare Antwort. Sie lässt sich aus den von ihr in der jüngeren Vergangenheit und in der Gegenwart gesetzten Initiativen ablesen. Dass diese Initiativen – besonders die erwähnten Institutsgründungen – auch der föderalistischen Struktur Österreichs Rechnung tragen, sei am Rande bemerkt.

Zu diesen Initiativen zählt das von meinem Amtsvorgänger Werner Welzig in der Feierlichen Sitzung des Jahres 1995 promulgierte Mittelfristige Forschungsprogramm 1996–2000 und das den Zeitraum 2001–2005 umfassende Nachfolgeprogramm mit jeweils institutionalisierten Evaluationen. Damit hat die Akademie ein Instrument der Qualitätssicherung etabliert, das eine wissenschaftlich-rationale Grundlage für Fortsetzung, Neuorientierung oder Beendigung von Forschungsarbeiten bildet. Im Rückblick auf insgesamt zehn Jahre Erfahrung aus zwei Mittelfristigen Forschungsprogrammen sei festgestellt, dass die Evaluationen aller Forschungseinrichtungen der Akademie fest in der Entscheidungsstruktur der Forschungsträgerinstitution ÖAW verankert sind. Sie erlauben uns, unsere Leistungen gegenüber der internationalen Forschungsspitze vergleichend einzuordnen und motivieren unsere Forscher zur Selbstkontrolle. Eine kritische Rückschau lässt allerdings auch Verbesserungsmöglichkeiten bei der Durchführung dieser Evaluationen erkennen. Über Reformmaßnahmen wird zurzeit im Kreise des Präsidiums und der zentralen

Verwaltung diskutiert. Sie werden in das Mittelfristige Forschungsprogramm 2006–2010 einfließen.

Die Mitarbeiterinnen und Mitarbeiter in den Forschungseinrichtungen der ÖAW wissen, dass schlechte Evaluationsergebnisse unliebsame Konsequenzen – im Extremfall Institutsschließungen – nach sich ziehen. Bei Akademieinstituten, die sich ständig an der internationalen Forschungsfront orientieren, wird dieser Extremfall eine eher seltene Ausnahme sein. Man darf deshalb nicht erwarten, dass die Akademie wesentliche Teile des dynamischen Entwicklungsprogramms, das sie in den letzten Jahren mit Einverständnis und Ermunterung der jeweiligen Bundesregierung auf hochaktuellen Forschungsfeldern in die Wege geleitet hat, durch Schließung älterer Einrichtungen teilweise selbst finanziert. Zum einen sind die älteren Einrichtungen überwiegend klein, sodass ihre eventuelle Schließung den Finanzbedarf der Akademie nicht wesentlich senken würde. Zum anderen – und das ist aus wissenschaftlicher Sicht das Entscheidende – sind auch die älteren Einrichtungen der Akademie vom Streben nach Spitzenniveau geleitet. Ältere Themenfelder haben sich nicht automatisch überlebt! Das ist nur dann der Fall, wenn die Forscher es unterlassen haben, ihr Themenfeld zu erneuern. Hier gibt es Missverständnisse, wie zum Beispiel die leicht skurrile Überschätzung des finanziellen Einsparungspotenzials der Mykenischen Kommission – übrigens einer international anerkannten Akademieeinrichtung.

Nicht um akademieinterne Reformvorschläge, sondern um solche des Rates für Forschung und Technologieentwicklung geht es bei einer zurzeit innerhalb des Bundesministeriums für Bildung, Wissenschaft und Kultur geführten Diskussion. Thema ist die geplante Neuordnung der von diesem Ministerium finanzierten Stipendienprogramme. Dazu zählen das Habilitandenprogramm APART und vier Doktorandenprogramme der Akademie, davon eines für Frauen aus den Bereichen Mathematik und Medizin sowie aus den Naturwissenschaften. Monopolansprüche liegen der ÖAW fern. Woran ihr jedoch liegt, sind ausreichende Dotierungen der ihr anvertrauten Stipendienprogramme einschließlich des PostDoc-Programms der Max-Kade-Foundation, um leichter zu gerechten Entscheidungen zu gelangen.

Reformvorschläge also von da und dort! Da gibt es eine Kommission, die eine Langzeitstrategie für die Weiterentwicklung der Akademie erarbeiten soll, dort wiederum ist es der Rat für Forschung und Technologieentwicklung, mit dem die Akademie unter anderem über das für sie äußerst wichtige Problem der mittelfristigen budgetären Planungssicherheit Gespräche führt.

In ihrer 158-jährigen Geschichte hat die Österreichische Akademie der Wissenschaften hinlänglich bewiesen, dass es keines äußeren Anstoßes bedarf, um Reformen in Angriff zu nehmen. In Abwandlung einer an die Kirche gerichteten Forderung gilt für die ÖAW „academia semper reformanda". In einer Institution, die sich stets erneuern muss, um ihrem Wesen treu zu bleiben, sollen Reformprozesse möglichst stetig verlaufen. Dabei müssen auch Überlegungen über geeignete Führungsstrukturen und -mechanismen einfließen. Auch über die Rolle der zentralen Verwaltung muss nachgedacht werden, nicht zuletzt deshalb, weil deren Leistungsfähigkeit den Wirkungsgrad des Präsidiums beeinflusst. Auch aus diesem Grund hat das gegenwärtige Präsidium die Professionalisierung der zentralen Verwaltung vorangetrieben. Nachgedacht werden muss nicht zuletzt auch über das Verhältnis zu den Universitäten. In der Akademie und an den Universitäten scheint sich die Überzeugung durchzusetzen, dass die Vorteile von Kooperationen unter den neuen gesetzlichen Rahmenbedingungen die Nachteile überwiegen. Diese Überzeugung manifestiert sich beispielsweise in der Erneuerung einer Personalunion mit der Montanuniversität bei der Nachbesetzung der Stelle des Direktors des Erich-Schmid-Instituts für Materialwissenschaft in Leoben und in einer geplanten Personalunion für das Institut für Hochenergiephysik mit der TU Wien.

Hohe Festversammlung!

Fast auf den Tag genau vor 50 Jahren wurde der österreichische Staatsvertrag unterzeichnet. Der heutige Festvortrag ist diesem historischen Ereignis gewidmet, das wie kaum ein anderes in der jüngeren Geschichte Österreichs im Bewusstsein der Bevölkerung präsent ist. Der Abschluss des Staatsvertrages erzeugte eine Aufbruchsstimmung. Er leitete eine damals unvorstellbare positive Entwicklung unseres Landes ein, eine Entwicklung, die über die Gegenwart hinaus in die Zukunft eines politischen, wirtschaftlichen und nicht zuletzt wissenschaftlichen Miteinanders in einem neuen Europa weist.

Aus damaliger Sicht unvorstellbar ist wohl auch die positive Entwicklung der Österreichischen Akademie der Wissenschaften. Alltagssorgen gehören zu ihrem Leben ebenso wie zu unserem eigenen. Lassen wir uns durch sie nicht davon abhalten, jenen politischen Entscheidungsträgern zu danken, die in Vergangenheit und Gegenwart die zur Erfüllung des gesetzlichen Auftrags der Österreichischen Akademie der Wissenschaften notwendigen Rahmenbedingungen geschaffen und der Akademie damit ein Leben ermöglicht haben, das im besten Sinne des Wortes lebenswert ist!

Buchbeitrag[32]

„Gedanken zur neuen Forschungsorganisation in Österreich"

(in: Österreichisches Jahrbuch für Politik 2004)

Nach einleitenden Bemerkungen zur Generierung von Wissen und zum Wesen der Forschung wird die bisherige Forschungsförderung in Österreich kurz gestreift, bevor ausführlicher auf die Neuorganisation eingegangen wird. Dem neuen Forschungs- und Technologieförderungsgesetz kommt dabei große Bedeutung zu. Die wichtige Rolle des seit dem Jahre 2000 existierenden Rates für Forschung und Technologieentwicklung wird ebenso betont wie jene des im Jahre 2003 gegründeten Österreichischen Wissenschaftsrates. Breiter Raum wird einem zeitgemäßen Instrumentarium zur Forschungsförderung gewidmet. Dessen bedarf es unter anderem, um den Rückstand Europas in der Wirtschaftsproduktion per capita gegenüber den USA und Japan aufzuholen.

Zur Sprache kommt dabei auch die Österreichische Akademie der Wissenschaften. Mit einem Mix aus Forschungsinitiativen in bedeutenden neuen wissenschaftlichen Gebieten einerseits und in über längere Zeiträume hinweg wichtig gebliebenen Bereichen andererseits bemüht sich die Akademie um Ausgewogenheit von Spezialisierung und Diversität. Kurz beleuchtet wird das geplante European Research Council.

Abschließend wird Österreichs Position in der europäischen Forschungslandschaft erläutert. Diese Position gibt Anlass zur Hoffnung. Ihre Erfüllung erfordert einen koordinierten Einsatz im Bereich von Forschung, Entwicklung und Innovation.

---

[32] Beitrag erschienen in: Khol, Andreas; Ofner, Günther; Burkert-Dottolo, Günther; Karner, Stefan (Hg.): Österreichisches Jahrbuch für Politik 2004, Verlag für Geschichte und Politik Wien, Wien 2005, 433–447

Einem modifizierten Abbauprodukt von Kohlenhydraten, Proteinen und Fetten zu aktivierter Essigsäure, dem Acetyl-Coenzym A im lebenden Organismus, ist der Krebs-Zyklus nachgeschaltet, in dem unter anderem Zitronensäure entsteht, die innerhalb dieses Zyklus weiter umgewandelt wird. Eines der wesentlichen Produkte dieses Zyklus ist Adenosintriphosphat, eine Art universelle Energiewährung der lebenden Zelle, die für einen Großteil ablaufender Prozesse den biologischen Treibstoff bereitstellt. Bis dieser Zyklus durch Selbstorganisation auf der frühen Erde im Milieu mit freiem Sauerstoff in Bakterien und dadurch in den Mitochondrien der lebenden Zellen ins Laufen kam, mögen Äonen vergangen sein. Bis auf geringe Varianten ist er nun festgelegt.

Wir Menschen können durch Erkennen, Begreifen, Modifizieren und Neugestalten einen sehr viel direkteren, schnelleren und flexibleren Weg beschreiten, Prozesse zu gestalten, durch die Werkzeuge, Gegenstände, Elektronik-Module oder Medikamente entstehen oder geändert werden. Grundlage dafür ist das Vorhandensein eines planenden, schöpferischen Geistes, das Verständnis der Naturgesetze und nicht zuletzt die konsequente Entwicklung der erforderlichen Technologie. Diese muss nicht notwendigerweise materiell sein, auch Organisationsabläufe können neue Dienstleistungen hervorbringen und dem Lernenden zu neuen Einsichten und neuen Fertigkeiten verhelfen. Die Übereinkunft über neue Verhaltensformen hat in der menschlichen Gesellschaft tiefgreifende Veränderungen bewirkt, nachzulesen in Platons Hauptwerk *Politeia*, der ersten überlieferten politischen Utopie überhaupt.

Die gegenwärtige Dominanz der Naturwissenschaften mag damit zusammenhängen, dass diese in stärkerem Maß als andere Wissenschaften mathematische Modelle von Vorgängen in und um uns entwickelt haben, die in vielen Fällen verlässliche quantitative Voraussagen ermöglichen. Der Umgang mit Information hat der Mathematik nach 2000 Jahren eine anwendungsorientierte Schwesterdisziplin – die Informatik – beschert. Der Computerphilosoph Heinz Zemanek bezeichnet die Informatiker als Ingenieure des abstrakten Objekts und spannt damit Brücken von den Natur- und Ingenieurwissenschaften zu den Geisteswissenschaften.

Wissen zu vermitteln und zur Erkenntnissuche anzuregen, ist Aufgabe von Allgemeinbildenden Höheren Schulen und Universitäten, während Berufsbildende Höhere Schulen und Fachhochschulen für berufsorientierte Bildungsangebote zuständig sind.

Neues Wissen zu generieren, bisher unbekannte Fakten nicht nur zu verstehen, sondern auch lernen, sie anzuwenden, ist Aufgabe der Forschung, unterstützt durch Forschungsinstitute, nicht zuletzt durch solche, die von Wissenschaftsakademien betrieben werden. Triebfeder für Grundlagenforschung ist wissenschaftliche Neugier, während gezieltes Interesse der Beweggrund für Angewandte Forschung und kalkulierte Notwendigkeit die Motivation für Technische Entwicklung sind. Die Basis der Wissensproduktion ist letztlich ein offener Fluss von Ideen im globalen Ozean der Grundlagenforschung. Ihre Förderung muss daher nach Möglichkeit im Rahmen einer ganzheitlichen Forschungspolitik betrieben werden. Hermann Kopetz, wirkliches Mitglied der Österreichischen Akademie der Wissenschaften, spricht in diesem Kontext von einem holistischen Zugang. Neue Erkenntnisse werden in der Grundlagenforschung gewonnen und im Weiteren systematisiert. In diesem langfristigen Prozess treten oftmals unvorhersagbare Ergebnisse auf. Diese können als Impulse für angewandte Forschung so eingesetzt werden, dass durch technische Entwicklung Produkte oder Verfahren der Kategorie „High Tech“ entstehen. Dazu ein Beispiel: Über sehr lange Zeiträume hat die Zahlentheorie in Theoremen die bemerkenswerten, oft erstaunlichen und ästhetischen Eigenschaften der Verknüpfung ganzer Zahlen untersucht. Erst vor wenigen Jahrzehnten ist daraus eine Fülle bedeutender Anwendungen erwachsen: die sichere Verschlüsselung von Finanzdaten über das Internet, die Kryptographie und die effiziente Berechnung hochdimensionaler Integrale durch Auswertung der Integranden in so genannten Guten Gitterpunkten.

Aus gestiegenen Anforderungen an Oberflächeneigenschaften von Werkstücken oder textilen Materialien sind Beschichtungen aus der Werkstatt der Nanotechnologie entstanden. Schlanke und dennoch ausreichend feste und stabile Strukturen des Bauingenieurwesens und Maschinenbaus werden mit Hilfe aufwendiger numerischer Verfahren – vor allem der Methode der Finiten Elemente – berechenbar, dimensionierbar und schließlich konstruierbar.

Spezielle Probleme treten in der Informatik auf. So kostet beispielsweise die Entwicklung eines Systems der Computer-Algebra tausende Mannstunden und viele Millionen Euro. Die CD-ROM mit dem darauf befindlichen Programm zu duplizieren, kostet hingegen fast nichts. Information ist primär kein materielles Gut, das von A an B übergeben wird und dann nicht mehr im Besitz von A ist. Vielmehr besitzen A und B dieses Gut, wobei sich die Frage der bezahlten und damit legalen Verwendung stellt. Hat B nur einen Teil gekauft, kann aber eine angebrachte Zugangsbeschränkung mit einem über den Rand der CD angebrachten schwarzen Spur eines Filzstifts überlistet werden, dann zeigt das die gegenwärtige Problematik der Verwendung von Software auf. Nicht zu reden ist dabei vom Verdienstentgang der Softwareindustrie durch gewerbsmäßig agierende Hacker, die nebenbei Computerviren ins Netz befördern, wodurch Kundendaten gelöscht werden können und das Internet tagelang lahm gelegt werden kann.

Forschungsförderung bisher

Forschungsförderung gibt es in Österreich seit Jahrzehnten. Wesentliche Finanziers sind gegenwärtig die Bundesministerien für Bildung, Wissenschaft und Kultur (BMBWK), für Verkehr, Innovation und Technologie (BMVIT) und für Wirtschaft und Arbeit (BMWA), weiters die Förderstellen der Bundesländer und nicht zuletzt die Forschungsförderungsfonds, und zwar der Fonds zur Förderung der wissenschaftlichen Forschung (FWF) und der Forschungsförderungsfonds für die gewerbliche Wirtschaft (FFF). Genannt seien ferner der Innovations- und Technologiefonds (ITF) und die Technologie-Impulse-Gesellschaft (TIG). Die Fonds fördern im Antragsprinzip (bottom-up), das BMVIT durch Ausschreibung und Beauftragung (top-down). Weitgehendes Fehlen von Überschneidungen bei den Zuständigkeitsbereichen hat ein nahezu friktionsfreies Förderklima zur Folge.

Das BMBWK ist in erster Linie für öffentlich-rechtliche Institutionen im Bildungs- und Forschungsbereich zuständig. Dabei handelt es sich um Universitäten, Fachhochschulen, die ÖAW, die Geologische Bundesanstalt und die Zentralanstalt für Meterologie und Geodynamik. In den Zuständigkeitsbereich des BMVIT fallen privatrechtliche Forschungs- und Technologieunternehmen, wie die Institutionen Austrian Research Center, Arsenal Research, Seibersdorf Research, die Austrian Space Agency (ASA), das Büro für internationale Technologie-Kooperation (BIT) und die TIG. Die Innovationsagentur ist dem BMWA zugeordnet.

Neuorganisation der Forschungsförderung

In einer frühen Phase wurden der FWF und der FFF evaluiert. Daran waren folgende Einrichtungen beteiligt: Technopol UK, Österreichisches Institut für Wirtschaftsforschung, Joanneum Research, ETH Zürich und Universität Twente. In diesen Evaluationen wurde beiden Fonds hervorragende Arbeit attestiert, wobei jedoch angemerkt wurde, dass deren Aufgaben nicht ausreichend an internationale Entwicklungen einer modernen Forschungsförderung angepasst seien. So sollte etwa der FWF die themenorientierte Förderung der Grundlagenforschung verstärken.

Im Dezember 2003 wurde der Österreichische Wissenschaftsrat (ÖWR) als das zentrale Beratungsgremium der Bundesministerin für Bildung, Wissenschaft und Kultur gegründet. Dem ÖWR wurden vom Gesetzgeber folgende Aufgaben zugewiesen:

- Beratung der Bundesministerin in Fragen der Wissenschaft und Kunst und Berichterstattung an den Nationalrat,
- Beobachtung, Analyse und Erarbeitung von Adaptions- und Verbesserungsvorschlägen unter Bedachtnahme auf europäische und internationale Entwicklungen, auf das österreichische Universitätssystem, die Fachhochschulen, die ÖAW und den Bologna-Prozess sowie das Wissenschaftssystem sowie die Erarbeitung von Vorschlägen zu dessen Weiterentwicklung.

In den ÖWR wurden zwölf Mitglieder aus den Bereichen Wissenschaft, Kunst, Wirtschaft und Industrie berufen. In Abständen von drei Jahren hat der ÖWR einen Tätigkeitsbericht zu veröffentlichen.

Mit Wirkung vom 1. September 2004 hat das Parlament das Forschungs- und Technologieförderungsgesetz beschlossen, mit dem die heimische Landschaft der Forschungsförderung signifikant umgestaltet wurde. Verkürzt formuliert, ist Folgendes geschehen:

- Gründung der österreichischen Forschungsförderungsgesellschaft mbH (FFG) und Einbringung von ASA, BIT, FFF und TIG in diese Gesellschaft,
- Reform des FWF durch Neuschaffung eines Aufsichtsrats und Vorschreibung von Mehrjahresplanungen,
- Umwandlung des Rats für Forschung und Technologieentwicklung (RFTE) in eine Person öffentlichen Rechts,
- Unterbringung der mit Forschungsförderung betrauten Einrichtungen FFG, FWF, RFTE, Christian Doppler Forschungsgesellschaft und Austrian Cooperative Research in einem zu errichtenden „Haus der Forschung".

Der RFTE existiert seit dem Jahr 2000, seine acht Mitglieder entstammen den Bereichen Industrie und Forschung, vier davon werden vom BMVIT und vier vom BMBWK ernannt. Aufgabe des RFTE ist es, Schwerpunkte für die Forschungsstrategien Österreichs festzulegen.

In einer Stellungnahme hat der RFTE den für Forschung und Entwicklung im Jahr 2004 vorgesehenen Prozentsatz des Bruttoinlandsprodukts (BIP) in der Höhe von 2,27 % begrüßt. Er hat jedoch seiner Besorgnis Ausdruck verliehen, dass die für erkenntnisorientierte naturwissenschaftliche Forschung zur Verfügung stehenden Mittel nicht ausreichend seien. Eine Vernachlässigung dieser Forschung könnte dazu führen, dass der für Angewandte Forschung erforderliche Erkenntniszufluss in 10 bis 20 Jahren versiegt.

Für das Jahr 2005 hat der Rat ein Bündel von Zielvorstellungen definiert. Seine Strategien „2,5 % + plus: Wohlstand durch Forschung und Innovation" sind als offenes System von Vorschlägen in einem laufenden Prozess konzipiert. Für das Jahr 2005 wird eine Forschungs- und Entwicklungsquote von 2,5 % als Mindestgrenze vorgegeben, die geeignet ist, den Rückstand auf führende Länder zu reduzieren. Weitere Vorschläge des RFTE sind jenen ähnlich, die im nächsten Abschnitt angeführt werden.

Aufgrund der inzwischen beschlossenen Förderungsmaßnahmen werden im Zeitraum 2004 bis 2006 etwa 1,3 Mrd. Euro zur Förderung von Forschung und Technologieentwicklung zur Verfügung stehen.

Mit Beginn des Jahres 2004 wurde eine Nationalstiftung für Forschungs- und Technologieentwicklung gegründet, um langfristig verwertbare interdisziplinäre Forschung zu fördern. Die Planungssicherheit soll dadurch erhöht werden, dass die Fördermittel von den Budgetverhandlungen entkoppelt werden. Durch ERP-Mittel soll eine Erhöhung der Förderung im österreichischen Forschungssystem erreicht werden. Damit steht die Forschungsfinanzierung auf drei Standbeinen:

- ordentliches Budget,
- Offensivbudget,
- Mittel aus der Nationalstiftung.

Modernes Instrumentarium zur Forschungsförderung

Die politischen Entscheidungsträger in den Mitgliedstaaten der EU wissen, dass Innovation und technologischer Fortschritt entscheidende Grundlagen für einen prosperierenden Wirtschaftsraum sind. Es herrscht daher größtes politisches Interesse, international konkurrenzfähige Forschungsinstitutionen einzurichten, die einen signifikanten Beitrag zur Schaffung eines solchen Wirtschaftsraumes leisten können. Ein wesentliches Ziel besteht darin, den Rückstand in der Wirtschaftsproduktion gegenüber den USA und Japan aufzuholen. Das 7. EU-Rahmenprogramm unterstützt dieses Ziel mit einer Förderung von 40 Mrd. Euro. Der Großteil der neuen EU-Länder plant, die zu erwartenden EU-Förderungen in Forschung, Bildung und Infrastruktur zu investieren.

Forschungs- und Entwicklungsförderung kann jedoch nicht nur von staatlichen Einrichtungen geleistet werden. Es ist daher zu überlegen, durch welche Maßnahmen Industrieunternehmen dazu animiert werden können, in stärkerem Maß als bisher eigene Forschung und Entwicklung zu betreiben und eigene Innovationen beizusteuern. Diese Überlegungen betreffen:

- *Technologische Möglichkeiten:* Solche Möglichkeiten werden realisiert, falls dies ohne allzu große Schwierigkeiten über Investitionen zu bewerkstelligen ist.
- *Aneigenbarkeitsbedingungen:* Das Risiko für Forschungs- und Entwicklungsinvestitionen ist hoch, da diese Investitionen vom Markt nicht leicht zurückgewonnen werden können. Daher ist ausreichender Schutz durch Patente, Marken und Geheimhaltung zu gewähren.
- *Strategie bei langen Innovationszyklen:* Durch Kostensenkungen soll in einem solchen Fall ein zwischenfristiger Impuls zur Verstärkung des Innovationsprozesses ausgelöst werden.
- *Zugang zu Fördergeldern.*

Zu berücksichtigen sind weiters die Umfeldbedingungen. Die industrielle Fertigung wandert zunehmend in Standorte mit geringen Lohnkosten ab. Es müssen daher vermehrt systemische Lösungen angeboten werden, die nicht ohne weiteres in Drittländern realisierbar sind. Es geht dabei um Kombinationen von modernen Werkstoffen, Hardware und komplementären Dienstleistungen. Wesentlich ist, dass standorterhaltende Maßnahmen die Verfügbarkeit von bestens geschultem Personal und dessen Einsetzbarkeit für konkrete Aufgaben beinhalten müssen. Für wichtige Projekte muss es ohne größere Schwierigkeiten möglich sein, qualifiziertes Personal samt Familien aus dem Ausland zu gewinnen. Besonders im Hightech-Bereich ist diesbezüglich hohe Flexibilität geboten. Starre Quoten sind jedenfalls kontraproduktiv.

In einzelnen Ländern eines Wirtschaftsraumes, in dem erkenntnisgetriebene Forschung hohen Stellenwert besitzt, sind oftmals Firmen ansässig, deren Hauptsitz im Ausland liegt. Ihre Standortwahl wurde von einem oder mehreren der folgenden Kriterien beeinflusst:

- Erweiterung von Geschäftstätigkeiten,
- Zugang zu komplementärem Wissen,
- Ausbau von Marktpositionen,
- Internationalisierung von Forschungs- und Entwicklungsaktivitäten.

Zweifelsohne wird die Standortwahl durch begleitende steuerliche Maßnahmen und durch das Ausmaß von lokaler Forschungs- und Entwicklungsförderung unterstützt. Als zusätzliche Maßnahme zur Erhöhung der Innovationsbereitschaft soll die Schaffung von Technologie-Plattformen die Einsetzbarkeit von Schlüsseltechnologien verstärken. In diesem Zusammenhang seien beispielhaft genannt:

- Nanoelektronik, Mobilkommunikation, eingebettete Systeme,

- Photovoltaik,
- Wasserversorgung und Abwässerbeseitigung,
- chemische Technologien,
- Pflanzengenomik und Biotechnologie,
- Stahlerzeugung und -verarbeitung,
- Gütertransport auf Straßen und Schienen,
- Luftfahrt.

Die Absicht des EU-Rats, die Union bis 2010 zum wettbewerbstauglichsten Wirtschaftsraum der Welt zu machen, ist, wenn überhaupt, nur dann realisierbar, wenn die Ausgaben für Forschung und Entwicklung bis zu diesem Zeitpunkt das Niveau von 3 % des BIP erreichen. Dabei muss der Anteil des privaten Sektors von 56 % auf 67 % erhöht werden.

Dazu soll

- die Effizienz der Forschungs- und Entwicklungspolitik weiter erhöht werden, zum Beispiel über die bereits genannten Technologie-Plattformen,
- für eine bessere Verknüpfung von öffentlicher Unterstützung für Forschung und technischer Innovation mit den verfügbaren Humanressourcen gesorgt werden,
- durch weitere Anhebung der öffentlichen Ausgaben für Forschung und Innovation ein intensiver förderndes Umfeld erzeugt werden,
- dieses Umfeld durch entsprechende Rahmenbedingungen, wie Schutz des geistigen Eigentums und geeignete steuerliche Maßnahmen, weiter verbessert werden.

In einer auf Forschung und Technologieförderung fokussierten Innovationspolitik soll schwerpunktmäßig

- der Dialog zwischen Wissenschaft und Gesellschaft intensiviert,
- die Förderung von erkenntnisgetriebener Forschung verstärkt und ihre Ergebnisse offen gelegt,
- die Vernetzung zwischen öffentlicher Forschungsbasis und Industrie verstärkt,
- eine Erhöhung der Zahl der Hochschulabsolventen angestrebt,
- ausländischem Personal der Zugang zu relevanten Forschungsprojekten erleichtert,
- lebenslanges Lernen intensiv gefördert und
- die Bildung von Risikokapital erleichtert werden.

In verstärktem Ausmaß sollen Frauen dazu bewogen werden, wissenschaftliche Karrieren anzustreben.

Für das europäische Umfeld ist zu berücksichtigen, dass Innovationen nicht nur durch Forschung im engeren Sinn, sondern auch durch Organisation, Personal, Markterschließung, Präsentation, finanzwirtschaftliche Maßnahmen und Werterhöhung erzielt werden können.

Da der öffentliche Sektor eine treibende Kraft für Innovationen darstellt, muss die Kommunikation mit diesem Sektor durch elektronische Behördendienste bzw. über online angebotene Bildungsvermittlung verbessert werden.

Politische Einflussnahme auf Schwerpunktsetzungen in der Forschung kann durch daraus resultierende wissenschaftliche Spezialisierungen einen Verlust an Flexibilität verursachen. Es ist unmöglich, über längere Zeiträume Richtung und Ablauf des technischen Wachstums im Detail vorherzusagen. Daraus folgt, dass auf Entwicklungen, die von den Prognosen abweichen, nicht immer schnell genug reagiert wird. Es kann zu einer Lock-in-Situation kommen. Kapital und Talente sind in einem solchen Fall nicht gewinnbringend eingesetzt worden. Die Geschichte der Technik ist voll von Beispielen, dass sich bessere Verfahren gegen schlechtere erst spät oder überhaupt nicht durchgesetzt haben. Eine kluge Forschungsstrategie zeichnet sich jedenfalls dadurch aus, neue Felder frühzeitig zu besetzen und jene Felder zu stärken, in denen Spitzenpositionen erreichbar sind. Der Transfer von wissenschaftlichen Erkenntnissen in die Angewandte Forschung ist bestmöglich zu fördern. Eine ausgewogene Balance zwischen Spezialisierung und Diversität schafft eine solide Basis, auf der für die Zukunft geplant werden kann.

Die ÖAW mit ihrem Mix von Forschungsinitiativen in bedeutenden neuen wissenschaftlichen Gebieten und wichtigen Bereichen, die im Lauf der Zeit nichts an Relevanz verloren haben, verfolgt diese Strategie. Ohne Anspruch auf Vollständigkeit zu erheben, seien in diesem Zusammenhang neue Forschungsfelder im Wirkungsbereich der Akademie genannt: Molekulare Biotechnologie, Molekulare Pflanzenbiologie, Molekulare Medizin, Europäisches Schadenersatzrecht, Quantenoptik und Quanteninformation, Integrierte Sensorsysteme und Iranistik. Als ausgewählte Beispiele bereits länger an der ÖAW bestehender Forschungsgebiete seien erwähnt: Alternsforschung, Technikfolgenabschätzung, Reinhaltung der Luft, Historische Pressedokumentation, Computerorientierte und Angewandte Mathematik, Dialekt- und Namenlexika, Biophysik und Röntgenstrukturanalyse, Kulturgeschichte der Antike, Fusionsforschung und Vergleichende Verhaltensforschung.

Zweifellos muss in die europäische Forschung mehr Geld als bisher fließen. Damit allein ist es jedoch nicht getan. Es muss darüber hinaus

- die Absorptionsfähigkeit der Empfänger sichergestellt werden,
- ein Höchstmaß an Effizienz im Einsatz der Mittel und
- eine ausgewogene Balance zwischen technischer Ausstattung und Humanressourcen angestrebt werden.

Große Aufmerksamkeit ist der Förderung des wissenschaftlichen Nachwuchses zu widmen. Ein breites Angebot von Stipendien hilft, potenzielle Talente frühzeitig zu erkennen und ihnen entsprechende Förderung zuteil werden zu lassen.

European Research Council

In der EU sollte grundsätzlich jeder Wissenschaftler zu jedem anderen in Konkurrenz treten können. Gesunder Wettbewerb ist nicht zuletzt auch in der Wissenschaft ein Motor zur Erzielung von Spitzenleistungen. Dazu bedarf es geeigneter Rahmenbedingungen auf EU-Ebene. Aufgabe eines in diesem Zusammenhang zu gründenden European Research Council (ERC) ist es, Projekten auf dem Gebiet der erkenntnisgetriebenen Forschung den gesamten EU-Raum zu eröffnen. Über Projektanträge sollen grundsätzlich nur internationale Gutachter entscheiden, wie das in Österreich bereits weitestgehend der Fall ist. Die Autonomie des übernationalen ERC muss von Anfang an gewährleistet sein. Dementsprechend wird die EU-Regierung ausschließlich in einem Senat vertreten sein. Ein Sonderbudget von 2 Mrd. Euro pro Jahr muss aufgebracht werden, wenn die Arbeit einer solchen Institution spürbare Effekte bewirken soll. Dabei handelt es sich um 5 % der Summe, die in den Mitgliedstaaten für Forschung und Entwicklung insgesamt pro Jahr ausgegeben wird.

Auf die Dauer sollte es nicht hingenommen werden, dass von wissenschaftlichen Arbeiten aus den USA 1,64 % der Forschungsresultate als meistzitiert gelten, aus Japan 0,59 % und aus Europa gerade noch 0,25 %. Das ERC sollte mit dem ihm zur Verfügung stehenden Instrumentarium dazu beitragen, dass dieses gravierende Ungleichgewicht reduziert wird.

Österreich in der europäischen Forschungslandschaft

Eine sehr gute Beschreibung der österreichischen Forschungslandschaft enthält der Österreichische Forschungs- und Technologiebericht. Für 2004 weist er einen Anteil von 2,27 % des BIP für Forschung und Entwicklung aus und damit eine Steigerung von 7,6 % gegenüber 2003. Ein Vergleich aus dem Jahr 2001 ergibt für Österreich einen Anteil von 2,07 %. Das ist mehr als in den Niederlanden und Großbritannen mit einem Anteil von je 1,94 %. Finnland,

Schweden und Dänemark, Island und natürlich auch Deutschland weisen höhere Anteile am BIP für Forschung und Entwicklung auf. Die nachstehende grafische Darstellung erlaubt eine Beurteilung des Anteils der Ausgaben für Forschung und Entwicklung für sechs Länder.

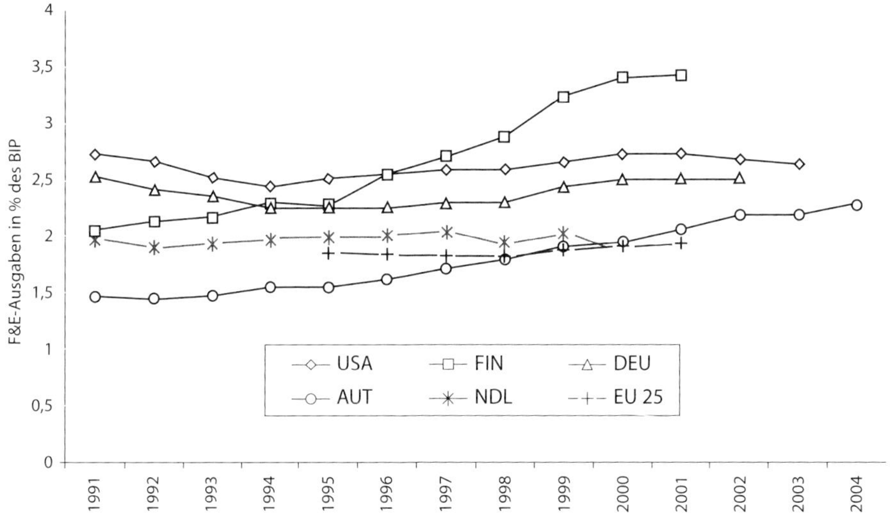

Jahres- und Entwicklungsausgaben in EU-Ländern und in den USA

Aus dieser Darstellung entnimmt man, dass der USA-Anteil flach über 2,5 % des BIP verläuft. Einem starken Anstieg bei Finnland über die Zeit steht ein zwar relativ flacher, aber stetig ansteigender Verlauf bei Österreich gegenüber, der von einem niedrigeren Niveau ausgeht. Der flach verlaufende EU-Anteil ist nur bis 2001 ausgewiesen.

Ein wesentliches Element zur Generierung überdurchschnittlicher wissenschaftlicher Leistungen sind Spezialforschungsbereiche. Dazu seien einige Beispiele angeführt.

Der Bereich Zellproliferation und Zelltod in Tumoren ist als gemeinsames Center of Excellence der Medizinischen Universität Innsbruck, der Leopold-Franzens-Universität Innsbruck, der ÖAW und der Tiroler Krebsforschung organisiert.

Eine Proteomik-Plattform mit Sitz in Innsbruck sucht therapeutische Lösungsansätze.

Das Studium ultrakalter Quantengase sowie Vorschläge zur Implementierung von Quantencomputern wird von der ÖAW, der Leopold-Franzens-Universität Innsbruck und der Universität Wien gefördert.

Österreich, Deutschland und die Schweiz arbeiten in einem trilateralen Forschungsschwerpunkt über Differenzierung und Integration von Sprache und Literatur deutschsprachiger Länder im Prozess der Modernisierung zusammen.

Das Austrian Academy Corpus an der ÖAW wird die erste umfangreiche und komplex strukturierte Sammlung von elektronischen Texten zur Sprache und Literatur des 19. und 20. Jahrhunderts sein. Sie wird stufenweise online gestellt. Der Planungshorizont zielt auf die Verfügbarkeit einer Datenbank ab, die eine Milliarde Textwörter enthalten wird.

Im Rahmen eines Wissenschaftskollegs werden Signaltransduktion und Zellzykluskontrolle untersucht.

In einem weiteren Projekt wird computerunterstützte theoretische Materialforschung betrieben.

Das Studium von Modellen in Wissenschaft und Technik, die sich mit Differenzialgleichungen beschreiben lassen, sowie die Zusammenführung von Erkenntnissen der klassischen und der computerunterstützten Geometrie runden die Forschungsinitiativen ab.

Faktum ist, dass in der österreichischen Forschungslandschaft kleinere Projekte stärker vertreten sind als Großprojekte, für die naturgemäß größere Förderungssummen erforderlich wären.

Durch Förderung durch den FWF im Jahre 2004 in der Höhe von 99,5 Mio. Euro konnten 1.800 Stellen für Wissenschaftlerinnen und Wissenschaftler remuneriert werden.

Die für die Abwicklung antragsorientierter Förderungen zuständige FFG peilt für 2005 eine Ausschüttung von 352 Mio. Euro an.

Die ÖAW fördert im Rahmen von sechs Stipendienprogrammen (APART-, MAX KADE-, DOC-, DOC-FFORTE-, DOC-team- und ROM-Stipendien) herausragende Angehörige des wissenschaftlichen Nachwuchses in Österreich. Die Programme sind so konzipiert, dass Meilensteine der akademischen Karriere erreicht werden können: Dissertationen und Habilitationen beziehungsweise habilitationsäquivalente Leistungen. Dadurch wird die Berufbarkeit junger Wissenschaftlerinnen und Wissenschaftler an in- und ausländische Universitäten erhöht. Die Förderungen dienen der Internationalisierung und der Straffung der Ausbildungswege und schaffen damit Anreizsysteme, die von der Scientific Community in überdurchschnittlichem Ausmaß angenommen werden. Die ÖAW bekennt sich damit zur Spitzenförderung – strikte Auswahlkriterien und ein mit internationalen Experten durchgeführtes Bewertungssystem belegen das. Spezifische Programme für Frauen, die ein Studium der Naturwissenschaften, der Medizin oder der Technischen Wissenschaften absolviert haben, erhöhen die Anzahl der Promotionen in jenen Fächern, in denen ein Mangel an Abschlüssen zu verzeichnen ist.

Als eine der ältesten und erfolgreichsten Förderinstitutionen des Landes trägt die ÖAW über Vergabe von 15 verschiedenen Forscherpreisen wesentlich zur Schaffung eines leistungsorientierten wissenschaftlichen Klimas in Österreich bei. Als Beispiele für Fächer, in denen hervorragende wissenschaftliche Leistungen durch Vergabe von Preisen sichtbar gemacht werden, seien Paläobiologie, Mathematik, Physik und Chemie genannt. Diese Aufgabe kann die ÖAW nur deshalb erfüllen, weil sie dabei durch den Bund, die Länder sowie durch private Stiftungen und Sponsoren unterstützt wird.

Die Einbettung der österreichischen Forschung in den europäischen Forschungsraum muss mit konstruktiven Sachvorschlägen, exzellenten Resultaten und angemessenem Respekt vor den eigenen Leistungen vorangetrieben werden. Das schließt eine adäquate politische Vertretung in den Wissenschaftsgremien der EU mit ein.

Intern ist zu registrieren, dass Österreich einen langsamen Aufholprozess in der Wertschöpfung durchläuft, das durchschnittliche europäische Innovationsniveau aber noch nicht erreicht hat.

Besonders im Hightech-Bereich sind die skandinavischen Länder ein Vorbild, dem Österreich als Land von vergleichbarer Größe nacheifern sollte.

Man darf nicht übersehen, dass Österreich in einigen Bereichen Defizite aufweist:

- Die Zahl der Abgänger natur- und ingenieurwissenschaftlicher Studien ist zu klein.
- Die Ausgaben im Forschungs- und Entwicklungsbereich sind trotz großer, unverkennbarer Anstrengungen der öffentlichen Hand noch nicht ausreichend.
- Die Zahl der Patentanmeldungen ist viel zu gering.
- Risikokapital ist nicht ausreichend verfügbar, und das besonders für Hightech-Projekte.

Typisch für unser Land ist ein Phänomen, das mit dem Terminus Österreich-Paradoxon belegt wurde. Es geht dabei um das relativ hohe ökonomische Niveau, dem ein unzureichendes Niveau an technologischen Leistungen gegenübersteht. Dieses Paradoxon lässt sich damit erklären, dass Österreich über lange Zeit von Technologieimporten gezehrt hat. Betriebe haben ihre Dienstleistungen zwar kontinuierlich verbessert, dabei aber überwiegend auf wenig riskante Weiterentwicklungen gesetzt. Jedenfalls bedarf es hier einer Aufholstrategie.

Bei einer kontinuierlich alternden Bevölkerung ist darauf Bedacht zu nehmen, dass Dienstnehmer möglichst lange kreativ im Arbeitsprozess eingegliedert bleiben. Das erfordert laufende, zielgerichtete Weiterbildung.

Für eine Ausbildung, die kreatives Forschungspotenzial im Hightech-Bereich freisetzen soll, sind entsprechende Humanressourcen und adäquate gerätetechnische Ausstattung der Universitäten und der außeruniversitären Forschungseinrichtungen eine Grundvoraussetzung. Trotz großer Bemühungen und nachweislicher Erfolge besteht auf diesem Gebiet nach wie vor erheblicher Nachholbedarf. Zurzeit wird auch geprüft, ob im obersten Bildungs- bzw. Forschungsbereich eine Einrichtung von der Art einer „Exzellenz-Universität" zweckmäßig ist und ob die Gründung einer derartigen Institution ohne Beschneidung der Budgets der bestehenden Universitäten möglich ist.

Die achtbare Position Österreichs in einer sich rapid und dynamisch verändernden Welt gibt Anlass zur Hoffnung. Eine weitere Verbesserung der Position unseres Landes im Bereich von Forschung, Entwicklung und Innovation erfordert koordinierten Einsatz, um kommenden Generationen einen aussichtsreichen Startplatz im Wettlauf zukünftiger Entwicklungen zu sichern.

Eröffnung und Ansprache

beim Empfang aus Anlass der Konferenz „Quantum Physics of Nature / QIPC 2005“

Ladies and Gentlemen,

On behalf of the Austrian Academy of Sciences I welcome the members of the Local Government and the Scientific Community attending the Conference on "Quantum Physics of Nature" which is held in conjunction with its 6th European Workshop. I extend respectful greetings to my colleagues from the Academy and last but not least to all of you who honor us by your presence.

To speak at a buffet reception is a difficult task. It requires the transfer of information such that it does not unduly distract you from enjoying your meal.

More than half a century ago, Feynman told Freeman Dyson his version of Quantum Mechanics: "The electron does anything it likes. It just goes in any direction at any speed, forward and backward in time. Then you add up the amplitudes and it gives you the wave-function."[33] Freeman Dyson answered: "You're crazy!" Feynman was not, as was gradually realized. As a Professor of Mechanics of Materials and Structures I draw consolation from the fact that Feynman's path integral approach, based on the Principle of Least Action, makes the difference between classical mechanics and quantum mechanics nearly vanish. So the summary of an introductory text in Quantum Mechanics, condensed to three sentences, might read like this: "Waves are particles and particles are waves. Here is the wave equation. Let's go!"

However, lately there are more and more Non-Schrödinger-applications. Quantum Mechanics, the child of nuclear physics, has outgrown its parent, not having left this field but rather complementing it.

[33] Gorrell, Paul: Syntax and Parsing. Cambridge University Press, 1995 (Cambridge Studies in Linguistics, 76), 9

Research in Quantum Physics is vital for a country with limited natural resources, partially compensated by a first-class educational system. Research-driven teaching has become a serious societal requirement. However, there are institutions less bogged down with the heavy teaching load of most universities. They can direct their energies primarily to research: scientific academies and research agencies. Frequently, there is a close cooperation between academies and agencies, on the one hand, and between academies and universities, on the other hand. This comes close to the situation in Austria.

The Austrian Academy of Sciences, founded in 1847, is Austria's leading non-university institution devoted to basic research. Currently it maintains approximately 80 research institutions with together close to 1000 employees in research and, to a relatively small amount, in administration. Recently, important new activities were initiated in the Life Sciences. There is a close web of cooperation between the different research units of the Austrian Academy of Sciences. Our research units co-operate with foreign institutions and, at the same time, compete with them in the race to acquire new knowledge and to apply it to new technologies. They are evaluated by independent international top experts to maintain the highest standard of quality and they continuously strive for excellence. In addition to the research activities, the Academy has an advisory function, both on the federal and the provincial level. Moreover, the Academy promotes highly qualified research by means of grants and awards. In the two traditional Sections of the Academy, the one for Mathematics and Natural Sciences and the one for the Humanities and Social Sciences, prominent scholars in their respective fields are members. According to the bylaws of the Austrian Academy of Sciences the number of full members is limited to 90.

Let me briefly comment on the Institute for Quantum Optics and Quantum Information in Innsbruck and Vienna, its palindromic abbreviation being IQOQI. This Institute is closely related to the topics of your congress.

Founded in 2003 and officially opened in 2004, the research topics of IQOQI center on questions of fundamental physics, the existence of superpositions and entanglement. Beyond quantum systems composed of photons, ions and atoms can nowadays be controlled with the highest precision.

IQOQI consists of five working groups. The director of the Institute, Prof. Rainer Blatt, is also heading the working group "Quantum Optics and Spectroscopy". With the help of ion traps, the movement and the quantum state of ions can be controlled after having been laser-cooled to near-zero temperatures. With this technology, the first unambiguous demonstration of Quantum Computing was made.

The research of the working group directed by Prof. Briegel is focusing on Quantum Information and Quantum Computation. It includes the use of entangled quantum states of a great number of Qubits. The group has shown how to immunize Quantum Computation against noise in communication channels and has created a new model of a Quantum Computer in a grid-like system.

The working group directed by Prof. Grimm carries out research on ultra cold atoms and quantum gases. The application of most recent laser and magnetic technologies helps to keep atoms in an evacuated trap thus creating a Bose-Einstein condensate – a state of matter that is only experienced at ultra cold temperatures, or perhaps in the cores of neutron stars. By joining atoms with Fermi-like properties to molecules, Fermi-Condensates can be produced.

The research of the working group directed by Prof. Zoller is directed towards Quantum Optics and Quantum Information. This group operates as a think tank, pondering on how to carry out further research on Bose-Einstein Condensates and to realize Quantum Computers with ions as storage elements. Within the scientific community, the concept of Profs. Zoller and Cirac – the latter is now a Director of the Max-Planck-Institute for Quantum Optics in Garching – was appreciated. It is based on stabilizing Quantum Communication with the help of quantum repeaters.

Last but not least, let me mention the working group of Prof. Zeilinger. It documents the structure of a working unit within a modern research institute, which need not be located on the other side of the street. In fact, the group is located close to the University of Vienna. The first four groups are located at the University of Innsbruck.

This is the proper linking to the 60th birthday of Prof. Zeilinger. Let me extend the congratulations of the Austrian Academy of Sciences to Anton Zeilinger and let me add personal congratulations.

His group performs research on fundamental problems of quantum physics, quantum communication with entangled photons and experiments explaining quantum properties of macromolecules. The group Zeilinger/Arndt succeeded in demonstrating quantum interferences with biological molecules. An experiment to realize quantum purification and the communication with entangled photons over 600 meters over the river Danube proved to be successful and thus opened the road to commercial applications. The possibility of entanglements between a greater number of elementary systems points the way to efficient quantum cryptography, even over distances which encompass a satellite.

Ladies and Gentlemen! The time from the first appreciation of the beauties of divisibility of integers, as reported by Euclid, to the present, characterized by the extension of the Theory of Numbers to codes relatively immune to cracking, spans more than 2000 years.

The time span from the first discoveries of Quantum Theory to the present, with important applications for information and communication technologies, is just 75 years.

We live in a society surrounded by a world of fast rising complexity. Future applications are guesswork. They might reach out to the Life Sciences. The concept of interaction-free measurement might lead to noninvasive medical diagnosis with greatly reduced noxes due to energetic photons.

You, as scientists at the frontiers of research, and you, as scientific communicators who must scale down complex facts, without distorting them, to avoid possible anxieties of the public, and last but not least you, the politicians making far-reaching decisions which may improve the technological level of a region, are partners in a web, securing progress while retaining humanistic values that are dear to us. I understand that you constitute a perfect team which merits our confidence.

Thank you very much for your attention.

Begrüßung und Eröffnungsworte

anlässlich der Ausstellung „Plattenbausiedlungen in Wien und Bratislava zwischen Vision, Alltag und Innovation“

Sehr geehrte Damen und Herren!

Namens der Österreichischen Akademie der Wissenschaften heiße ich Sie zur Ausstellung „Plattenbausiedlungen in Wien und Bratislava zwischen Vision, Alltag und Innovation“ herzlich willkommen.

Stellvertretend für Sie als Tagungsteilnehmer und Besucher der Ausstellung begrüße ich Herrn Gemeinderat Dr. Stürzenbacher als Vertreter von Herrn Stadtrat Faymann. Als Vertreter der Wissenschaften begrüße ich Herrn Prof. Sladek von der Slowakischen Akademie der Wissenschaften und Herrn Prof. Borsdorf, wirkliches Mitglied der Österreichischen Akademie der Wissenschaften und Direktor des Instituts für Stadt- und Regionalforschung der ÖAW. Die Ausstellung ist im Rahmen des Interreg-IIIA Projektes „Plattenbausanierung in Wien und Bratislava“ in Zusammenarbeit mit mehreren Institutionen realisiert worden.

Ich nenne in diesem Zusammenhang das Institut für Bauwesen und Architektur der Slowakischen Akademie der Wissenschaften, das Institut für Stadt- und Regionalforschung der ÖAW, das Institut für Architektur I der Technischen Universität Bratislava und das Institut für Architektur und Entwerfen der Technischen Universität Wien.

Die Initiative zu einem Projekt zur Plattenbausanierung entspringt Notwendigkeiten, die weit über die Sanierung von Einzelbauten hinausgehen und daher der Koordination städtischer und staatlicher Baureferate bedürfen. Die Beschäftigung mit Plattenbauten in Bratislava und Wien sehe ich als Orientierung auf nahe liegende Problemfälle in unserem unmittelbaren Wirkungsbereich. Tatsächlich ist die Problematik nicht auf diese beiden Standorte beschränkt. Die Zunahme der Bevölkerung und die Konzentration ihrer Ansiedlung auf immer weitläufigere Stadtgebiete ist ein globales Phänomen.

In unserem Kulturraum sind die Visionen städtebaulicher Konzeptionen bis zu Thomas Morus mit seiner Insel Utopia zurück zu verfolgen. Sie setzen sich über die Konzepte von Otto Wagner, Walter Gropius und Le Corbusier bis in unsere Zeit fort.

Parallel zu diesen Entwürfen stehen in steigendem Maße industrielle Bauweisen zur Verfügung, die den Serienbau ermöglichen. Diese neuen Möglichkeiten wurden auch von der Politik erkannt. Beispielsweise war Lenin von der Konzeption des Frederick Taylor beeindruckt und ließ dessen Ideen in die sowjetische Organisation aufnehmen.

Walter Gropius sieht in der Verfügbarkeit von Wohnbaumaschinen ein Mittel, um soziale, wirtschaftliche, technische und künstlerische Fragen einer Lösung zuzuführen.

Stimmen gegen eine zu weit gehende Uniformierung erhoben sich schon früh. Im Dezember des Jahres 1926 spricht die Zeitschrift Bauwelt von einer unerträglichen Gleichheit der Häuser. Später formuliert Gropius: „Ich habe das Wohnhochhaus propagiert, neige aber heute dazu, eine zu große Dichte zu bremsen."[34]

Unmittelbar nach dem 2. Weltkrieg aber war eine möglichst schnelle und kostengünstige Bereitstellung von Wohnraum das Gebot der Stunde. In der DDR etwa galt es, 1,4 Millionen Wohnungen zu schaffen, die mit hochgeschoßigen, bereits oberflächenvorgefertigten Bauelementen hochgezogen wurden.

In der Aufbauphase 1956–1960 wurden in der mit Bratislava zusammenwachsenden Vorstadt Petržalka mit Rahmen- und Plattensystemen des Vladimir Karfík und später mit rahmenlosen Gesamtwandsystemen um die 100.000 Wohnungen in Plattenbauweise geschaffen.

Selbst aus heutiger Sicht, gekennzeichnet durch Kritik an der oft insuffizienten Qualität der Plattenbauten, erscheint es nicht gerecht, diese Bauform vollends abzuqualifizieren.

Städtebauliche Konzepte wie Veranstaltungsräume, Fernheizungen, Kindergärten, Schulen und Ambulanzen wurden jedenfalls von Anfang an realisiert.

Der Mangel an kleineren aber hochwertigeren Bauten zusammen mit soziologischen Verlagerungen hat in der Bevölkerung Entmischungstendenzen mit sich gebracht. Zurückgeblieben in diesen Siedlungen sind Arme, Arbeitslose und Unterprivilegierte.

[34] Papers in the Bauhaus-Archiv, ca. 1919–1937 (http://vasis.harvard.edu:10080/vasis/deliver/~hou0044)

Heute geht es darum, die Großsiedlungen an den Rändern der Städte an die Bedürfnisse unserer Zeit anzupassen. Das ist ebenso eine soziologische Notwendigkeit wie eine wirtschaftliche.

In Pilotprojekten werden Verbesserungen geplant, die den Energiebedarf schlecht isolierter Plattenbauten mit Dämmmaßnahmen im Fassaden- und Dachbereich, zentraler Wärmerückgewinnung, gut isolierten Fenstern und Solaranlagen auf bis zu 1/10 der exorbitanten 300 Kilowattstunden pro Quadratmeter und Jahr zu reduzieren vermögen. Die Kosten sind allerdings erheblich. Die EU sieht zur Sanierung in ihrem Wirkungsbereich etwa 300 Milliarden Euro vor. Es ist zu wünschen, dass dieses Budget abrufbar wird.

In Kooperation mit Firmen und Gewerbetreibenden sind hier über länger währende Zeiträume Aufgaben zu erledigen, die von der Beseitigung von Bauschäden an tragenden Elementen durch Wasserstoffdiffusion, über die Isolierung der Heißwasserzufuhr von Zentralheizungen, der Neuverlegung der Verkabelung mit Kupfer anstatt zweiadrig geführter Aluminiumverdrahtung, bis zu einer grundlegenden Erneuerung der Haustechnik reichen.

Im Falle leer stehender, ökonomisch nicht sanierbarer Strukturen muss abgerissen werden, was infolge der Beseitigung von Schadstoffen wie Asbest als Fugenmaterial erhebliche Zusatzkosten verursacht.

Über all diese Aspekte informiert diese Ausstellung und schließt einen zeitlichen Rückblick über die Innenarchitektur ein. Zeitgemäß werden bei Planungen Softwarepakete eingesetzt, die von thermischen Simulationen bis zu Entwurfsprogrammen von Einrichtungen reichen.

Grundlegende Fragen behandelt die heute und morgen stattfindende internationale Tagung zur Plattenbausanierung. Die dazugehörige Ausstellung illustriert Zugänge, die zur Bewältigung von Problemen dienen, die eine Zeit des Wiederaufbaus in den Schwesterstädten Wien und Bratislava als Erbe hinterlassen hat.

Grußadresse

anlässlich der Feier für Siegfried J. Bauer, wirkliches Mitglied der ÖAW, aus Anlass seines 75. Geburtstags

Hochverehrter Herr Professor Bauer,
sehr geehrter Herr Bürgermeister,
Magnifizenz,
werte Kolleginnen und Kollegen,
sehr geehrte Damen und Herren!

Im Jahre 1962 hat Präsident John F. Kennedy bei der Verleihung des Ehrendoktorats der Yale Universität an ihn gesagt: „I have the best of both worlds, a Harvard education and a Yale degree.“[35]

Für unseren Jubilar, Prof. Siegfried Bauer, gilt das anlässlich seines 75. Geburtstags, der in perfekter Synchronisation mit dieser Feierstunde auf den heutigen Tag fällt, in gleicher Weise. Man muss zwischen seinen Wirkungsstätten nur den Atlantik positionieren. Prof. Bauer besitzt ein europäisches Doktorat, kann auf eine amerikanische Karriere zurückblicken, hat diese hier in Graz – vernetzt mit Forschungsinstitutionen quer über die ganze Welt – bis heute fortgesetzt und gedenkt dies auch weiter zu tun. „The best of both worlds“ gilt also tatsächlich auch für ihn.

Wenn man die Weitwinkeloptik eines zur Erde gewandten Satelliten zur Teleoptik hin zoomt, wird die wissenschaftliche Karriere Prof. Bauers sichtbar. Ausgehend von den Wurzeln seiner Studien der Physik, Geophysik und Meteorologie an der Karl-Franzens-Universität Graz hat er diese konsequent und zielgerichtet zu bewundernswerten Höhen geführt.

Die Welle amerikanischer Initiativen, deutschsprachige Talente in den Fortschritt militärischer und ziviler wissenschaftlicher Aktivitäten einzubinden, hat Prof. Bauer konsequent genutzt. Zuerst innerhalb der US Army Signal Corps

[35] John F. Kennedy Quotes (www.brainyquote.com/quotes/authors/john_f_kennedy.html)

Research and Development Laboratories in Fort Monmouth in New Jersey und danach am NASA Goddard Space Flight Center in Greenbelt, Maryland. Seine Messung der Ausdehnung der irdischen Ionosphäre mittels Registrierung der Faraday-Rotation von reflektierten Radiosignalen am Mond hat ihn sogar in die New York Times gebracht. Als Stellvertretender Direktor für Weltraumwissenschaften eines Teams von 400 Mitarbeitern hat er neben seinen hohen wissenschaftlichen Qualitäten auch die der Menschenführung bewiesen.

Die Verbindungen in seine kulturelle und wissenschaftliche Heimat hat er nie abreißen lassen. So schloss sich an seine amerikanische Karriere die österreichische mit der wieder angenommenen österreichischen Staatsbürgerschaft nahtlos an. Neben der Ernennung zum Ordinarius an der Karl-Franzens-Universität in Graz wurde er Abteilungsleiter und stellvertretender Direktor am Institut für Weltraumforschung der Österreichischen Akademie der Wissenschaften in Graz. Der Standort dieses Akademieinstituts ist kein Zufall, die ÖAW profitiert dort von den hervorragenden wissenschaftlichen Leistungen einer Akademieeinrichtung mit einer langen, stolzen Tradition.

Außergewöhnliche Leistungen des Jubilars erfuhren durch Ehrungen verschiedener Institutionen die verdiente Würdigung. Das wirkliche Mitglied der ÖAW, Prof. Siegfried Bauer, wurde nicht nur mit dem Erwin-Schrödinger-Preis der Akademie ausgezeichnet, sondern auch mit dem Ehrenzeichen für Wissenschaft und Kunst der Republik Österreich, das auf 36 Trägerinnen und Träger beschränkt ist. Es ist praktisch unmöglich alle Ehrungen und Mitgliedschaften Prof. Bauers in diversen wissenschaftlichen Gremien aufzuzählen. Beispielhaft nenne ich die Wahl zum Fellow of the American Association for the Advancement of Sciences und der Amerikanischen Geophysikalischen Union, die Mitgliedschaften bei der Academia Europaea, der International Academy of Astronautics und die Verleihung der NASA-Medaille für hervorragende wissenschaftliche Leistungen.

Mit über 160 wissenschaftlichen Arbeiten hat Prof. Bauer eine qualifizierte Breitenwirkung erzielt, die richtungsweisend ist. Ähnliches gilt für sein Buch „Physics of Planetary Atmospheres", das in englischer, russischer und japanischer Sprache erschienen ist, und für die erst 2004 gemeinsam mit Helmut Lammer herausgegebene Fortsetzung von „Planetary Aeronomy". Sie beschäftigt sich mit den Regionen der oberen Atmosphären, wo Ionisation, Dissoziation und chemische Reaktionen vorherrschen. Dieses Kompendium der wichtigen Prozesse ist aus ersten Prinzipien heraus gestaltet und damit von besonderer Verständlichkeit. Der deutsche Sprachraum wird durch den Artikel von Prof. Bauer „Die Planetenatmosphären" im 7. Band der Experimentalphysik von Bergmann und Schäfer abgedeckt. Prof. Bauer hat eine Schule der Aeronomie geschaffen, die heute am Institut für Weltraumforschung der ÖAW von Helmut Lammer weitergeführt wird und mit internationalen Zentren vernetzt ist.

Es würde keine korrekte Optik ergeben, wollte man nur vergangene Leistungen würdigen.

Die Auswertung der wissenschaftlichen Daten der Huygenssonde am Titan, der mit seiner methangeschwängerten Stickstoff-Atmosphäre so etwas wie eine atmosphärische archäologische Probe darstellt – gespeichert in der Kälte seiner Temperaturbilanz –, ermöglicht es Prof. Bauer heute, und wird es ihm auch morgen ermöglichen, zur Mehrung von Erkenntnissen beizutragen, die Konsequenzen bis hin zur Ökologie von Planeten in fernen Sonnensystemen besitzen und Aussagen über eine mögliche Form der Entstehung des Lebens beinhalten. Davon zeugt übrigens auch ein Artikel in der Zeitschrift Nature, der bald erscheinen wird.

Der Wahlspruch von Prof. Bauer bei seiner wissenschaftlichen Arbeit ist der von Aristoteles, nämlich sich mit der Genauigkeit zu bescheiden, welche die Natur des Subjekts zulässt.

In diesem Sinne bleibt mir nur, Herrn Prof. Bauer namens der Österreichischen Akademie der Wissenschaften und im eigenen Namen zuzurufen: „Ad multos annos!"

Ich danke Ihnen für Ihre Aufmerksamkeit.

Begrüßung
anlässlich des Vortrags von Frank Schweitzer „Von der Brownschen Bewegung zur Dynamik biologischer und sozialer Gruppen" im Rahmen der Einstein Lectures

Sehr geehrte Damen und Herren!

Es ist mir eine besondere Ehre und bereitet mir große Freude, Sie zum letzten Vortrag im Rahmen der Einstein Lectures begrüßen zu dürfen. Das Vortragsthema lautet: „Von der Brownschen Bewegung zur Dynamik biologischer und sozialer Gruppen." Die Veranstaltung wird von der Österreichischen Akademie der Wissenschaften gemeinsam mit der Industriellenvereinigung Wien und der Österreichischen Physikalischen Gesellschaft abgehalten. Es ist unser Ziel, dabei besonders bei unseren jungen Zuhörerinnen und Zuhörern Interesse an der Wissenschaft zu wecken.

Sehr herzlich begrüße ich den Vortragenden des heutigen Abends, Herrn Prof. Frank Schweitzer. Er hat zahlreiche Forschungspositionen diesseits und jenseits des Atlantiks eingenommen, zuletzt eine Professur für Systemgestaltung an der ETH Zürich.

Sein heutiger Vortrag bietet uns die besondere Gelegenheit, jene Linie beleuchtet zu sehen, die mit der Beobachtung des schottischen Botanikers Brown im Jahre 1827 beginnt, der unter dem Mikroskop die Zitterbewegung von Pollenkörpern beobachtet hat. Das Verständnis der zugrunde liegenden Kollisionen von Gas- oder Flüssigkeitsmolekülen mit suspendierten Teilchen entstand erst allmählich. Einstein kannte zunächst die Beobachtungen Browns nicht, als er 1905 die Zitterbewegungen aus der molekularen Theorie der Wärme heraus ableitete, die untrennbar mit den Beiträgen von Ludwig Boltzmann verbunden ist. Einstein erkannte, dass zwischen der mittleren quadratischen Teilchenverschiebung und der abgelaufenen Beobachtungszeit eine Proportionalität besteht. Das schuf einen mathematischen Zugang zur Beschreibung des

Diffusionsprozesses. Dieser letztlich erlaubte die indirekte Bestimmung von Zahl und Größe von Atomen oder Molekülen, die aus Beobachtungen abgeleitet werden konnten.

Wie dies nicht selten in den Wissenschaften geschieht, werden gleichartige Ideen unabhängig voneinander fast zeitgleich aufgegriffen. Fünf Jahre vor Einsteins Arbeit hatte der französische Mathematiker Louis Bachelier, unbedankter Held der Finanzwissenschaften, eine formale Beschreibung der Bewegung von Börsenkursen angegeben, die auf eine Brownsche Bewegung hinaus lief. Letztlich entstanden daraus nicht nur ein neuer Zweig der Finanzphysik, sondern weitreichende neue Anwendungen bei gleichartig zu beschreibenden Prozessen, bis hin zum Springen einzelner Atome in Festkörpern unter Synchrotronlicht und weiter zur Dynamik biologischer und sozialer Gruppen.

Betrachten Sie als ein unmittelbar aus dem Leben genommenes Beispiel die Fettaugenbildungen in einer Suppe, bei der bei vorgegebener Temperatur die Oberflächenenergie minimiert wird. Die Besiedlung geographischer Regionen durch Menschen mit gleichem Bekenntnis bis hin zur Abgrenzung neuer Staaten, oder die Membranbildung von Organellen folgt demselben Muster wie bei Prozessen, die durch Selbstorganisation Strukturen entstehen lassen. Für die koordinierte Wellenbewegung von Besuchern von Fußballstadien gilt das Gleiche. Der Transfer der zugehörigen mathematischen Beschreibungen in die Welt der Ökonomie hat zur Vergabe eines Nobelpreises für Wirtschaftswissenschaften geführt. Erweiterungen in Richtung „schwerer Enden" der Renditen, die extremen Werten größere Gewichte zuweisen, wurden von Mandelbrot mit seinen Konzepten der Fraktale in Verbindung gebracht.

Den wissenschaftlichen Organisatoren dieser Reihe sei herzlich gedankt, ebenso der Leiterin des Büros für Öffentlichkeitsarbeit der Österreichischen Akademie der Wissenschaften, Frau Dr. Marianne Baumgart, die für die organisatorische Betreuung verantwortlich zeichnet.

Ich danke Ihnen für Ihre Aufmerksamkeit.

Moderation

der sechsten Kardinal-König-Begegnung zwischen Naturwissenschaften und Theologie

Sehr geehrte Damen und Herren!

Kurz vor seinem Tode schrieb Kardinal König in einem Geleitwort zum Buch von Walter Thirring über „Kosmische Impressionen“: „Ich freue mich, dass Prof. Thirring damit einen Beitrag vorlegt, um den Dialog zwischen christlichem Glauben und den Naturwissenschaften im Interesse einer wahrhaft humanen Entwicklung auf seine Weise weiterzuführen.“[36]

Die heutige Veranstaltung bietet Anlass zu einem solchen Dialog. Ich freue mich, Ihnen sehr geehrte Damen und Herren, dazu drei Diskutanten vorstellen zu können und zwar

- Herrn Prof. Kohn, Nobelpreisträger für Chemie des Jahres 1998, in einem Österreich geboren, das dunkle Zeitläufe durchlitt, die ihm und vielen anderen Mitbürgern unermessliches Leid zufügten,
- Herrn Prof. Kummer, Theoretischer Physiker, der in dankenswerter Weise seine Bereitschaft bekundet hat, für den rekonvaleszenten Prof. Thirring im letzten Augenblick einzuspringen, und
- Herrn Prof. Körtner, evangelischer Theologe, Vorstand des Instituts für Systematische Theologie der evangelisch-theologischen Fakultät der Universität Wien sowie Mitglied der Bioethikkommission des Bundeskanzlers.

Beim heutigen Kardinal-König-Treffen möchte ich mich auf die Rolle des Moderators beschränken. Das bedeutet nicht, dass ich über den zu diskutierenden Themenkomplex keine eigene Meinung habe. Gemäß der Auffassung eines verstorbenen Altpräsidenten der Österreichischen Akademie der Wissenschaften, des Kernphysikers Otto Hittmair, gibt es Haltungen im Leben eines

[36] Thirring, Walter: Kosmische Impressionen. 2004, 5

Menschen, denen Fakten zu Grunde liegen, die weder beweisbar noch widerlegbar sind. Otto Hittmair hat das mit knappen Worten auf den Punkt gebracht: „Das muss man glauben, oder man glaubt es eben nicht!“[37] Wie er vertrete ich die Position eines um den religiösen Glauben bemühten Menschen – mit tiefem Respekt vor Mitmenschen mit anderen Standpunkten.

Gerade in letzter Zeit sind Debatten aufgeflammt, die zwischen der von Darwin geschaffenen Evolutionslehre und anderen Positionen ausgetragen werden. Sie schwanken zwischen strikter Bibelgläubigkeit naturwissenschaftlicher Details im Zusammenhang etwa mit der Schöpfungsgeschichte und einer moderateren Haltung unter dem Titel „Intelligent Design“ mit fast beliebig vielen Zwischenstufen. Gerade solche schlecht definierten Ausgangspunkte der Auseinandersetzungen erschweren Diskussionen oftmals weit über Gebühr, wie der Astronom der vatikanischen Sternwarte, der Planetologe und Priester Guy Consolmagno bemerkt hat. Ich zitiere dazu aus seinem Interview in der Internetausgabe der Publikation „Astrobiology Magazine“ vom 19. September 2005: „Intelligent Design is one of these phrases that means something different to everybody. To part of the world, it's a code phrase for the worst sort of creationism. And to other people, it just means that you can't use science as a way to disprove God. Obviously you can't. And you cannot use science to prove God.“[38]

Eine Aussage wie diese hätte besser schon in der Vergangenheit getätigt werden sollen. Dann hätte es vielleicht diverse Publikationsverbote wie etwa das der Werke Teilhard de Chardins und ein Lehrverbot durch seine Kirchenoberen nicht gegeben.

Das Buch von Prof. Thirring „Kosmische Impressionen“ enthält keinen Gottesbeweis, wohl aber einen Hinweis auf die Feinabstimmung der Evolution des Kosmos und damit eine Referenz auf Davids Psalm „Die Himmel rühmen des Ewigen Ehre“, in der ein indirekter Hinweis auf die Existenz Gottes zu sehen ist.

Damit nimmt er eine andere Haltung ein als Jacques Monod in seinem Buch „Zufall und Notwendigkeit“, das den Menschen als zufälliges Endprodukt der Evolution sieht. Auch Steven Weinberg formuliert: „Wissenschaft hat es dem intelligenten Menschen nicht unmöglich gemacht, religiös zu sein. Aber sie hat es ihm ermöglicht, auch nicht religiös zu sein.“[39]

---

[37] Persönliche Mitteilung von Prof. Otto Hittmair an Präsident Herbert Mang

[38] http://www.astrobio.net/news/modules.php?op=modload&name=News&file=article&sid=1716

[39] http://thinkexist.com/quotes/steven_weinberg/

Zu den Diskussionen zwischen Kreationismus, Intelligent Design und reinem Zufall als treibende Kraft der Evolution möchte ich noch eine persönliche Bemerkung einschieben. Man kann sich vorstellen, dass Auseinandersetzungen dieser Art relativ bald abklingen werden, nämlich dann, wenn es um viel grundsätzlichere Dinge geht. An amerikanischen Topuniversitäten wurden vor kurzer Zeit Forschungsprojekte gestartet, welche die Frage klären sollen, ob es möglich ist, kleinste lebende Einheiten, also Bakterien, aus unbelebter Materie herzustellen. Diese Frage macht manche atemlos. Sollte es also bald möglich sein, gottgleich Leben zu schaffen? Wenn ja, dürfen wir aus ethischen Gründen diese Experimente auch durchführen? Ich meine dazu, dass ethisch-moralische Empörung hier nicht angebracht ist. Das Nachbauen einfachsten Lebens aus RNA- und DNA-Bestandteilen ist meilenweit von jener Schöpfung entfernt, deren Evolution fast eine Milliarde Jahre gedauert hat. Was erforderlich erscheint, ist nicht eine schreckhafte Blockade, sondern verantwortliches Handeln, das Auswirkungen, Gefahren und Grenzen berücksichtigt. Damit beende ich diese persönliche Bemerkung auch schon wieder und möchte kurz auf die Teilnehmer unserer Diskussionsrunde eingehen.

Ein ganz besonderer Dank für seine Teilnahme gilt Herrn Prof. Walter Kohn, der für seine Pionierarbeiten auf den Gebieten der theoretischen Physik und der theoretischen Chemie 1998 den Nobelpreis für Chemie erhalten hat. Sein Verfahren der Dichte-Funktional-Theorie ist für Vielelektronensysteme mit Hilfe von Ansätzen der direkten Verfahren der Variationsrechnung einsetzbar und hilft, Effekte der Quantenchemie, der Wechselwirkungen von Proteinen mit anderen Molekülen bis hin zur Zusammensetzung interstellarer Materie zu klären. Ketten chemischer Reaktionen in Atmosphären von Planeten, aber auch Monden wie z. B. Titan können so gedeutet werden.

Das ist allerdings nur der wissenschaftliche Teil des Lebens von Prof. Kohn, das ihn quer um die Welt bis an die University of California in San Diego geführt hat. Seine jungen Jahre in Wien sind durch Schmerzen überschattet, die auch die Zeit nicht heilen kann.

Prof. Wolfgang Kummer ist Theoretischer Physiker von hohen Graden. Als ein bei seiner Wahl ungewöhnlich junges Mitglied der Österreichischen Akademie der Wissenschaften, gründete er das Institut für Hochenergiephysik dieser Akademie und stand ihm als Direktor in wichtigen und manchmal kritischen Zeiten vor. Sein wissenschaftsdiplomatisches Geschick ließ ihn bald bei CERN, das sich zu einem internationalen Kondensationspunkt der Europäischen Teilchenphysikforschung entwickelte, wichtige Funktionen einnehmen. An der Weiterentwicklung der Supergravitation nimmt er aktiv teil. Prof. Kummer hat sich dafür eingesetzt, das Walter-Thirring-Institut für Mathematik, Astrophysik und Teilchenphysik in der Ukraine in westliche Kooperationen einzubinden.

Schließlich begrüße ich als Vertreter der jüngeren Generation Herrn Prof. Ulrich Körtner, seit 1992 Ordinarius für Systematische Theologie an der evangelisch-theologischen Fakultät der Universität Wien und neben vielen anderen Funktionen, wie bereits erwähnt, Mitglied der Bioethikkommission des Bundeskanzlers. Als vom Klub der Bildungs- und Wissenschaftsjournalisten zum Wissenschaftler des Jahres 2001 gewählter Forscher beschäftigt sich Prof. Körtner unter anderem mit der Frage, ob es tatsächlich gerechtfertigt ist, aus christlicher Sicht modernen medizinischen Forschungszweigen und Verfahren, wie der Stammzellenforschung und der Präimplantationsdiagnostik unter der Maxime „Bewahrung der Schöpfung" ein striktes Nein entgegen zu setzen. Seine christliche Anthropologie erlaubt es, auf moderne Erkenntnisse vor allem der Lebenswissenschaften aus gleicher Augenhöhe zu reagieren.

Es mag Ihnen aufgefallen sein, meine sehr geehrten Damen und Herren, dass ich zu Prof. Kohns Weltbild keinen Kommentar abgegeben habe. Das liegt nicht zuletzt an meinem unzureichenden Wissensstand.

Daher eröffne ich die Diskussion mit der Frage an Sie, verehrter Herr Prof. Kohn, wie Sie aus der Blickrichtung des Naturwissenschaftlers Fragen zu einer religiös oder nicht religiös inspirierten Genese der Creatio beantworten.

Begrüßung

beim Festakt aus Anlass des „50-jährigen Jubiläums der Wiedergründung des Österreichischen Ehrenzeichens für Wissenschaft und Kunst“

Hochverehrter Herr Bundespräsident,
sehr geehrte Frau Bundesministerin,
sehr geehrter Herr Staatssekretär,
hochgeschätzte Mitglieder der beiden Kurien des Ehrenzeichens für Wissenschaft und Kunst,
werte Kolleginnen und Kollegen,
sehr geehrte Damen und Herren!

Als Hausherr empfinde ich es als besondere Auszeichnung und große Ehre, dass der Festsaal der Österreichischen Akademie der Wissenschaften zum Ort der Abhaltung der Festsitzung des 50-Jahr-Jubiläums der Wiedergründung des Österreichischen Ehrenzeichens für Wissenschaft und Kunst auserkoren wurde.

Die Österreichische Akademie der Wissenschaften blickt auf eine 158-jährige Geschichte zurück. Heute fungiert sie sowohl als Gelehrtengesellschaft als auch als Trägerin bedeutender Forschungseinrichtungen. Stets war sie bestrebt, die besten Köpfe in ihren Reihen zu versammeln.

Mein ehrerbietiger Gruß gilt Herrn Bundespräsident Dr. Heinz Fischer, der als höchster Repräsentant unseres Staates in republikanischer Fortsetzung einer vorrepublikanischen Tradition die Schirmherrschaft über die Österreichische Akademie der Wissenschaften ausübt und dies mit großem, dankbar vermerktem Einsatz tut.

Herzlich begrüße ich die Frau Bundesministerin für Bildung, Wissenschaft und Kultur, Elisabeth Gehrer, deren Ressort für das Wohlergehen der Akademie sorgt. Die Akademie nimmt im wissenschaftlichen Leben unseres Landes eine hervorragende Stellung ein. Sie ist ein wissenschaftlicher Leuchtturm und bemüht sich dementsprechend nach besten Kräften um ein Höchstmaß an

Strahlkraft. Für die Anerkennung dieser Bemühungen möchte ich Ihnen, sehr geehrte Frau Bundesministerin, gerade vor diesem erlauchten Forum aufrichtig danken.

Einen herzlichen Gruß entbiete ich Herrn Staatssekretär Franz Morak.

Die namentliche Begrüßung beende ich mit einem respektvollen Gruß an die Obmänner der beiden Kurien, die Prof. Denk und Pruscha.

Sehr geehrte Damen und Herren, liebe Kolleginnen und Kollegen, seien Sie alle herzlich begrüßt.

Zweiteilungen, wie die der jubilierenden Institution in eine Kurie für Wissenschaft und eine für Kunst, sind tief in unseren kulturellen Strukturen verankert. Man findet sie etwa in der Bezeichnung vieler Gelehrtengesellschaften als Akademien der Wissenschaften und Künste. Die Österreichische Akademie der Wissenschaften weist selbst eine Zweiteilung auf, die allerdings anders geartete ist. Dabei handelt es sich um die Teilung in zwei Klassen, die mathematisch-naturwissenschaftliche und die philosophisch-historische Klasse. Bei vielen Forschungsvorhaben sind jedoch klassenübergreifende Kooperationen erforderlich.

Ohne den Laudationen vorgreifen zu wollen, erlaube ich mir die Bemerkung, dass einige der neuen Mitglieder der zwei Kurien eng mit der Österreichischen Akademie der Wissenschaften verbunden sind. Gestatten Sie mir, dass ich zu zwei von ihnen, denen laut Programm bei der heutigen Feier eine besondere Rolle zufällt, einige Worte sage.

Prof. Eric Kandel, Träger des Nobelpreises für Medizin des Jahres 2000, ist Ehrenmitglied der Österreichischen Akademie der Wissenschaften. Seine Arbeiten über die Reizübertragung zwischen Nervenzellen im Gehirn anhand des einfachen Modellorganismus einer Meeresschnecke mit nur 20.000 Nervenzellen klären die Basis dessen auf, was über die biologische Evolution hinausgeht: die molekularen Mechanismen des Lernens und damit die Grundlagen der kulturellen Evolution. Es ist bemerkenswert, dass wir diesen Saal nach seinem Festvortrag mit einem Gehirn verlassen werden, das allein in Folge aufmerksamen Zuhörens molekularbiologische Veränderungen gegenüber dem derzeitigen Zustand aufweisen wird.

Prof. Friedrich Cerha ist für die ÖAW ebenso wenig ein Unbekannter. Aus Anlass des 150-Jahr-Jubiläums der Akademie hat er für die Feierliche Sitzung des Jahres 1997 ein Auftragswerk für Kammerensemble komponiert, das eine Textzeile eines Gedichts aus Hölderlins Roman Hyperion über menschliche Endlichkeit enthält: „Jahr lang ins Ungewisse hinab."[40] Mein Sitznachbar in

[40] http://www.stoersignale.de/christians.buecherkiste/2004/01/friedrich_hoelder.htm

der erwähnten Festversammlung, der damalige Präsident des Nationalrates, Dr. Heinz Fischer, zeigte sich jedenfalls beeindruckt.

Prof. Cerha komponiert entlang der Zeitachse und der Frequenzachse. In seinen heute zur Aufführung gelangenden Tonstücken aus dem Œuvre Spiegel verwendet er jene komplexen Beziehungsgeflechte nicht, die in den Kompositionen von Bach bis Schönberg als Transportmittel dienen. Seinen Verzicht auf Melodik, Harmonik, Rhythmik und serielle Ordnung kompensiert er mit Systemen abhängiger Prozesse, um so eine neue Komplexität zu schaffen.

Sehr geehrte Mitglieder der beiden Kurien für Wissenschaft und Kunst! Ihre Beiträge, die weite schöpferische Bereiche überspannen, stellen außergewöhnliche Leistungen dar. Für deren Würdigung den Rahmen bereitstellen und an den nachfolgenden Gesprächen mit Ihnen und den anwesenden politischen Repräsentanten unseres Landes teilnehmen zu dürfen, empfinde ich als beglückende Bereicherung.

Ich danke Ihnen für Ihre Aufmerksamkeit.

Begrüßung und Vortrag
„Adalbert Stifter im Spiegel von Naturwissenschaften und Technik seiner Zeit“ gehalten anlässlich des Symposiums „Friedberg – Oberplan – Wien. Andreas Baumgartner, gest. 1865 – Adalbert Stifter, geb. 1805“

Sehr geehrte Damen und Herren!

Namens der Österreichischen Akademie der Wissenschaften möchte ich Sie heute in diesem Hause sehr herzlich begrüßen. Ganz besonders darf ich unsere Gäste aus der Tschechischen Republik willkommen heißen.

Es freut mich sehr, dass Herr Jirí Hulka, Bürgermeister von Stifters Geburtsort Oberplan/Horní Planá, und seine Gattin, die durch ihre Tätigkeit in Stifters Geburtshaus eine besondere Beziehung zum Thema der heutigen Veranstaltung hat, zu uns gekommen sind.

In der Ankündigung zu dieser Veranstaltung wird der so genannte Stifter-Steig erwähnt, der vom Dreiländereck Bayern–Böhmen–Österreich entlang des Nordwaldkammes führt, von wo aus man nach Oberplan/Horní Planá und auch nach Friedberg (Frymburk) gelangen kann. Die für solche Übergänge notwendigen Grenzstellen sind heute geöffnet.

Grenzüberschreitend ist seit langem die Zusammenarbeit zwischen Wissenschaftlerinnen und Wissenschaftlern aus Österreich und der Tschechischen Republik. Die zwischen den Akademien der Wissenschaften beider Länder seit vielen Jahren bestehende Kooperationsvereinbarung wird durch die vielfältige Zusammenarbeit sehr lebendig gestaltet.

Ich freue mich daher sehr, Herrn Dr. Petr Nejedlý, Mitglied des Akademischen Rates der Akademie der Wissenschaften der Tschechischen Republik, verantwortlich für die Koordination der Zusammenarbeit mit kulturellen Institutionen, bei uns begrüßen zu können. Die Tatsache, dass Sie heute zu uns gekommen sind, ist ein Zeichen guter Nachbarschaft und Kooperation. Ihr

Kommen frischt auch die guten Kontakte wieder auf, die im vergangenen Jahr durch den Besuch der damaligen Präsidentin der Akademie der Wissenschaften der Tschechischen Republik, Frau Prof. Helena Illnerova, und von Herrn Prof. Jiři Niederle geknüpft wurden. Ich selbst habe meinen Akademiebesuch in Prag in bester Erinnerung.

Ich danke dem Adalbert-Stifter-Institut des Landes Oberösterreich für die Zusammenarbeit und Unterstützung beim Zustandekommen dieser Veranstaltung, insbesondere dem früheren Leiter dieses Instituts, Herrn Hofrat Johann Lachinger. Ich möchte Sie, sowie die anderen Referenten des heutigen Nachmittags, herzlich willkommen heißen.

Nicht zuletzt und ganz besonders begrüße ich meinen Amtsvorgänger Werner Welzig, auf dessen Anregung dieses Symposium heute stattfindet. Ich danke ihm für seine einführenden Worte zur Begründung dieser Veranstaltung.

Das Nachdenken über das Nebeneinander zweier höchst verschiedenartiger Raum- und Zeitgenossen hat Werner Welzig in dieser Begründung erwähnt. Die Anknüpfungspunkte zwischen diesen beiden Raum- und Zeitgenossen, dem Dichter und dem Naturwissenschaftler, die beide unter dem Eindruck der fortschreitenden Industrialisierung des 19. Jahrhunderts und den damit verbundenen Veränderungen stehen, sind das Spannende an dieser Veranstaltung.

Ich selbst werde mich jetzt dem Thema „Adalbert Stifter im Spiegel von Naturwissenschaften und Technik seiner Zeit" widmen.

*

Adalbert Stifter im Spiegel von Naturwissenschaften und Technik seiner Zeit

Die Basis für das große Verständnis, das Adalbert Stifter Technik und Naturwissenschaft entgegenbrachte, wurde zweifellos am Gymnasium von Stift Kremsmünster – einem Lyceum in der Terminologie der damaligen Zeit – gebildet.

In den ersten vier Jahren war Pater Placidus Hall, der außer Religion alle Fächer unterrichtete, Stifters Klassenlehrer. Über ihn schreibt Stifter: „Den vorzüglichsten, wenn nicht allen Teil an meinem Fortgang verdanke ich dem Benedictiner Placidus Hall, der sich meiner annahm, weil er einige Anlagen in mir zu entdecken meinte [...] der mich ermunterte, mich im Zügel hielt, wenn mich mein lebhaftes Wesen fortreißen wollte, und der mich endlich so lieb gewann, dass er fast mehr als väterlich für mich sorgte. Ich kann nur mit größter Liebe und Ehrerbietung an diesen Mann denken.“[41] Stifter war ein überdurchschnittlicher Schüler, wie dieses und andere Zeugnisse belegen. Kein Streber, wie Lehrer und Mitschüler bestätigen, dennoch aber Klassenprimus mit ausgezeichneter Beurteilung.

In dem Cursus „Philosophie“, der unter dem Namen Naturphilosophie auch das Curriculum der Naturwissenschaften einschloss, war Pater Marian Koller eine besondere Bezugsperson Stifters. Koller besaß eine solide Ausbildung als Physiker und Astronom.

Pater Placidus Hall

Höhepunkt des Kremsmünster Stiftes im wahrsten Sinne des Wortes ist sein achtgeschoßiger mathematischer Turm. Gekrönt ist er durch die Sternwarte, in der bis in die jüngste Vergangenheit hinein astronomische Beobachtungen getätigt wurden. Heute krönen – etwas zweckentfremdet – Ultrakurzwellenantennen beide Kuppeln. Hier lernte Stifter Sonnen- und Mondfinsternisse als wechselseitige Bedeckungen von Himmelskörpern zu verstehen und in gewissem Umfang voraus zu berechnen.

In der Stiftsbibliothek ist Stifter mit kostbaren Büchern in Berührung gekommen.

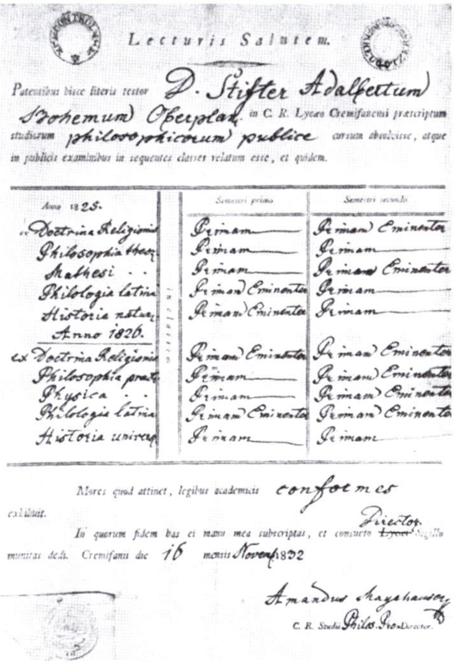

Lecturis Salutem.

Patentibus hisce literis testor D. Stifter Adalbertum Bohemum Oberplan. in C. R. Lyceo Cremifanensi præscriptum studiorum philosophicorum publice cursum absolvisse, atque in publicis examinibus in sequentes classes relatum esse, et quidem.

Anno 1825.	Semestri primo	Semestri secundo
ex Doctrina Religionis	Primam	Primam Eminenter
Philosophia theor.	Primam	Primam
Mathesi	Primam	Primam Eminenter
Philologia latina	Primam Eminenter	Primam
Historia natur.	Primam Eminenter	Primam
Anno 1826.		
ex Doctrina Religionis	Primam Eminenter	Primam Eminenter
Philosophia pract.	Primam	Primam Eminenter
Physica	Primam	Primam Eminenter
Philologia latina	Primam Eminenter	Primam Eminenter
Historia univers.	Primam	Primam

Mores quod attinet, legibus academicis conformes exhibuit.

In quorum fidem has ei manu mea subscriptas, et consueto ~~Lycei~~ Directoris Sigillo munitas dedi. Cremifanii die 16 mensis Novemb. 1832

Amandus Mayrhauser
C. R. Studii Philos. Pro-Director.

Zeugnis Stifters: Gymnasium 2. Klasse

---

[41] Roedl, Urban: Adalbert Stifter mit Selbstzeugnissen und Bilddokumenten. Rowohlt Taschenbuchverlag, Hamburg 1965, 21

Mathematischer Turm und Sternwarte, Stift Kremsmünster

Stiftsbibliothek Kremsmünster

Seine Ausbildung war offenbar so umfangreich, dass er einen großen Teil seines Lebens erfolgreich als Hauslehrer tätig sein konnte. Zu seinen Schülern zählte der Sohn des Fürsten von Metternich.

Mit den naturwissenschaftlichen Vorlesungen, die Stifter an der Universität Wien zusätzlich zu Vorlesungen hörte, die er als Student der Rechtswissenschaften zu belegen hatte, hätte es bei ihm wohl zu einer soliden Anstellung an einem Lyceum gereicht. Es kam jedoch nicht dazu. Die Gründe dafür könnten nicht zuletzt psychosomatischer Natur gewesen sein: sei es, dass er einen Vorstellungstermin „vergaß“, oder dass eine Hüftentzündung ihn daran hinderte, sich vorzustellen – der Schuldienst wurde für ihn erst sehr viel später wichtig.

Um Stifter begann sich die Welt zu verändern: langsam, im ländlichen Bereich eher bedächtig, in den Städten aber teilweise revolutionär. Die in Leselisten angegebenen zugelassenen Werke konnten das Lesen von Hegel, Hölderlin oder Schelling nicht verhindern. Von umstürzlerischen Ideen wurde Stifter jedenfalls nicht oder kaum erfasst. 1825 erkrankte er an Pocken. Die Narben trugen dazu bei, sein etwas linkisches Gehaben in einer Außenseiterrolle zu perpetuieren.

An der Grenze seiner südböhmischen Heimat zu Oberösterreich war es der Versuch der Anpassung an eine neue ökonomische Situation, die zum Bau des Schwarzenbergschen Schwemmkanals – einer zu dieser Zeit beachtlichen bautechnischen Leistung – führte.

Durchgängigmachen des Schwarzenbergschen Schwemmkanals

Austritt des Schwarzenbergschen Schwemmkanals an die Oberfläche

Schwarzenbergscher Schwemmkanal

Bereits 1775 legte der Forstingenieur Josef Rosenauer einen Plan vor, Holz aus dem Böhmerwald über die europäische Kontinentalwasserscheide und weiter über die Große Mühl zur Donau zu schwemmen und dann nach Wien zu verschiffen. Mit einem Gefälle von 0,2 % plante er, das Holz in einem Schwemmkanal von der Mündung des Zwettelbaches in die Große Mühl und an Haslach im Mühlviertel vorbei, über die Wälder des österreichischen Klosters Schlägl in das Gebiet des Plöckensteins und der Hirschberge zu den böhmischen Schwarzenbergschen Besitzungen zu transportieren. Das Endziel Rosenauers war der Bach Lichtwasser unweit der bayrischen Grenze. Der Plan erregte ebenso Bewunderung wie Entsetzen. Johann zu Schwarzenberg billigte den Plan 1779, die Arbeiten begannen aber erst 1789. Der Grund für die Verzögerung war offenbar ein ökonomischer. Damals endete das kaiserliche Patent, das dem Bistum Passau das Recht auf Holzschwemmen über die Große Mühl einräumte. Die Familie Schwarzenberg mietete die Grundstücke, die zur Errichtung des Wasserweges auf der österreichischen Seite benötigt wurden.

Als Adalbert Stifter geboren wurde, war der Kanal bereits in Betrieb. Am Boden maß er 1,5 bis 2 Meter, an der oberen Kante 3,5 bis 4 Meter, seine Tiefe betrug etwa 1 Meter. Problematisch waren zwei Faktoren: der Wasserspiegel und überlange Holzstücke, die zu Stauungen führten und so den Weitertransport verhinderten. Bei Wassermangel war der Betrieb lahm gelegt. Durch das Umleiten kleinerer Bäche wurde versucht, die nutzbaren Zeiten zu verlängern. Zur Entkeilung aufgestauter Scheite waren an die 200 Arbeiter eingesetzt. Im Jünglingsalter Stifters wurde der Schwemmkanal verlängert, um weitere Teile des Böhmerwaldgebiets für den Holztransport zu erschließen. Die Gesamtlänge des Kanals betrug nun 89,7 km. Im Endausbau speisten 21 Bäche diese bemerkenswerte technische Einrichtung, 87 Brücken überquerten den Kanal, ergänzt durch 78 Wassergräben und 22 Schleusen. Zum Transport längerer Holzstücke wurden seine Kurven begradigt. Das Aus für den Schwarzenbergschen Schwemmkanal hatte zwei Ursachen. In der 2. Hälfte des 19. Jahrhunderts wurde Brennholz immer mehr durch Kohle ersetzt. 1891, 28 Jahre nach dem Tod Adalbert Stifters, wurde der Holztransport nach Wien infolge zu geringer Nachfrage beendet.

Ein Jahr später wurde die Eisenbahnstrecke Želnava – Česky Krumlov/Krummau – České Budějovice/Budweis fertig und damit konnte Rundholz auch von schwer zugänglichen Regionen des Böhmerwaldes zu den Abnahmeplätzen transportiert werden. Stifter war von den technischen Neuerungen zunächst beeindruckt. In einem Brief schrieb er etwa: „Bei der Nacht ist so ein Eisenbahnzug eine wahrhaft erhabene Erscheinung. Zwischen den Wagen sind immer zwei Lampen angezündet [...] so dass es für die Zuschauer aussieht, als flögen lauter Karfunkel vorüber. Die Rauchwolke ist in der Nacht feuerrot, und ein Strom unzähliger Funken wallt durch die Luft […].“[42]

Am Tag des Neumondes,
im Monat Hiyar,
wurde die Sonne in ihrem Glanz
beschämt und ging
zur Tageszeit unter,
während Mars (am Tageshimmel)
Wache stand.

Bericht einer Sonnenfinsternis vom 3. Mai 1375 v. Chr., Mesopotamien

Die Funken der glühenden Asche erinnern an die heranbrechende Morgendämmerung, an das Morgenlicht der aufgehenden Sonne, deren strahlender Schein üblicherweise den Tag beleuchtet – bis auf gewisse Ausnahmen, nämlich dann, wenn eine Sonnenfinsternis den Tag mit einer vorübergehenden Zäsur markiert. Sonnenfinsternisse haben in der verbürgten Geschichte seit jeher das Interesse der Menschen geweckt. So heißt es in einem mesopotamischen Text: „Am Tag des Neumondes, im Monat Hiyar, wurde die Sonne in ihrem Glanz beschämt und ging zur Tageszeit unter, während der Mars (am Tageshimmel) Wache stand.“[43] Das bedeutet, dass er am Tageshimmel zu sehen war. Dieser Text berichtet, wie Rückrechnungen ergaben, von einer Sonnenfinsternis am 3. Mai 1375 vor Christus.

Sonnenfinsternisse mögen den Verlauf von Schlachten beeinflusst haben. Vor allem dann, wenn die eine Kriegspartei im Voraus von der Finsternis Kenntnis hatte, die andere aber nicht. Die Fama über die glücklosen Astronomen Ho und Hi, die im Alkoholdusel vergaßen, dem chinesischen Kaiser eine Finsternis vorherzusagen und dafür ihr Leben lassen mussten, ist nicht eindeutig verifizierbar, dient jedenfalls aber als Aufforderung zu mehr Berufsethos, und zwar nicht nur für chinesische Hofastronomen.

Eine Sonnenfinsternis weit jüngeren Datums, und zwar am 11. August 1999, wurde von einer Gruppe der Österreichischen Akademie der Wissenschaften beobachtet. Der Helligkeitsverlauf, gemessen in Oberschützen im Burgenland entgegen die Richtung der Sonne und in ihre Richtung, wird durch die Graphik dargestellt.

Die Sonnenfinsternis am 8. Juli 1842 besitzt den Vorzug, von Adalbert Stifter beschrieben worden zu sein, auch wenn ihre Beobachtung durch Wolken beeinträchtigt wurde. Das Akademiemitglied Hauslab hat dazu ein Aquarell angefertigt.

[42] http://www.stifter-haus.at/lib/bibliographie.php

[43] Eclipse Quotations - Part I, Übersetzung M. Firneis (http://www.mreclipse.com/Special/quotes1.html)

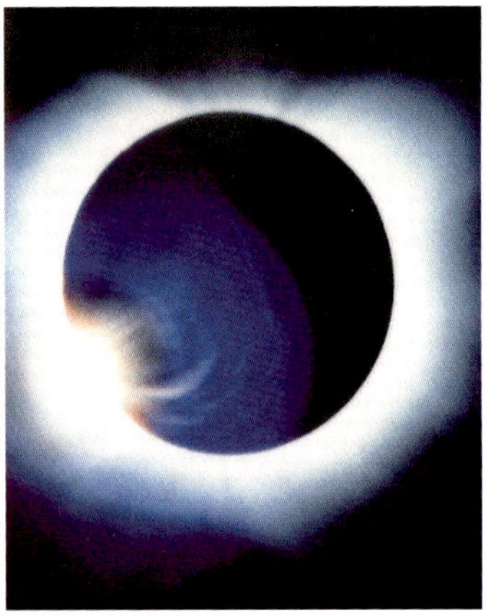

Totale Sonnenfinsternis, 11. August 1999, maximale Dauer: 2 Min. 27,3 Sek.

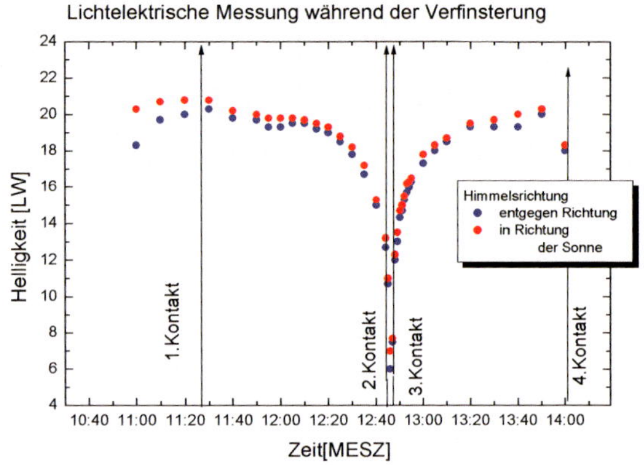

Helligkeitsmessungen: Oberschützen, 11. August 1999

Eine totale Sonnenfinsternis zeichnet sich dadurch aus, dass die Sonnenscheibe durch den Mond vollkommen abgedeckt ist. Dazu muss der Mond nahe genug bei der Erde stehen, ansonsten ist die Sonnenfinsternis bloß ringförmig. Nur bei unserer Erde, die mit einem sehr großen Mond weit genug von der Sonne entfernt ist, sodass der Winkeldurchmesser des Mondes etwas größer als jener der Sonnenscheibe ist, kann eine totale Sonnenfinsternis entstehen.

Von Wolken bedeckte Sonnenfinsternis im Aquarell von Franz v. Hauslab

Totalität der Sonnenfinsternis im Aquarell von Franz v. Hauslab

Sonnenfinsternis: Zeitgenössisches Bild von Johann Christian Schoeller

Im Bericht Stifters wird der Beginn des Eintritts der Mondscheibe in das Sonnenbild als „Hauch eines sanften Todeskusses“[44] beschrieben, der von dem Ruf begleitet wird: „es kommt!“[45].

Stifter setzt fort: „[…] draußen in der Entfernung von Tausenden und Millionen Meilen, wohin nie ein Mensch gedrungen, an Körpern, deren Wesen nie ein Mensch erkannte“[46] würde nun zur selben Sekunde das Finsterniseereignis eintreten. Das Fortschreiten der Finsternis beschreibt Stifter so: „Indem alle nur schauten […] wuchs das unsichtbare Dunkel immer mehr und mehr in das schöne Licht der Sonne ein“[47] und er fährt fort: „Draußen an dem Kahlengebirge und jenseits des Schlosses Belvedere war es schon, als schliche [die] Finsternis […] wie ein böses Tier heran.“[48]

Die fortschreitende Mondscheibe apostrophiert er als „dies unheimliche, klumpenhafte, tiefschwarze vorrückende Ding, das langsam die Sonne wegfraß, mit Zacken und Wulsten besetzt, den furchtbaren Bergen, die sich auf dem uns so freundlich lächelnden Runde türmen“.[49] „Die Schwalben wurden unruhig, der schöne sanfte Glanz des Himmels erlosch […] ein kühles Lüftchen

[44] http://193.174.33.104:7776/sonne/sonne.html
[45] ebd.
[46] ebd.
[47] ebd.
[48] ebd.
[49] ebd.

hob sich und stieß gegen uns, über den Auen starrte ein unbeschreiblich seltsames, aber bleischweres Licht."[50]

Die Ruhe der Wälder beschreibt Stifter als nicht die des Schlummers, sondern der Ohnmacht. „Erschütternd war dies allmähliche Sterben [...] mitten in der herrschenden Frühe des Morgens."[51] „Die Stadt sank zu unseren Füßen immer tiefer wie ein wesenloses Schattenspiel hinab [...] wie der letzte Funke eines erlöschenden Dochtes schmolz auch der letzte Sonnenfunken weg. Dieser Moment war es eigentlich, der [...] herzzermalmend wirkte."[52] „Der Mond stand mitten in der Sonne [...] gleichsam halb transparent wie mit einem leichten Stahlenschimmer [...] rings um ihn ein wundervoller Kreis von Schimmer, bläulich, rötlich, in Strahlen auseinander brechend [...]. Draußen, weit über das Marchfeld hin, lag schief eine lange spitze Lichtpyramide, gräßlich gelb, in Schwefelfarbe flammend und unnatürlich blau gesäumt."[53] „Gerade als die Menschen anfingen, ihren Empfindungen Wort zu geben [...] hörte es auf. Mit einmal war die Jenseitswelt verschwunden und die hiesige wieder da. Ein einziger Lichttropfen quoll am oberen Rande wie ein weißschmelzendes Metall hervor und wir hatten unsere Welt wieder. Die Dinge warfen wieder Schatten, das Wasser glänzte, die Bäume waren grün. Die Pferde wieherten und die Sperlinge auf dem Dach begannen ein Freudengeschrei und die Schwalben schossen [...] in der Luft umher."[54]

Gedenktafel: Adalbert Stifters Wohnhaus an der Ecke Seitenstettengasse/Judengasse im 1. Wiener Gemeindebezirk

Eine Gedenktafel erinnert an die Beobachtung der Sonnenfinsternis durch Stifter am 8. Juli 1842 vom Kornhäuslturm aus. Sechs Tage später erschien Stifters Bericht in der „Wiener Zeitschrift".

Zu Zeiten Stifters war die Genese unseres Sonnensystems nicht so klar und eindeutig wie heute. Es macht wenig Sinn, die Irrwege der Deutungen nachzuvollziehen. Heute sehen wir diese Genese so: aus einer Gas- und Staubwolke beginnt sich ein Kern und eine flache Scheibe zu differenzieren, die sich in ein Zentrum zur frühen Sonne verdichtet. Während ihre beginnenden Kern-

---

[50] ebd.

[51] ebd.

[52] ebd.

[53] ebd.

[54] ebd.

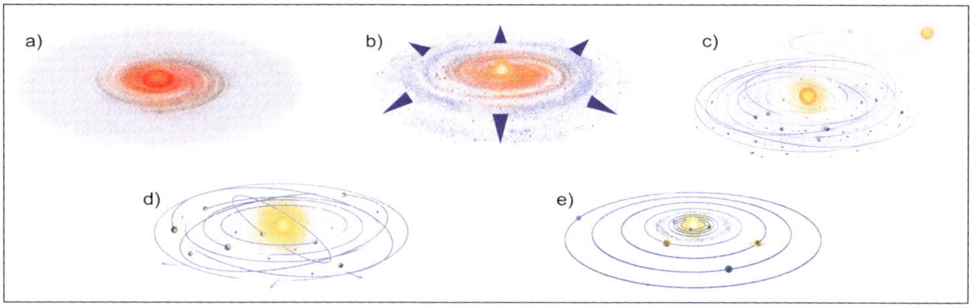

Genese des Sonnensystems
a) Eine Gas- und Staubwolke kontrahiert auf Grund des internen Dralls. Um den Kern entsteht eine flache Scheibe.
b) Der Kern zündet thermonuklear. Der entstehende Sonnenwind treibt Materie in die Peripherie.
c) Ein vorbeiziehender Stern bindet gravitativ die mikroskopischen Staubteilchen und bereitet damit die weitere Evolution des jungen Sonnensystems.
d) Aus den verbleibenden groben Staubteilchen entstehen Astroiden, Planetoiden.
e) Die endgültigen Planeten und Monde des Sonnensystems entstehen durch Anlagerungen und Stöße.

Mars

Sonnenbedeckung am Mars durch dessen Mond Deimos und dessen Mond Phobos

reaktionen das erste Licht durch die Staubnebel aufblitzen lassen, beginnt der Sonnenwind zu wehen, wodurch Gestein, Eis und Gas nach außen getrieben werden. Möglicherweise hat vorbeiziehendes Gestirn den kleinkalibrigen Staub so nachhaltig entfernt, dass frühzeitig kompaktifizierte Strukturen entstehen konnten. So entstanden die Planeten mit ihren Monden. Die Häufigkeit und das regelmäßige Auftreten der Verfinsterungen hätte schon früh Hinweise auf die Genese und die Gestalt des Sonnensystems geben können, wenn man diese Fakten bewusst registriert hätte. Auf anderen Planeten unseres Sonnensystems sind die Verhältnisse nicht grundsätzlich anders.

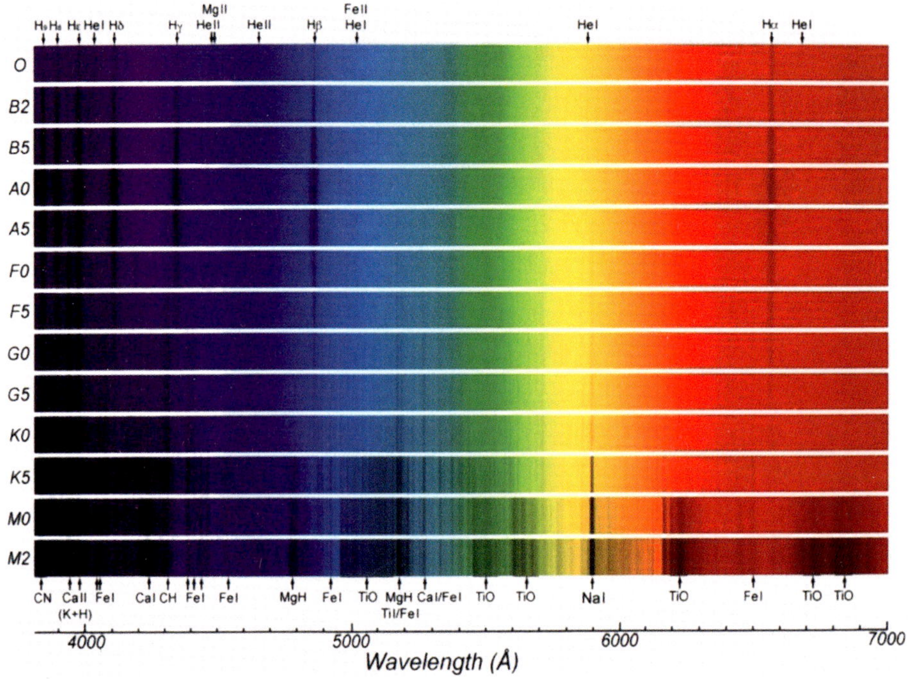

Absorptions-Spektrallinien in Abhängigkeit vom Spektraltyp

Betrachten wir den Mars mit seinen Monden Phobos und Deimos, die wahrscheinlich eingefangene Gesteinsbrocken sind. Die Größenverhältnisse der Sonnenscheibe beim Mars und jene seiner Monde reichen bloß zu Transits, zu Durchgängen also, aber nicht zu totalen Sonnenfinsternissen. Die hier gezeigten Bilder sind vom Marsrover Opportunity aufgenommen. Im Prinzip sollten, zwar selten aber doch, gleichzeitige Transits von Phobos und Deimos über die Sonnenscheibe beobachtbar sein.

Um die Lebenshälfte Stifters wurde das heliozentrische Weltbild stückweise entkräftet. Unsere Sonne rückte aus dem Mittelpunkt des Weltbildes, sie wurde zu einer Sonne unter vielen, eher klein, was ihr ein langes Leben garantiert. Wie wir heute wissen, befindet sie sich im mittleren Lebensalter. Zu Stifters Zeit wurde das Universum in seiner Struktur schrittweise entschlüsselt. Der Sternaufbau gab sich durch Spektren preis.

Das ist nicht der Ort, stellare Spektroskopie zu betreiben, die Grundkonzepte aber sind einfach und unmittelbar anschaulich.

Die atomare Struktur eines Gases bei hohen Temperaturen erzeugt ein Emissionsspektrum. Wird kaltes Gas von einer kontinuierlichen Lichtquelle beleuch-

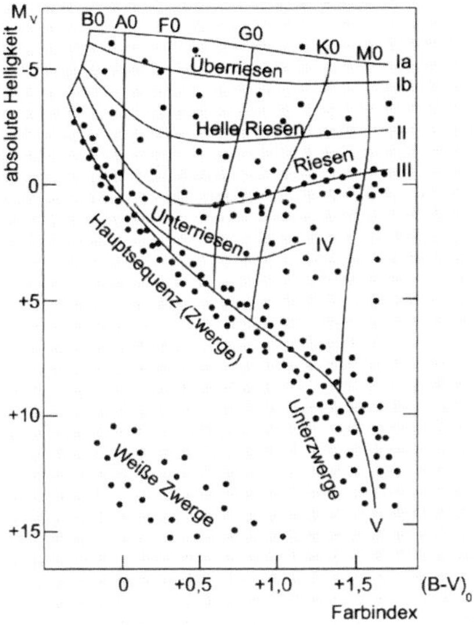

Hertzsprung-Russell-Diagramm: Anordnung der Hauptreihe sowie der Riesen und Zwerge

tet, dann entstehen Absorptionslinien. Die Beobachtung verschiedener Sterne lässt verschiedene Spektren erkennen. Man kann die Sterne nach dem Auftreten von Absorptionslinien und damit niedrigerer Temperatur ordnen. Ordnet man die Sterne zusätzlich nach ihrer Leuchtkraft an, dann zeigt sich im Hertzsprung-Russel-Diagramm – und das war bereits etwa 45 Jahre nach dem Tod Stifters erkennbar – ein Muster, das Geburt und Tod von Sternen illustriert.

In der Hauptreihe verbringen sie, jeweils nach Masse und Zusammensetzung an verschiedenen Plätzen, den größten Teil ihres Lebens. Ein Vergleich mit dem Hertzsprung-Russel-Diagramm illustriert das eindringlich. Von der nahen Umgebung in unserer Galaxis bis hin in fernste Weiten, wo Einzelsterne nicht mehr auflösbar sind, sondern nur durch ihre globale Markierung als ferne Galaxien erkennbar sind, wurde klar, was Naturphilosophen und Astronomen zur Zeit Stifters bestenfalls ahnten. Die Bauelemente des Universums waren entschlüsselt und nur wenig später würden Lebenslinien von Einzelsternen im Hertzsprung-Russell-Diagramm einzuzeichnen sein.

Dazu aber war auf der Erde noch einige Erklärungsarbeit zu leisten. In künstlerischer Vorschau, gepaart mit dem physikalischen Wissen seiner Zeit gab Stifter in der Vorrede zu den „Bunten Steinen“ im Jahr 1852 folgenden Ausblick: „Wenn wir, so wie wir für das Licht die Augen haben, auch für die Electricität und den aus ihr kommenden Magnetismus ein Sinneswerkzeug hätten, welche große Welt [...] würde uns da aufgetan sein. Wenn wir aber auch dieses leibliche Auge nicht haben, so haben wir dafür das geistige der Wissenschaft, und diese lehrt uns, daß die electrische und magnetische Kraft [...] [so] wirke, daß sie auf der ganzen Erde und durch den ganzen Himmel verbreitet sei.“[55]

[55] Sämtliche Werke. Hg. von A. Sauer et al., Graz (Stiasny) 1958–1960 (Bibliothek deutscher Schriftsteller aus Böhmen, Mähren und Schlesien, Bd. 5: Bunte Steine. Bemerkung = siehe aber p. 283 dieses Bandes: wie Tiere das Magnetfeld wahrnehmen

Michael Faraday (1791–1867)

James Clerk Maxwell (1831–1879)

Etwa um den 16. Geburtstag Adalbert Stifters hat Michael Faraday um 1821 begonnen, in einer zusammenfassenden Arbeit Experimente zum Elektromagnetismus zu beschreiben und zu deuten.

Im 51. Lebensjahr Stifters schreibt James Clerk Maxwell: „Ich habe mir vorgenommen, keine mit diesem Themenkreis zusammenhängende Mathematik zu lesen, solange ich Faradays Werk ‚Experimentelle Untersuchungen über die Elektrizität' nicht gründlich durchgearbeitet habe."[56] Sein eminentes mathematisches Talent ausnützend, hat Maxwell Faradays Ergebnisse in mathematische Form gebracht und weiterentwickelt. Der Altersunterschied von 40 Jahren hat Faraday und Maxwell nicht daran gehindert, schriftlich und später auch mündlich Gedankenaustausch zu pflegen.

Hier geht es nicht um die Interpretation der Maxwellschen Gleichungen. Es muss genügen, über sie Folgendes zu sagen: Sei **E** die elektrische und **H** die magnetische Feldstärke. Dann sagt die Gleichung in der rechten oberen beziehungsweise der linken unteren Ecke Folgendes aus: die zeitliche Veränderung eines Magnetfeldes induziert ein elektrisches Feld. Umgekehrt induziert die zeitliche Veränderung eines elektrischen Feldes ein Magnetfeld. Eine Asymmetrie der Schreibung der Gleichungen resultiert aus dem physikalischen Faktum, dass es zwar Ladungsträger des elektrischen Feldes gibt, aber keine magnetischen Monopole.

---

[56] http://www.de.wikipedia.org/wiki/James_Clerk_Maxwell

Maxwell´sche Gleichungen

$$\mathit{div}\,\boldsymbol{D} = \rho, \quad \boldsymbol{D} = \varepsilon \boldsymbol{E}, \quad \mathit{rot}\,\boldsymbol{E} = -\frac{\partial \boldsymbol{B}}{\partial t},$$
$$\boldsymbol{J} = \kappa \boldsymbol{E},$$
$$\mathit{rot}\,\boldsymbol{H} = \boldsymbol{J} + \frac{\partial \boldsymbol{D}}{\partial t}, \quad \boldsymbol{H} = \frac{1}{\mu}\boldsymbol{B},$$
$$\mathit{div}\,\boldsymbol{B} = 0.$$

Konsequenz der Maxwell-Gleichungen: Licht ist eine elektromagnetische Welle

Über die Maxwellschen Gleichungen sagte Boltzmann im Vorwort des 2. Teils seiner Vorlesungen: „War es ein Gott, der dieses Zeichen schrieb?“[57]

Tatsächlich liegt hier ein Knotenpunkt der Physikgeschichte vor. In den Gleichungen treffen Elektrodynamik und Optik zusammen. Daraus resultiert die fundamentale Aussage, dass Licht eine elektromagnetische Welle ist.

Stifter schrieb dazu im Nachsommer: „Wie wird es sein, wenn wir mit der Schnelligkeit des Blitzes Nachrichten über die ganze Erde werden verbreiten können?“[58]

In der Zwischenzeit gehen die zugänglichen Entfernungen weit über irdische Maßstäbe hinaus. In das Nichts des Vakuums wirft das Licht oder die etwas langwelligere Radiostrahlung wie ein Seiltänzer abwechselnd seine gekoppelten elektrischen und magnetischen Feldringe, um auf ihnen mit der größtmöglichen Geschwindigkeit – der Lichtgeschwindigkeit – das Universum zu durcheilen und damit Kunde von stationären und kataklysmischen Vorgängen zu geben, welche die Evolution der Creatio beschreiben. Großfernrohre und radioastronomische Antennen beobachten diese elektromagnetische Strahlung.

All diese Erkenntnisse sind letztlich aus der Perspektive unserer menschlichen Existenz und unserer Erkenntnismöglichkeiten zu sehen. Wie stellt sich diese Existenz in der endogenen Wahrnehmung, in der Regression dar? Als Gegenstand der Psychoanalyse erscheint das zunächst zumindest kontroversiell.

Es ist bemerkenswert, dass Stifter gegen Ende seines Lebens so etwas wie vorgeburtliche Erinnerungen deutlich beschreibt. „Weit zurück in dem leeren Nichts ist etwas wie Wonne und Entzücken, das [...] fast vernichtend in mein Leben drang [...] Es war Glanz, es war Gewühl, es war unten. Dies muss sehr früh gewesen sein, denn mir ist, als liege eine hohe weite Finsternis des Nichts um das Ding herum. Dann war etwa anderes, das sanft und lindernd durch mein Inneres ging: es waren Klänge. Dann schwamm ich in etwa Fächelndem,

---

[57] Boltzmann, Ludwig: Vorlesungen über Maxwells Theorie der Elektrizität und des Lichts. J. A. Barth, Leipzig 1908

[58] Adalbert Stifter. Werke und Briefe. Historisch-kritische Gesamtausgabe. Bd. 4,2. Verlag W. Kohlhammer, Stuttgart 1999, 227

Vorgeburtliche Erfahrung?

Adalbert Stifter: Denkmal in Linz

ich schwamm hin und wider, es wurde immer weicher und weicher und dann wurde ich wie trunken, dann war nichts mehr."[59]

Stifter spricht dann von Schleiermeeren der Vergangenheit, von Urerinnerungen eines Volkes, vom Klingen von Glocken, von einer roten Dämmerung. Von einer Stimme, die zu ihm sprach, von Augen, die ihn anschauten und Armen, die alles linderten. Er setzt dann fort: „Ich erinnerte mich, dass ich das ‚Mam' nannte."[60]

Prof. Wolfgang Wieser, wirkliches Mitglied unserer Akademie, hat dazu weitere interessante Deutungen publiziert.

Adalbert Stifter war ein sensibler, hochgebildeter Zeuge einer Zeit, die Ausgangspunkt großer naturwissenschaftlicher und technischer Umwälzungen wurde. Persönliches Leid hat er in seinem Œuvre transzendiert. Zu Recht hat ihm die Nachwelt Denkmäler gesetzt.

Ich danke Ihnen für Ihre Aufmerksamkeit.

---

59 http://www.stifter-haus.at/stifter.php

60 ebd.

Eröffnungsworte
anlässlich der Verleihung der Preise der ÖAW

Sehr geehrte Damen und Herren,
liebe Preisträgerinnen und Preisträger!

Vor zwei Jahren hat Ernst-Ludwig Winnacker in seiner Eigenschaft als Präsident der Deutschen Forschungsgemeinschaft einen Beitrag zur Hochschulforschung mit dem Titel „Talentflucht in die USA“ geschrieben, wobei er seine Ausführungen mit der Feststellung begann, 55 Prozent der Forschungsleistungen in den USA würden von Ausländern erbracht. Dieser Prozentsatz sollte auch uns in Österreich beunruhigen, bedeutet er nämlich, dass sich der wissenschaftliche Nachwuchs an unseren Universitäten zwar bestmöglich qualifiziert, dass ihm dann aber geeignete Möglichkeiten der wissenschaftlichen Betätigung im eigenen Land nicht in ausreichendem Maße geboten werden, weshalb viele talentierte junge Forscher und Forscherinnen Österreich verlassen. Dafür wird das oft zitierte Schlagwort *Brain Drain* verwendet.

Die Österreichische Akademie der Wissenschaften versucht seit Beginn ihres Bestehens – in den letzten zehn Jahren mit stark zunehmendem Engagement – junge Wissenschaftlerinnen und Wissenschaftler auszuzeichnen und ihnen auf diese Weise zu Ansehen in der Scientific Community zu verhelfen. Sie ist neben dem Fonds zur Förderung der wissenschaftlichen Forschung und dem Österreichischen Austauschdienst die größte Nachwuchsförderin des Landes geworden.

Was bedeutet das? Wir fördern zurzeit rund 200 junge Wissenschaftlerinnen und Wissenschaftler in sechs Stipendienprogrammen und vergeben 17 Forscherpreise in verschiedenen Wissensgebieten. Leider sind wir nun an die Grenzen des unter den gegebenen finanziellen Rahmenbedingungen Machbaren gestoßen: seit vier Jahren wurde das Budget für die Nachwuchsprogramme nicht erhöht. Wir brauchen mehr Menschen und Einrichtungen in diesem Land, die exzellente Österreicherinnen und Österreicher fördern. Wir brauchen ein starkes Zeichen für unseren wissenschaftlichen Nachwuchs. Es ist ein unzumutbarer Zustand, dass wir aus finanziellen Gründen junge Menschen abweisen müssen, die alle Voraussetzungen für eine Exzellenzförderung erfüllen. Eine Bewilligungsquote von 12,5 Prozent, wie beispielsweise bei unserem PhD-Programm DOC, ist ein untragbarer Zustand. Diese Situation entmutigt viele junge Menschen in unserem Land, welche die Leistungskriterien entsprechend internationalem Peer-Review-System erfüllen, und veranlasst sie, Österreich zu verlassen.

Mein Blick richtet sich in diesem Zusammenhang auf Herrn Sektionschef Kowalski, der in den nächsten Monaten vor der großen Aufgabe stehen wird, die Nachwuchsförderung in Österreich neu zu ordnen. Die Österreichische Akademie der Wissenschaften verknüpft damit die Hoffnung, dass diese Neugestaltung helfen wird, die erwähnte Talentflucht zu reduzieren. Namens der Akademie richte ich an Sie, sehr geehrter Herr Sektionschef, und nicht zuletzt an alle politischen Entscheidungsträger, die dringende Bitte, mit mutigen Schritten die Kräfte in unserem Land zu unterstützen, die sich der Nachwuchsförderung engagiert und hochqualifiziert widmen.

Es sind aber nicht nur Stipendien für Nachwuchsforschung, durch die die Akademie herausragende Forschungsleistungen sichtbar macht. In immer stärkerem Ausmaß – nicht zuletzt dank privater Stifter – geschieht dies auch durch die Vergabe von Preisen. Dabei werden nicht nur herausragende Leistungen junger Forscherinnen und Forscher ausgezeichnet. Mit den so genannten großen Akademiepreisen, dem Wilhelm-Hartel- und dem Erwin-Schrödinger-Preis, wollen wir auch verdiente Wissenschaftlerinnen und Wissenschaftler für ihr Lebenswerk auszeichnen.

Die Akademie kann in diesem Jahr zwei neue Preise vergeben: Damit wird erfreulicherweise das Spektrum ihrer Preise nach innen und außen erweitert. Unser wirkliches Mitglied Moritz Csáky hat in nachahmenswerter Weise zwei an ihn verliehene Preise – den Wilhelm-Hartel-Preis und den Karl von Vogelsang-Staatspreis – gestiftet, um jungen ostmitteleuropäischen Wissenschaftlerinnen und Wissenschaftlern aus den Geistes-, Sozial- und Kulturwissenschaften einen Forschungsaufenthalt in Österreich zu ermöglichen. Wir danken Ihnen, verehrter Herr Kollege Csáky, sehr herzlich für diese Initiative, die unter anderem auch die Anstrengungen der Akademie um eine Intensivierung der Kontakte zu unseren Nachbarländern unterstützt.

Der zweite neu geschaffene Preis ist nach meinem Amtsvorgänger Werner Welzig benannt. Der Initiative des Betriebsrates der ÖAW ist es zu verdanken, dass wir diesen vom Betriebsrat und von der Akademie gestifteten Preis im Jahre 2004 zum ersten Mal vergeben konnten.

Es ist mir eine besondere Freude, Ihnen nun die Preisträgerin des Jahres 2004 und den Preisträger, der in diesem Jahr ausgewählt wurde, zu präsentieren.

Maria Schreiber, aus Katzelsdorf im Weinviertel stammend, besuchte das Musisch-pädagogische Bundesrealgymnasium in Mistelbach und maturierte dort im Jahr 1968. Drei Jahre später, im September 1971, erfolgte ihr Eintritt in die Verwaltungsstelle für das Rechnungswesen der Österreichischen Akademie der Wissenschaften. Seit 1983 ist sie stellvertretende Leiterin dieser Verwaltungsstelle.

Ich zitiere aus dem Preisvorschlag und der Begründung der Jury: „Seit nunmehr 35 Jahren ist Frau Amtsrätin Maria Schreiber für diese Institution tätig. Naturgemäß ist es nicht so, dass die Buchhaltung und ihre ausübenden Organe im Zentrum von allgemeiner Sympathie und Zuneigung stehen. Diese Tätigkeit erfordert eine Mischung aus Genauigkeit, Strenge und Distanz. Und trotzdem hat Frau Amtsrätin Schreiber im mühsamen Alltag der Arbeit nie ihren Humor, ihren Witz und ihre Hilfsbereitschaft, ihre Problemlösungskompetenz, verloren. Es gibt im mentalen Training eine Technik, die man ‚ankern' nennt: Das bedeutet, dass man einen festen Boden, einen Halt finden muss, wo man ankern kann, ohne fürchten zu müssen, unkontrolliert ins offene Meer zu treiben oder auf Grund zu laufen. Das ‚Akademie-Schiff' kann getrost in der Buchhaltung bei Frau Amtsrätin Schreiber ankern."

Der Preisträger des Werner-Welzig-Preises 2005 ist Doz. Dr. Günter Lepperdinger. Geboren im Jahre 1966 in Salzburg, studierte er Biochemie, Molekularbiologie, Genetik und Entwicklungsbiologie an den Universitäten Wien und Salzburg. Nach seiner Promotion im Jahr 1994 arbeitete er als PostDoc und Gruppenleiter am Institut für Molekularbiologie der ÖAW in Salzburg. Im Jahr 2000 habilitierte er sich an der Universität Salzburg für Biochemie und im Jahr 2004 an der Universität Innsbruck für Entwicklungsbiologie. Von 2002 bis 2005 führte er ein Forschungsprojekt im Rahmen eines APART-Stipendiums der ÖAW durch. Er ist Leiter der Forschungsgruppe Extrazelluläre Matrix-Forschung am Institut für Biomedizinische Alternsforschung der ÖAW.

Günter Lepperdinger erhält den Werner-Welzig-Preis 2005 in Würdigung seiner Verdienste um Gründung und Aufbau von ASCINA Austrian Scientists in North America, einem Netzwerk für österreichische Wissenschaftlerinnen und Wissenschaftler in den USA und Kanada, das er gemeinsam mit Dr. Philipp Steger, Wissenschaftsattaché und Leiter des Office of Science and Technology in Washington – übrigens selbst ein ehemaliger Stipendiat der Akademie – und vielen anderen etabliert hat. Ich zitiere aus der Begründung der Jury: „Mit der Vergabe dieses Preises möchten wir Günter Lepperdinger für die Aufbauarbeit an der Kommunikationsplattform und Interessensvertretung ASCINA öffentlich danken. Er war daran beteiligt, ein wichtiges Netzwerk junger österreichischer Wissenschaftlerinnen und Wissenschaftler in den USA zu schaffen. Durch den Sitz dieser Einrichtung am Institut für Biomedizinische Alternsforschung in Innsbruck und durch die von Günter Lepperdinger organisierte Konferenz ASCINA 2005 in der Österreichischen Akademie der Wissenschaften in Wien wurde auch ein wichtiger Beitrag zum Ansehen unserer Institution innerhalb der Scientific Community geleistet. Als Mitarbeiter der ÖAW hat er so an der Verbesserung der Kommunikation der österreichischen Nachwuchswissenschaftlerinnen und -wissenschaftler im In- und Ausland mitgewirkt."

*

Sehr geehrte Damen und Herren, Sie haben mit der Präsentation der Preisträger und Preisträgerinnen der ÖAW eine tour d'horizon durch Österreichs Forschungslandschaft gemacht: In geographischer Hinsicht von Innsbruck nach Graz, von Klagenfurt nach Wien, in der Vielfalt der Forschungsgebiete von der Etruskologie zur Materialwissenschaft, von den Cultural Studies zur Molekularbiologie – im Selbstverständnis der Österreichischen Akademie der Wissenschaften spannt sich jedoch immer ein Bogen von grundlagenbezogenen zu anwendungsorientierten Wissenschaften, wobei stets auch die kulturorientierten Wissenschaften miteinbezogen sind. Erkenntnisgetrieben und anwendungsoffen sind die Leitlinien für Forschung, die von der Akademie gefördert wird.

Nach dieser eindrucksvollen Leistungsschau der österreichischen Wissenschaft möchte ich mich abschließend bei folgenden Personen sehr herzlich bedanken:

- den Stiftern oder Sponsoren der Preise – wir werden unsere Anstrengungen in nächster Zeit intensivieren, weitere zu finden,
- den Mitgliedern der Vergabejurys, die sich um die Auswahl der Kandidatinnen und Kandidaten verdient gemacht haben,
- den Laudatoren,
- Frau Dr. Sibilia, die im Namen aller Preisträgerinnen und Preisträger zu uns gesprochen hat,
- den Musikern für ihren wunderbaren Beitrag zur Festveranstaltung
- und nicht zuletzt Frau Dr. Lottelis Moser, Leiterin der Verwaltungsstelle für Stipendien- und Preisangelegenheiten, und ihren Mitarbeiterinnen für die hervorragende Organisation dieser Feier und die umfangreichen Vorarbeiten als Voraussetzung zur Abhaltung einer solchen Festveranstaltung.

Eröffnung des Symposiums „Alois Riegl 1905/2005"

Sehr geehrte Damen und Herren!

Namens der Österreichischen Akademie der Wissenschaften begrüße ich Sie sehr herzlich.

„Symposium Alois Riegl 1905/2005" ist der knappe Titel dieser Tagung, die die Österreichische Akademie der Wissenschaften gemeinsam mit dem Museum für Angewandte Kunst (MAK), der Universität Wien und dem Bundesdenkmalamt veranstaltet.

Was hat Alois Riegl, dessen 100. Todestag der Anlass für diese Veranstaltung ist, mit der Österreichischen Akademie der Wissenschaften zu tun? Im Jahr 1902, drei Jahre vor seinem frühen Tod, wählte ihn die Akademie der Wissenschaften zum korrespondierenden Mitglied. In dem 1906 publizierten Nachruf heißt es über seine wissenschaftlichen Werke, sie „lassen Riegl als hervorragenden, eigenartigen Forscher erkennen, dessen Scharfsinn und Denkkraft Bewunderung verdienen".[61]

Dieses Symposium wird Alois Riegl im wissenschaftlichen Diskurs seiner Zeit, seine wissenschaftliche Praxis und die Aktualität seiner Positionen zum Thema haben:

Die bei ihrer Gründung vorgegebene Aufgabe der Akademie, die Wissenschaft auf allen Gebieten zu fördern, beinhaltet die Vielfalt der zu fördernden Disziplinen, das Interesse für verschiedene Wissenschaftszweige, neue Forschungsansätze und wissenschaftliche Fragestellungen sowie den interdisziplinären Ansatz.

Alois Riegl, eine umfassend gebildete Persönlichkeit, hat in kongenialer Weise neue wissenschaftliche Ansätze, vielfältige Fragestellungen in einer Person verkörpert, die heute das Interesse der Wissenschaft auf sich ziehen.

[61] http://kunsthistoriker.at/event_det.php?itemid=287&menuid=4&rubrikid=3

Geboren 1858 in Linz, studierte Riegl in Wien anfänglich Recht, wechselte aber bald zur Philosophie und Geschichte und 1881 zur Kunstgeschichte. Nach der Promotion fand er eine Anstellung am Österreichischen Museum für Kunst und Industrie, wo er bis 1897 die Abteilung für Textilien leitete. In diesen Jahren erschienen zahlreiche Aufsätze zum Kunsthandwerk sowie das Buch Stilfragen, eine etwas spröde, schwer lesbare Geschichte der Ornamentik. Im Jahr 1894 wurde er zum Ao. Professor, 1897 schließlich zum O. Professor ernannt. Neben der Lehrtätigkeit verfasste er seine Hauptwerke „Die spätrömische Kunstindustrie nach den Funden in Österreich-Ungarn" (1901) sowie „Das holländische Gruppenporträt" (1902) – beides umfangreiche Arbeiten, die sich mit vernachlässigten, von der Forschung kaum wahrgenommenen Themen beschäftigten. 1902 übertrug man ihm das Amt des Generalkonservators der K.K. Zentralkommission für die Erforschung und Erhaltung der Kunst- und historischen Denkmale. In dieser Funktion begann er die österreichische Denkmalpflege grundlegend neu zu ordnen, auch wenn die Theorie, die er seiner Arbeit zugrunde legte, höchst eigenwillig war. Erst 47-jährig, starb Alois Riegl am 19. Juni 1905 in Wien.

Alois Riegl gilt heute als der prominenteste Repräsentant der Wiener Schule der Kunstgeschichte. Das war nicht immer so, schon bald nach seinem Tod drohte er in Vergessenheit zu geraten. Als unkonventioneller Denker, der sich den heterogensten wissenschaftlichen und kulturellen Bereichen des Wiener fin de siècle gegenüber stets aufgeschlossen zeigte, gelang es ihm, mit wenigen umfangreichen Publikationen seinem Fach grundlegend neue Impulse zu geben. Er trug darüber hinaus auch entscheidend zu einer akademischen Horizonterweiterung bei, die ihn als Theoretiker der Moderne ausweist. Diesem Umstand ist es zu verdanken, dass dem Wiener Gelehrten seit rund 20 Jahren wachsende internationale Aufmerksamkeit zuteil wird. Besonders im angloamerikanischen Wissenschaftsbereich wird Riegl zunehmend als Ahnherr der europäischen Kulturwissenschaften gewertet.

Was besonders in der jüngeren Forschung zu Riegl deutlich wurde, ist die enorme Breite seines akademischen Horizonts: so versuchte er beispielsweise, damals aktuelle Erkenntnisse der Wahrnehmungsforschung auf sein Fach anzuwenden; er partizipierte an Diskursen der Nationalökonomie; er nahm Teil an der frühen ethnographischen Forschung und publizierte für das Organ der Wiener Anthropologischen Gesellschaft; er hielt Ausschau nach Erkenntnissen der Sprachforschung – all das belegt deutlich, dass Riegl konsequent seinen Blick auf benachbarte Disziplinen richtete –, eine Tatsache, die erklärt, warum er gelegentlich als Wegbereiter der transdisziplinär angelegten Cultural Studies genannt wird.

Heute, genau 100 Jahre nach seinem Tod wird Riegl große internationale Aufmerksamkeit geschenkt, und er wird immer häufiger als Wegbereiter neuer und neuester Forschungszweige genannt.

Sehr geehrte Damen und Herren!

Es sind dies zum Teil Fächer und Forschungszweige, die in der Akademie in der Vergangenheit und Gegenwart Bedeutung hatten und haben. Das breite Feld der Kulturwissenschaften, die Erforschung und Bewahrung des kulturellen Erbes sind beispielsweise ganz wesentliche aktuelle Arbeitsgebiete von Forschungseinrichtungen der Akademie. Die Verbundenheit mit einer epochalen Persönlichkeit wie Alois Riegl zeigt sich noch vielmehr im innovativen wissenschaftlichen Ansatz, dem Aufgreifen neuer Forschungsrichtungen, der Interdisziplinarität und Transdisziplinarität.

Ich wünsche dem Symposium einen guten Verlauf und viel Erfolg.

Vortrag[62]

„Wissenschaft als universales Unternehmen" gehalten anlässlich des Österreichischen Wissenschaftstags 2005 „Wissenschaft in Österreich. Bilanzen und Perspektiven"

Wissenschaft als universales Unternehmen

Rückblick ins Altertum

Vor einigen Jahren wurde in Italien ein Rechenmodell zur Ermittlung von Grenzwerten der Hauptabmessungen des Turms zu Babel entwickelt. Diesem Modell wurden Daten eingegeben, die dem von Peter Breughel d. Ä. 1563 gemalten Bild „Der Turmbau zu Babel" entnommen worden waren. Unter der Annahme einer Grundfläche von der Form eines regelmäßigen Vierundzwanzigecks ergibt die Berechnung 95 Meter als größtmögliche Höhe des Turms bei einem Umfang der Grundfläche von 300 Metern.

Bei der Planung eines solchen Bauwerks sind viele Fragen zu beantworten. Eine der wichtigsten ist die nach der Standsicherheit der Baukonstruktion. Standsicherheitsnachweise auf der Grundlage statischer Berechnungen kamen allerdings erst vor rund 200 Jahren auf.

Die Quantifizierbarkeit der Standsicherheit von Bauwerken nahm der Baukunst einiges von der Aura des Geheimnisvollen, die sie in früheren Zeiten umgeben hatte. Die Geheimnisse bestanden hauptsächlich aus Fachwissen, das, wie etwa in den mittelalterlichen Bauhütten, von Generation zu Generation weitergegeben wurde. Die Geheimhaltung von Fachkenntnissen sollte die unkontrollierte Verbreitung von Fachwissen verhindern und damit einen Wettbewerbsvorteil schaffen. Also Wissenschaft als geheimes, damit unter den da-

[62] Vortrag am Österreichischen Wissenschaftstag 2005 der Österreichischen Forschungsgemeinschaft. Eine für den Tagungsband redigierte Fassung erschien in Walter Berka, Gottfried Magerl (Hg.), „Wissenschaft in Österreich – Bilanzen und Perspektiven" (Band 9 der Reihe „Wissenschaft – Bildung – Politik"), Wien/Böhlau 2006, 17–26

Turmbau zu Babel: 1563 malte Pieter Bruegel der Ältere den Turmbau zu Babel

maligen Randbedingungen eher lokal begrenztes, jedenfalls aber nicht universales Unternehmen!

In einem der Bücher der Apokryphen, dem Buch der Jubiläen, wird über technische Details des Turmbaus zu Babel wie folgt berichtet: „Und sie bauten den Turm; vierzig Jahre und drei Jahre bauten sie ihn; Ziegel in der Breite waren 203 an ihm, und die Höhe eines Ziegels war das Drittel von einem. 5433 Ellen stieg seine Höhe empor und zwei Handbreiten und 13 Stadien."[63] Diese Detailtreue wird wohl kein Grund für die ausgebliebene Kanonisierung des genannten Buches gewesen sein. Nach gnostischer Lehre durfte jedenfalls kein Außenstehender Einblick in die „Bibloi apokryphoi" nehmen. Ähnlich wie in der orientalischen Mysterienkultur sollten die Eingeweihten das Heil durch Geheimwissen erlangen.

Wissenschaft als Mittel für Erkenntnisgewinn und gegebenenfalls zur anschließenden Nutzbarmachung der gewonnenen Erkenntnisse: zweifellos ja! Aber als Weg zum Heil? Wenn ja, dann leider aber auch als mögliche Straße zum Unheil!

Mittelalter

Vom Turmbau zu Babel zur Errichtung der Karlsbrücke über die Moldau in Prag. Mit ihrem Bau wurde auf Anordnung Kaiser Karls IV. im Jahr 1357 begonnen. Die Brücke stellt nicht nur ein bedeutendes Kunstwerk dar, sie ist seit ihrer Erbauung stets auch als technische Meisterleistung gewürdigt worden.

---

[63] Weidinger, Erich: Die Apokryphen. Verborgene Bücher der Bibel. Pattloch Verlag GmbH, Augsburg, 162

Karlsbrücke in Prag über die Moldau (erbaut 1357–1406)

Nach dem Zerfall des römischen Reiches sind über eine lange Zeit hinweg keine hervorragenden Leistungen im Brückenbau zu verzeichnen gewesen. Erst gegen die Mitte des 12. Jahrhunderts, im Jahre 1146, entstand in den deutschen Landen die erste große Brücke. Dabei handelt es sich um die steinerne Brücke über die Donau in Regensburg, ein aus 16 Bögen bestehendes Tragwerk.

In ganz Europa waren die beiden steinernen Brücken berühmt, hier die über die Donau und dort die über die Moldau. Leitender Ingenieur beim Bau der Karlsbrücke war übrigens Peter Parler, der Erbauer des Veitsdomes.

Steinerne Brücke in Regensburg über die Donau (erbaut 1135–1146)

Was hat das alles mit der Universalität des Unternehmens Wissenschaft zu tun? Die Tatsache, dass auch die Prager Brücke 16 Bögen aufweist, lässt darauf schließen, dass an ihrer Errichtung Regensburger Bauleute mitgewirkt haben. Erhärtet wird diese Schlussfolgerung durch den einer Chronik entnommenen Hinweis darauf, dass solche Bauleute beim Bau der Vorgängerbrücke in Prag – der so genannten Judithbrücke – dabei waren. Mag dieses Beispiel die damalige Bauwissenschaft zwar nicht als universales Unternehmen im heutigen Verständnis dieses Begriffes ausweisen, so belegt es nichtsdestoweniger den Transfer von Fachwissen über eine für damalige Verhältnisse beachtliche Distanz.

Universitäten

Bleiben wir in Prag. Dort kam es bekanntlich im Jahre 1348 zur Gründung der Karlsuniversität. Die Gründungsbulle enthält alles, was eine mittelalterliche Universität kennzeichnet: Privilegierung von Studenten und Professoren, die *licentia docendi* und die Möglichkeit, an jeder Universität allgemein gültige, gelehrte Grade zu erwerben. In einer eigenen königlichen Dispositionsurkunde wurde ohne Erwähnung der päpstlichen Bulle die Entscheidung ausgesprochen, ein *studium generale* mit allen Fakultäten zu errichten und den Doktoren, Magistern und Studenten materielle Sicherstellung sowie umfassenden Schutz bei ihrer Reise nach Prag und zurück zu gewähren. In einer erzbischöflichen Verordnung aus dem Jahre 1360 wurden übrigens erstmals die vier Universitätsnationen an der Karlsuniversität erwähnt: die böhmische, sächsische, bayrische und schlesische.

Begünstigt durch die verschiedenen Herkunftsländer der Studenten bestanden an der Universität – der Gesamtheit der Lehrenden und Lernenden – gute Voraussetzungen für die Entwicklung von Wissenschaft zu einem universalen Unternehmen, wobei diese Universalität freilich im Lichte der beschränkten Mobilität in der zweiten Hälfte des 14. Jahrhunderts zu sehen ist.

Schon damals war Wissenschaft mitunter aber auch ein gefährliches Unternehmen, wie das Schicksal des ab 1401 als Dekan der Artistenfakultät der Prager Universität wirkenden Jan Hus beweist. Von König und Volk gestützt, konnte Hus seine gegen die Ablass- und Kreuzzugsbulle Papst Johannes XXIII. gerichtete Predigttätigkeit fortsetzen. Im Jahre 1412 stellte sich die theologische Fakultät gegen Hus, der darauf nach Südböhmen floh.

Ein lukratives Unternehmen war die wissenschaftliche Forschung offensichtlich schon damals nicht, wie wir aus der Frühgeschichte der Medizinischen Fakultät der Karlsuniversität wissen. Wegen der dürftigen Bezahlung zogen es die nach den Statuten eingesetzten fünf Professoren vor, ihre Heilkunst als kaiserliche Leibärzte oder in Adelspalästen zu praktizieren. Sie vernachlässigten deshalb ihre Vorlesungstätigkeit sowie die Vorbereitung der Studenten auf die Ausübung der ärztlichen Tätigkeit.

Jan Hus, geboren um 1370 in Husinec, Südböhmen; am Scheiterhaufen in Konstanz am 6. Juli 1415 verbrannt

Gegenwart

Verlassen wir das Mittelalter und machen wir einen zeitlichen Sprung an die Schwelle des 21. Jahrhunderts: „Aus zwei Gründen wird das kommende Jahrhundert als ‚Zeitalter der Biotechnologie' bezeichnet werden. Zum einen vereinen sich gerade jetzt die genetische Revolution und die Computertechnologie zu einer gemeinsamen wissenschaftlichen, technischen und kommerziellen Phalanx, einer mächtigen neuen Realität, die einen tiefgreifenden Einfluss auf unser persönliches Leben und auf das kollektive Miteinander in den kommenden Jahrzehnten haben wird. Zum zweiten verlassen derzeit etliche der von uns vor über zwanzig Jahren prophezeiten spektakulären wissenschaftlichen Ergebnisse die Labors und gelangen in der Wirtschaft zu breiter Anwendung",[64] schrieb der amerikanische Ökonom und Zukunftsforscher Jeremy Rifkin im Jahr 1998 in der Einleitung zu seinem Buch „Das biotechnologische Zeitalter".

Einige grundlegende Tatsachen der modernen wissenschaftlichen Welt werden in diesem Zitat angesprochen: zum einen die nicht mehr zu trennende Verbindung und Vernetzung verschiedener Disziplinen, etwa der Naturwissenschaften und der technischen Wissenschaften – dass auch die Geistes- und Sozialwissenschaften seit langem von der Computertechnologie profitieren und sich bei ihren Methoden dieser Technologie bedienen, sei am Rande bemerkt. Zum anderen ist es die Vernetzung der Forschung mit der Wirtschaft: Ergebnisse der wissenschaftlichen Forschung bilden die Basis für angewandte Forschung, aus der Innovationen hervorgehen, die der Wirtschaft zugute kommen.

Die Errungenschaften moderner Technik, die heute von jedermann genutzt werden bzw. von denen ganze Wirtschaftszweige profitieren – seien es Notebooks, Handys oder das Global Positioning System – wären ohne grundlegende Erkenntnisse der Physik und moderne Methoden der Mathematik unmöglich.

[64] http://de.wikipedia.org/wiki/Jeremy_Rifkin

Verbreitung des Wissens
Wenden wir uns nun der Frage zu, wie Wissen generiert und verbreitet wird.

„Der Beginn aller Wissenschaften ist das Erstaunen, dass die Dinge sind, wie sie sind"[65]: Lassen Sie mich mit diesem Zitat von Aristoteles zurückgehen zu den Grundlagen der Entstehung von Wissen und erlauben Sie mir in diesem Zusammenhang den Blick auf einige historische Beispiele.

Wissen wird durch Erfahrung und Zusammenfügen von Erkenntnissen gewonnen. Das Prinzip dieses frühen Wissensgewinns basiert auf dem Vernetzen von Beobachtungen. Ein Beispiel dafür ist etwa die Sonnenfinsternis: wenn sich der Mond vor die Sonne schiebt, dann wird es finster – also eine „Wenn – dann"-Folgerung. Mit der Zeit bildete sich ein Netzwerk von Wissen heraus, das – miteinander kombiniert – zu erweiterter Erkenntnis und in der Folge zu immer weiteren, fundierteren Wissens-Netzwerken führte. Auslöser dafür war der Drang des Menschen, mehr über sich, seine Umwelt, die Welt und das Universum zu erfahren. Beispiele hierfür sind die vielfältigen astronomischen, mathematischen oder auch medizinischen Erkenntnisse der alten Hochkulturen.

Wissensverbreitung fand schon sehr früh durch herausragende Persönlichkeiten über weit entfernte Kulturkreise hinweg statt. So brachte, um nur ein Beispiel zu nennen, Herodot wissenschaftliche Erkenntnisse ägyptischer Forscher, Architekten, Statiker, Baumeister und noch vieles mehr in seine Heimat, wo die im fernen Ägypten gesammelten Erkenntnisse mit dem Wissen der griechischen Antike vernetzt wurden. Dort fanden sie Eingang in die einzelnen „Schulen" – vor allem in die der Naturphilosophen.

Diese Generierung und Tradierung von Wissen, das zu neuen Erkenntnissen führt, zieht sich wie ein roter Faden durch die Menschheitsgeschichte. Dort, wo Wissen nicht weiter gegeben werden konnte, reißt dieser Faden ab. Es musste dann von neuem eine Kette der Erkenntnisweitergabe geknüpft werden. Ein erheblicher Teil des Wissens der Antike ging etwa durch die Brandkatastrophe, der die Bibliothek von Alexandrien zum Opfer fiel, verloren. Man denke aber auch an die Zerstörung von Hochkulturen und in deren Zug die Vernichtung alten Wissens. Als Beispiel sei hier die Eroberung der mittel- und südamerikanischen Kulturen durch die Spanier erwähnt.

Wissen wurde aber nicht nur auf „direktem Weg" von Generation zu Generation weiter vermittelt, ausgebaut und verfestigt, sondern auch durch Über-

[65] http://de.wikiquot.org/wiki/Aristoteles

setzungen alter Schriften. So haben etwa die Araber klassische medizinische Schriften von Hippokrates oder Galen erst für die europäische Wissenschaft erschlossen, die aus dieser reichen Quelle schöpfte und Wissen, begünstigt durch die Erfindung des Buchdrucks, weiter verbreitete. Damit wuchs die Kette der Vernetzung wieder Glied um Glied an, was aber keineswegs nur auf die Naturwissenschaften zutraf. Erkenntnisse, die viele Jahrhunderte lang „hielten", und auf denen aufbauend, mit ihnen vernetzt, eine ganze Reihe neuer Wissenschaftsdisziplinen entstanden, lieferten, um es wieder an einem Beispiel zu zeigen, die Schriften des Agricola oder Vitruv.

Das aus der Antike stammende Wissen haben die Universitäten begierig aufgenommen und durch ihr großes – fast gesamteuropäisches – Einzugsgebiet weit verbreitet und so das Netz der Wissensweitergabe, Vermehrung und Generierung neuer Erkenntnisse wieder geknüpft.

Reisen von Wissenschaftlern – von den Entdeckungsreisen am Beginn der Neuzeit bis zu den großen Forschungsreisen des 17., 18. und 19. Jahrhunderts – haben zur Erweiterung des Wissens über die Kontinente, die Natur sowie über fremde Völker und ihre Kulturen geführt, aber auch den Anstoß zu weiterführender, gezielter Forschungstätigkeit gegeben. Man denke in diesem Zusammenhang nur an Alexander von Humboldt.

Die zeitaufwändigen und wenig komfortablen Reisen sowie umfangreiche Korrespondenzen zwischen den führenden Köpfen der Scientific Community trugen aber auch ganz wesentlich zu diesem Vernetzungsprozess bei. Auch hier ein Beispiel: Goethe war mit den größten Köpfen seiner Zeit in engem schriftlichen Kontakt und hat sich selbst auch in sehr verschiedenartige Fachdisziplinen eingebracht.

Heute sind es internationale Forschergruppen, die, rund um den Globus vernetzt, rege Informationen und Erkenntnisse austauschen. Wesentlich beigetragen hat dazu ohne Zweifel das von wissenschaftlicher Seite generierte weltweite Wissens-Netz Internet. Die Wiege des „World Wide Web" stand, und das ist wohl kein Zufall, in einem der führenden europäischen Großforschungszentren, dem CERN in Genf.

Wissenschaftlergemeinschaften stellen sich ihre Aufgaben und definieren durch Fragestellungen ihre Fächer. Darüber hinaus gibt es immer wieder Impulse, Anregungen oder Methoden, die von völlig anderen Disziplinen kommen und gesamte Forschungs- und Anwendungsbereiche revolutionieren. So etwa die Entwicklung des Lasers, der heute in verschiedenen Fachdisziplinen eingesetzt wird – z. B. in der Medizin und der Technik – oder die der Methode der Finiten Elemente, ohne die rechnerische Befunde in vielen Bereichen der Ingenieur- und der Naturwissenschaften unmöglich wären.

Finite Elemente

Worum geht es bei diesem Verfahren, dessen weltweiter Siegeszug parallel zu dem des Digitalcomputers erfolgte, eigentlich? Das will ich anhand einer Abbildung, die sich auf die Anwendung der Methode der Finiten Elemente auf eine so genannte Scheibe bezieht, erläutern.

Eine Scheibe ist ein ebenes Gebilde – siehe das Teilbild links oben – das infolge der mechanischen Beanspruchung und allfälliger Temperaturänderungen Verformungen in der Ebene – Streckungen und Stauchungen – erfährt. Im Rahmen der Infinitesimalrechnung müsste man die Scheibe gedanklich in unendlich viele infinitesimale Elemente zerlegen. Die das Problem beschreibenden partiellen Differentialgleichungen könnte man, wenn überhaupt, nur unter stark einschränkenden Voraussetzungen lösen. Nicht lösen ließe sich bei technisch auch nur einigermaßen komplexen Aufgaben das Problem der Anpassung der allgemeinen Lösung der Differentialgleichungen an die Randbedingungen. Das mag einen an den alten Spruch erinnern, wonach der liebe Gott die Differentialgleichungen, der Teufel aber die Randbedingungen erfunden hat. Als Kinder des 20. Jahrhunderts zerlegen wir die Scheibe gedanklich nicht in infinitesimale, sondern in finite – endliche – Elemente, wie das im

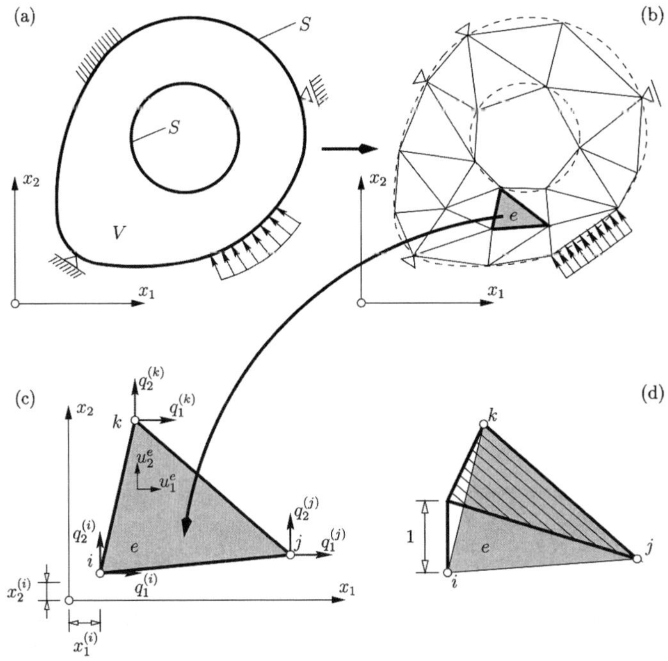

Zur Anwendung der Methode der Finiten Elemente auf ein ebenes Problem: a) ebenes Gebiet, b) Diskretisierung mit finiten Elementen, c) finites Element e (CST-Element), d) Verlaufsfunktion für den Knoten des Elements e.

Bild rechts oben dargestellt ist. Das Bild links unten zeigt ein solches Element. Freilich müssen wir jetzt zwischen den gesuchten Werten in den Knotenpunkten des Elements – in unserem Fall handelt es sich dabei um Verschiebungskomponenten – interpolieren. Das Bild rechts unten enthält eine Interpolationsfunktion.

Bei einem statischen Problem führen wir mit Hilfe der Methode der Finiten Elemente ein System partieller Differentialgleichungen auf eines von simultanen algebraischen Gleichungen zurück, das mittels elektronischer Rechner zumeist leicht gelöst werden kann. Mit zunehmender Anzahl der Elemente wächst die Genauigkeit der Ergebnisse. Dynamische Einflüsse, kompliziertes Werkstoffverhalten und große Verformungen lassen sich mit der Methode der Finiten Elemente mit vertretbarem Aufwand berücksichtigen. Dieses Verfahren bietet ungeahnte Chancen – nicht zuletzt auch für die biologische und medizinische Forschung.

Das „Dual Use"-Prinzip

In diesem Zusammenhang möchte ich aber auch auf mögliche Risiken, die das universale Unternehmen Wissenschaft in sich birgt, hinweisen.

Universelle Wissenschaft führt fast zwangsläufig zu universellen Anwendungen. Neue Technologien wurden zumeist unmittelbar nach ihrer Entdeckung im militärischen Bereich eingesetzt und/oder für propagandistische Zwecke missbraucht. Denken wir dabei nur an den Buchdruck, den Volksempfänger sowie an Film und Fernsehen. Ich erwähne hier die Problematik des „Dual Use"-Prinzips, der gegenseitigen Durchdringung von militärischer und ziviler Forschung, von dem sich mittlerweile auch die Europäische Politik immer stärker leiten lässt. Die Konsequenz dieses Prinzips ist nicht automatisch ein fundamentaler Pazifismus der Wissenschaften resp. der Wissenschaftler, wohl aber der verantwortungsvolle Umgang mit neuen Entdeckungen und Ergebnissen.

Wissenschaft als *universales Unternehmen* – ein Wirklichkeit gewordener Anspruch der Wissenschaft!

Dieser Anspruch lässt sich auch damit begründen, dass wissenschaftliche Erkenntnisse – dies gilt zumindest für die Naturwissenschaften – in der Regel in räumlicher, zeitlicher und sozialer Hinsicht universal sind. Die Gültigkeit einer wissenschaftlichen Aussage ist unabhängig vom Ort, an dem sie aufgestellt wurde. Eine solche Aussage gilt an beliebigen Orten des Erdkreises. Die Gültigkeit einer derartigen Aussage hängt auch nicht vom Zeitpunkt, zu dem sie aufgestellt wurde, ab. Allein die Tatsache, dass eine Theorie schon vor langer Zeit erstellt wurde, sagt nichts über ihren Wahrheitsgehalt aus. Schließlich kann man in der Wissenschaft von einer sozialen Universalität sprechen. Eine Theorie gilt für jeden Menschen auf der Welt, unabhängig davon, ob er jemals von ihr gehört hat oder sie versteht.

Wenn von der Universalität der Wissenschaft die Rede ist, so darf der oftmals als letzter Universalgelehrte bezeichnete Gottfried Wilhelm Leibniz nicht fehlen.

Gottfried Wilhelm Leibniz

Sein handschriftlicher Nachlass umfasst rund 60.000 Abhandlungen, Aufzeichnungen, Exzerpte und Briefe. In diesen Briefen klagte er mitunter, dass er den sich gestellten Aufgaben nicht gewachsen sei. Sein dauerndes Streben nach neuen Erkenntnissen war wohl auch ein Grund dafür, dass er viele seiner Arbeiten nicht abschließen konnte. Seine Bemühungen um Universalität des Wissens hat Leibniz zeitlebens am Plan einer Zusammenfassung des Wissens seiner Zeit arbeiten lassen. „Etwas Neues zu suchen, während man nicht weiß, dass man es bereits besitzt, ist vergebliches Sich-ab-mühen“[66], betonte er. Um Wissen allgemein verfügbar zu machen, müsste es systematisch gesammelt und geordnet werden.

Wonach er strebte, war eine große Enzyklopädie, in der die in der Geschichte der Menschheit angehäuften Erkenntnisse systematisch geordnet und verfügbar gemacht werden sollten. Diese komplexe Aufgabe der Strukturierung und Einordnung des vorhandenen Wissens sollte von den von ihm projektierten Akademien – im Rahmen planvoller Zusammenarbeit kundiger Wissenschaftler – übernommen werden.

Leibniz war davon überzeugt, dass durch das In-Beziehung-Setzen von Wissen aus unterschiedlichen Bereichen neues Wissen generiert werden kann. In der Regel werde etwas Großes nur von denen entdeckt, so Leibniz, die unterschiedliche Disziplinen miteinander verbinden. Die von ihm geforderte Vielseitigkeit des Wissenschaftlers bezieht sich sowohl auf verschiedene Disziplinen als auch auf verschiedene Methoden innerhalb einer Disziplin. Nicht ohne Grund hat Leibniz in seiner Universalität und in seiner Fähigkeit des Kombinierens die wichtigsten Gründe für seine wissenschaftlichen Leistungen gesehen.

Proponenten einer geordneten Wissensdarstellung

Das Bestreben, „Ordnung“ in vorhandenes Wissen zu bringen, hat es aber schon viel früher gegeben. Aristoteles (384–322 v. Chr.) war vermutlich einer der ersten, die versucht haben, Ordnung in das Wissen um die Natur zu brin-

---

[66] http://de.wikipedia.org/wiki/Leibniz

Gottfried Wilhelm Leibniz (1646–1716)

Auf der Briefmarke: Skizze zur Infinitesimalrechnung

gen. Er sammelte auf systematische Weise Fakten über die Natur und das menschliche Leben. In seiner so genannten „Stufenleiter der Natur“, versuchte er die Natur auf gleiche Weise zu klassifizieren wie logische Aussagen. Obwohl er die Entwicklungsstufen der verschiedenen Klassen der Tiere bis hin zum Menschen erkannte, stellte er weder eine Entwicklungstheorie auf noch eine Verbindung zwischen Arten und Gattungen her.

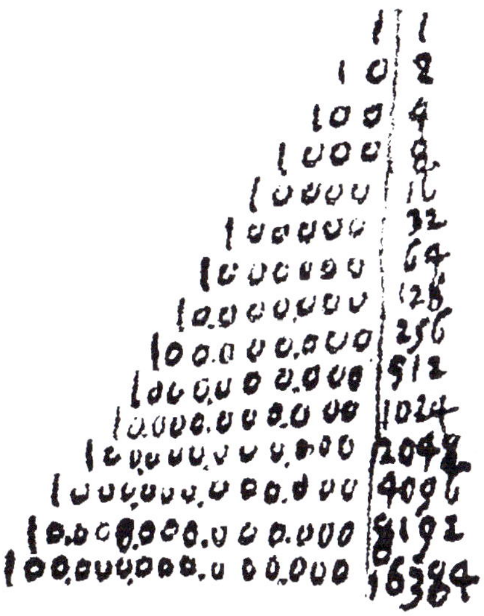

Tafel zur Umrechnung von Dezimalzahlen ins Dualsystem

Plinius d. Ä. wieder hat im ersten nachchristlichen Jahrhundert das Wissen seiner Zeit in seinem Werk „Naturalis historia“ zusammengefasst. Dieses Werk umfasst 37 Bücher und stellt eine unschätzbare Quelle für das antike Wissen dar. Laut seinen eigenen Aussagen beinhaltet dieses beeindruckende Opus 20.000 wichtige Fakten zu den Themen Anthropologie, Arzneien aus Pflanzen- und Tiersubstanzen, Botanik, Ethnographie, Gartenbau, Geographie, Kosmologie, Kunstgeschichte, Medizin, Metallverarbeitung, menschliche Physiologie, Mineralogie, Schöne Künste und Zoologie, die er aus ca. 2000 Büchern von 100 verschiedenen Autoren zusammengetragen hat.

Als weiteres Beispiel für die Systematisierung von Wissen kann der schwedische Naturforscher Carl von Linné angeführt werden, der in seinem Hauptwerk „Systema naturae" (1735) die drei Naturreiche Steine, Pflanzen und Tiere vorgestellt hat. Linné legte fest, wie neu entdeckte Arten beschrieben werden müssen und beschrieb die allgemeinen Grundsätze zur Benennung der größeren Gruppen in der Botanik, z. B. die Großgliederung in Klassen, Ordnungen, Gattungen etc.

Bekannt ist Linné heute vor allem durch die Einführung der binären Nomenklatur für Arten, mit der er Systematik in das vielfältige Reich der Pflanzen und Tiere gebracht hat.

Carl von Linné (1707–1778)

Forschungsaktivitäten

Nun aber zur Universalität der Wissenschaft in der Gegenwart.

Wenn wir heute von Universalität der Wissenschaft sprechen, so beziehen wir uns dabei auf die mit dieser Universalität verbundenen Prozesse, die sich auf verschiedenen Ebenen abspielen, und zwar auf institutioneller, personeller, sowie auf von Forschungsaktivitäten gekennzeichneter Ebene.

Beginnen wir mit den Institutionen.

Seit dem europäischen Mittelalter verstehen sich die Universitäten als eine *universitas magistrorum et scholarium*, die das Recht zur Selbstverwaltung mit der Möglichkeit der eigenständigen Erstellung und Ausführung von Studienplänen und Forschungsvorhaben sowie das Privileg der Verleihung öffentlich anerkannter akademischer Grade besitzt. Seit dem frühen 19. Jahrhundert setzte sich das Humboldtsche Modell der Einheit von Forschung und Lehre durch. Es besagt, dass die Lehrkräfte zusätzlich zu ihrer Lehrtätigkeit auch Forschung betreiben sollen, damit das hohe Niveau der Lehre erhalten bleibt und den Studierenden wissenschaftliche Qualifikationen besser vermittelt werden können. Im Vergleich zu anderen Hochschulen zeichnen sich Universitäten durch einen breiteren Fächerkanon aus.

Akademien

Akademien der Wissenschaften wiederum waren ursprünglich Gelehrtengesellschaften und Einrichtungen zur Förderung wissenschaftlicher Forschung. Im Mittelpunkt der oft traditionsreichen Akademien stand und steht die Versammlung hochrangiger Gelehrter, die sich regelmäßig zu wissenschaftlichem Austausch zusammenfinden. Akademien der Wissenschaften sind heute entweder private (so genannte „Freie Akademien") oder vom Staat unterhaltene Einrichtungen. Sie unterscheiden sich von Universitäten dadurch, dass sie keine wissenschaftliche Lehre betreiben.

Als die großen Akademien, wie die Royal Society oder die Académie Française im 17. und 18. Jahrhundert gegründet wurden, waren sie Geburtsstätten eines neuen, auf naturwissenschaftliche Erkenntnisse gründenden Denkens. Sie waren der Ort des Meinungsaustausches, besaßen Bücher und durften selbst publizieren. Die Akademien vergaben Mittel für die Forschung, bewerteten deren Ergebnisse und hielten die Fachgebiete zusammen. Ihre Präsidenten, wie Newton oder Lavoisier, waren unumstrittene Leitfiguren ihrer Zeit.

Darüber hinaus sind auf dem Gebiet der wissenschaftlichen Forschung die großen Forschungsträgerorganisationen wie etwa die Max-Planck-Gesellschaft oder das CNRS zu nennen.

Die globale Vernetzung, ohne die heutzutage Forschung undenkbar ist, wird nicht zuletzt auch durch in jüngster Zeit entstandene virtuelle Institute über Ländergrenzen hinweg deutlich.

Studienförderung

Setzen wir unsere Überlegungen mit den Personen fort.

Dass wissenschaftliche Einrichtungen heute nur in internationaler Vernetzung über Landesgrenzen hinweg erfolgreich arbeiten können, sollte man nicht zuletzt angesichts der aktuellen Diskussionen über das EuGh-Urteil, den Zugang zu den österreichischen Universitäten betreffend, bedenken. Am Beispiel der Prager Karlsuniversität habe ich die vier an dieser Universität zur Zeit ihrer Gründung vertretenen „Nationen" erwähnt, denen die aus dem mittelosteuropäischen Einzugsgebiet stammenden Studierenden zugeordnet wurden. Ähnlich war die Situation an der 1365 gegründeten Wiener Universität. Hier gab es die rheinische, österreichische, ungarische und sächsische Nation. War es anfangs der Mangel an anderen Studienmöglichkeiten – die genannten Universitäten waren neben der Krakauer Universität die ersten nördlich der Alpen –, so war es später durchaus nicht ungewöhnlich, akademische Bildung an mehreren Universitäten zu erwerben. Im Lichte des über lange Zeiträume hinweg florierenden europäischen Forschungsraumes wirkt die erwähnte aktuelle Diskussion mitunter etwas überzogen.

Bei aller Bedeutung des vorliegenden Problems erscheint der weitere Ausbau von Programmen, die die Mobilität der heimischen Studierenden fördern, zumindest ebenso wichtig.

International beschickte Forschung
Die Forschungseinrichtungen sind jedenfalls – in den Naturwissenschaften stärker als in den Geistes- und Sozialwissenschaften – international besetzt. Zwei Beispiele mögen das illustrieren. Am IMBA – Institut für Molekulare Biotechnologie GmbH der Österreichischen Akademie der Wissenschaften arbeiten rund 120 Wissenschaftler und Wissenschaftlerinnen aus 30 verschiedenen Nationen. Das Gleiche gilt für die mehr als 200 Forscher und Forscherinnen am renommierten Forschungsinstitut für Molekulare Pathologie in Wien. Am Grazer ÖAW-Institut für Weltraumforschung wieder kommen die mehr als 70 Mitarbeiter und Mitarbeiterinnen aus 10 verschiedenen Nationen. Dass das Recruiting auf internationaler Ebene abgewickelt wird, ist mittlerweile eine Selbstverständlichkeit.

Die Förderung internationaler Kontakte und Kooperationen nimmt in der ÖAW einen hohen Stellenwert ein. Zurzeit hat die Akademie Vereinbarungen über wissenschaftliche Zusammenarbeit – geregelt wird damit vor allem der Wissenschaftleraustausch – mit 39 Partnerinstitutionen (ausländischen Akademien oder ähnlichen Einrichtungen) in 35 Ländern und vertritt Mitgliedschaften in zahlreichen internationalen Vereinigungen.

Wenden wir uns zum Abschluss der Betrachtungen über die Universalität der Wissenschaften in der Gegenwart den *Forschungsaktivitäten* zu.

Der Dialog und die Vernetzungen zwischen den Disziplinen, ob im Rahmen interdisziplinär, multidisziplinär oder transdisziplinär ablaufender Forschungsprozesse, sind grundlegende Elemente der modernen Wissenschaft. Forschergruppen verschiedener Einrichtungen arbeiten vernetzt im nationalen Bereich, im Europäischen Forschungsraum und nicht zuletzt weltweit. Zu Recht kann man in diesem Zusammenhang von wissenschaftlicher Globalisierung sprechen. Die Mobilität der Forscherinnen und Forscher, beginnend bereits beim wissenschaftlichen Nachwuchs, spielt dabei eine immer größere Rolle. Damit verbunden ist der an Bedeutung zunehmende Bereich der Nachwuchsförderung.

Erwähnen möchte ich in diesem Zusammenhang die Stipendienprogramme der ÖAW, die eine der drei großen Institutionen in Österreich ist, die Stipendien vergibt. Derzeit werden sechs verschiedene Förderprogramme angeboten, die alle Bereiche der Forschung abdecken. Geförderte Projekte können sowohl im In- als auch im Ausland durchgeführt werden. Die Finanzierung dieser Programme erfolgt zu einem guten Teil durch das Bundesministerium für Bildung, Wissenschaft und Kultur.

Dass Qualitätskontrolle in Form von Evaluierungen der Forschungstätigkeit international vernetzt abläuft, muss nicht eigens betont werden: International besetzte Advisory Boards und internationale Gutachter sind im Rahmen des Peer Review-Systems eine Selbstverständlichkeit.

Das Konzept des Europäischen Forschungsraumes ist auf eine langfristige Öffnung nationaler und regionaler Forschungszonen und auf die Erweiterung und Ergänzung der nationalen Forschungsinitiativen durch europäische Mechanismen sowie auf deren Abstimmung auf die forschungspolitischen Rahmenbedingungen innerhalb der Europäischen Union angelegt. Im Lichte der aktuellen Diskussion betreffend den ersten Vorschlag der Europäischen Kommission zum 7. EU-Rahmenprogramm kommt der Rolle der Europäischen Forschung zur Erreichung der Barcelona- und Lissabon-Ziele eine immer stärkere Bedeutung zu.

Was die Beteiligung der Forschungseinrichtungen der ÖAW an EU-Programmen betrifft, kann ich durchaus mit einer Erfolgsbilanz aufwarten.

Im 6. EU-Rahmenprogramm für Forschung und Technologische Entwicklung wurden bislang insgesamt 25 Projekte bewilligt. Die seitens der EU für diese Projekte genehmigte Fördersumme beträgt rund 6,5 Mio. Euro.

Insgesamt waren Forschungseinrichtungen der ÖAW bisher an rund 100 Projekteinreichungen an die Europäische Kommission beteiligt. Die bisherige erfolgreiche Beteiligung der Forschungsinstitutionen der Akademie im 6. EU-Rahmenprogramm lässt bei Anhalten dieses positiven Trends eine deutliche Erhöhung der Anzahl der Projektbeteiligungen und des damit verbundenen Geldflusses von der EU an die ÖAW im Vergleich zum 5. EU-Rahmenprogramm erwarten. Die besonders erfolgreiche Beteiligung im so genannten „Marie-Curie-Mobilitätsprogramm“, welche unter anderem die Schaffung zusätzlicher Personalressourcen ermöglicht, ist sehr positiv zu bewerten und wird künftig verstärkt unterstützt und beworben werden.

Forschungsförderung im Rahmen der EU

Die erste Neuorientierung über zukünftige Maßnahmen im Bereich der Forschung ist in der Mitteilung der Europäischen Kommission vom 4. 6. 2003 zu finden. Eine Reihe von Aktionen wird darin besprochen, die die Forschungslandschaft der Europäischen Union maßgeblich ändern sollen.

In der im Juni 2004 verabschiedeten Mitteilung der EU-Kommission „Wissenschaft und Technologie: Schlüssel zur Zukunft Europas – Leitlinien für die Forschungsförderung der Europäischen Union“ findet sich eine erste klare Weichenstellung der Europäischen Kommission zu den Themenkreisen des 7. Rahmenprogramms, der Umsetzungsstrategien des Lissabon-Prozesses und des Konzepts eines Europäischen Forschungsraumes.

Dabei wurden sechs grundsätzliche Ziele festgelegt:

1. Die Schaffung Europäischer Exzellenzzentren durch Zusammenarbeit zwischen Laboratorien,
2. die Schaffung europäischer Technologieplattformen – mit Stand März 2005 gibt es 27 solcher Initiativen –,
3. die Stärkung der Grundlagenforschung durch Wettbewerb zwischen Forschungsteams auf europäischer Ebene,
4. eine weitere verstärkte Unterstützung für Wissenschaftler durch Fortsetzung von Marie-Curie-Förderungen,
5. der Ausbau von Forschungsinfrastrukturen von europäischem Interesse,
6. die Koordination einzelstaatlicher Forschungsprogramme.

   Zwei weitere Themenkreise, nämlich Raumfahrt und Sicherheit, wurden übrigens auch erwähnt.

Human Genome Organisation

Lassen Sie mich im Folgenden zwei Beispiele für „weltumspannende" Forschungsvorhaben anführen:

Zunächst sei das „menschliche Genomprojekt" Human Genome Organisation, zu HUGO abgekürzt, diskutiert.

Dieses Projekt wurde 1988 in den USA gestartet. Das auf 15 Jahre geplante, bislang wohl ehrgeizigste Projekt in den Biowissenschaften, ist ein Paradebeispiel für die „universal" angelegte Beantwortung wissenschaftlicher Fragen. Ziel dieses Projektes war es, sämtliche Gene des Menschen zu charakterisieren. Dank internationaler Zusammenarbeit und verbesserter technischer Möglichkeiten kam das Projekt schneller voran als ursprünglich vorhergesagt. Bereits im April 2003 verkündeten Wissenschaftler die erfolgreiche Vollendung der Entzifferung des menschlichen Genoms.

Von Beginn des Humangenomprojektes an war es die Maxime dieses Projektes, alle generierten Daten und Ressourcen einer breiten Öffentlichkeit frei zugänglich zu machen. Alle erzeugten Sequenzdaten sind daher unverzüglich in öffentliche Datenbanken eingeben worden. Diese Daten können ohne Restriktionen von jedermann genutzt werden.

An der Sequenzanalyse waren 20 Forschungsinstitute aus den USA, aus Großbritannien, Japan, Frankreich, Deutschland sowie aus China beteiligt. Mit großem Koordinierungsaufwand wurde sichergestellt, dass keine Region des Genoms übersehen und mögliche Doppelarbeit minimiert wird. Etwa 1000 Wissenschaftler arbeiteten weltweit an dem Projekt.

Das zweite Beispiel für einen Forschungsbereich, der nur im Zusammenwirken von Institutionen und Forscherteams aus aller Welt bestehen kann, ist die Weltraumforschung mit ihren internationalen Weltraummissionen. Sei es nun die Europäische Weltraumorganisation oder seien es die nationalen Weltraumagenturen in den USA, in Frankreich, Japan oder China, immer sind es internationale Missionen, an denen Forschungs- und Entwicklungspartner aus zahlreichen Ländern kooperieren. Das Institut für Weltraumforschung der Österreichischen Akademie der Wissenschaften in Graz etwa, das an zahlreichen Weltraumprojekten zum Teil federführend teilnimmt, kooperiert mit mehr als 100 Forschungsinstituten auf der ganzen Welt.

Es waren dies Beispiele, die den komplexen und universalen Charakter moderner wissenschaftlicher Forschung illustrieren sollten.

Die Neue Österreichische Tunnelbaumethode (NÖT)

Ein weiteres Beispiel – die Neue Österreichische Tunnelbaumethode – soll einerseits die Möglichkeiten, andererseits aber auch die Grenzen der Universalität von Wissenschaft aufzeigen.

Diese Methode wurde kurz nach dem Zweiten Weltkrieg von Ladislaus von Rabcewicz, Professor an der damaligen Technischen Hochschule Graz, begründet. Es handelt sich hier eigentlich nicht um eine Bauweise im engeren Sinn, sondern um ein gebirgsmechanisches Konzept. Seine Grundprinzipien sind die optimale Nutzung des Eigentragvermögens des Gebirges und die Kontrolle des Vortriebsgeschehens durch vortriebsbegleitende Deformationsmessungen. Ihre fachmännische Interpretation ermöglicht es, kritische felsmechanische Umlagerungsvorgänge rechtzeitig zu erkennen. Durch geeignete Sicherungsmaßnahmen lassen sich mögliche Gefahren abschätzen.

Neue Österreichische Tunnelbaumethode (NÖT)

Wissenschaft als universales Unternehmen bedeutet nicht zuletzt auch universale Konkurrenz. Nicht selten waren weltweite Konkurrenzsituationen der Grund, die Vielfalt der Anwendungsmöglichkeiten der Neuen Österreichischen Tunnelbaumethode in Frage zu stellen. Dabei wurde mit der als unzureichend empfundenen rechnerischen Quantifizierbarkeit des Gedankengutes, das dieser Methode zugrunde liegt, argumentiert.

Im Rahmen eines vom Fonds zur Förderung der wissenschaftlichen Forschung finanzierten Forschungsschwerpunktes wurde am damaligen Institut für Festigkeitslehre der Technischen Universität Wien ein hybrides Verfahren zur Berechnung des Auslastungsgrades der zur Sicherung des Ausbruchs installierten Spritzbetonschale entwickelt. Hybrid deswegen, weil die Randwerte bei dem zu lösenden Randwertproblem auf Verschiebungsmessungen beruhen.

Um möglichen Gefahren beim Vortrieb eines Tunnels durch passende Sicherungsmaßnahmen zu begegnen, sind rasche Entscheidungen notwendig. Dazu bedarf es flacher Organisationsstrukturen. Dort, wo sie fehlen, stößt der Einsatz der Neuen Österreichischen Tunnelbaumethode auch heute noch auf Widerstand. Ungeachtet der grundsätzlichen Universalität des Unternehmens Wissenschaft existieren bei Organisationsstrukturen und Entscheidungsmechanismen innerhalb dieses Unternehmens – und das nicht nur im Tunnelbau – starke regionale Unterschiede, die diese Universalität gegebenenfalls an ihrer Entfaltung hindern.

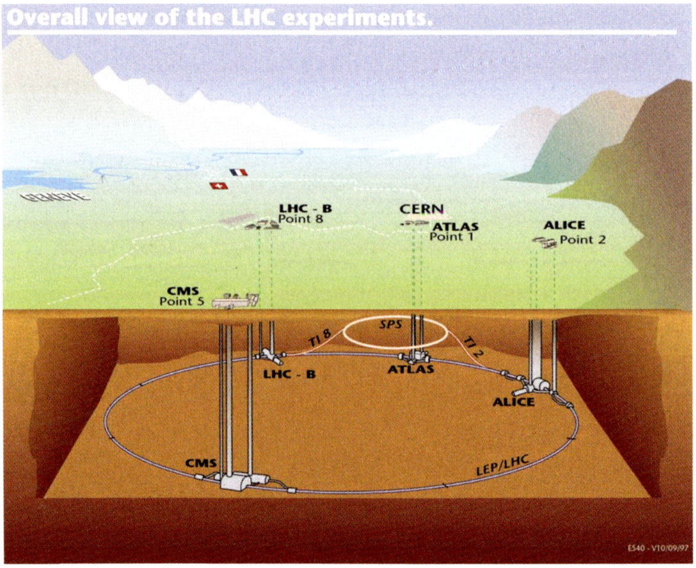

CERN: Anordnung der Speicherringe für den Large Hadron Collider (LHC)

Großforschung
Einige Worte noch zu internationalen Großforschungseinrichtungen.

Die Mitgliedschaft Österreichs bei internationalen Großforschungseinrichtungen wie etwa bei CERN ist die Voraussetzung für die Mitwirkung heimischer Forschergruppen im europäischen Forschungsraum.

Der Bau bzw. Ausbau von Großforschungsanlagen, wie beispielsweise der Bau des Free Electron Lasers (X-FEL) am DESY in Hamburg oder die Realisierung des Projektes FAIR an der Gesellschaft für Schwerionenforschung (GSI) in Darmstadt, ist daher grundsätzlich zu unterstützen. Derartige richtungsweisende Vorhaben eröffnen eine Vielzahl von Möglichkeiten der wissenschaftlichen Beteiligung von Forschergruppen.

Der CERN, 1954 als „European Organization for Nuclear Research" gegründet, besitzt heute 19 Mitgliedsländer und 5 Länder bzw. übernationale Organisationen, die mit Beobachterstatus ausgestattet sind. Als größtes Forschungslaboratorium der Welt für Hochenergiephysik arbeiten 3000 feste Mitarbeiter, 420 Studenten und Fellows in 120 Kooperationen mit 40 Ländern und 371 Institutionen. 1984 wurden 2 leitende Wissenschaftler in führenden Positionen für den Nachweis der Teilchen der Schwachen Wechselwirkung mit dem Nobelpreis ausgezeichnet. Wissenschaft als universales Unternehmen ist am CERN in ursprünglichster Ausprägung institutionalisiert.

Gegenwärtig wird beim CERN an einem Schlüsselprojekt, dem Large Hadron Collider (LHC) gearbeitet. Dabei werden die leichtesten Hadronen, die Protonen, die offenbar über kosmische Zeiträume stabil sind, mit höchsten Energien gegeneinander geschossen.

Die Tunnels der Speicherringe erstrecken sich in einer Tiefe von 50 bis 150 m über eine Länge von über 27 km an der Grenze zwischen der Schweiz

CERN: Struktur des ATLAS-Detektors

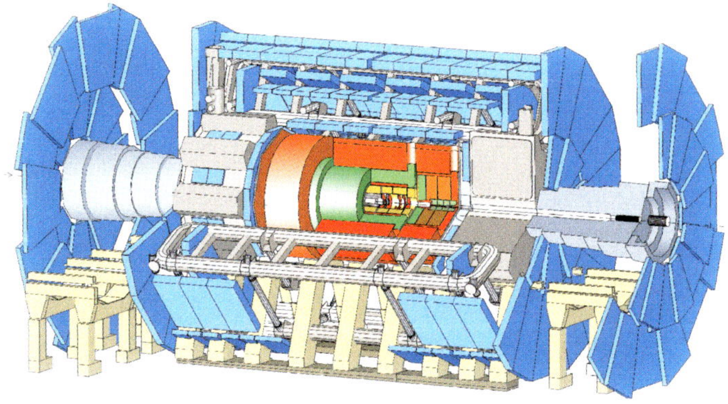

und Frankreich. Das schematische Bild zeigt die vereinfachte Topographie der Speicherringe. Dabei fällt auf, dass das damalige Super-Proton-Synchrotron (SPS) zu einem Speicherring degradiert wurde.

Der ATLAS-Detektor ist ein Instrument, das sich bei einer Länge von 45 m in die Höhe eines fünfstöckigen Hauses erstreckt und 3000 t wiegt. Der Detektor wurde von 1800 Wissenschaftlern, 150 Laboratorien zusammen mit der assoziierten Industrie geplant und gebaut. Der Probebetrieb wird um diese Jahreswende aufgenommen. ATLAS besitzt drei Hauptkomponenten. Der innerste Detektor besitzt ein starkes Magnetfeld, um die Impulse und die elektrischen Ladungen der Teilchen eines Zerfalls registrieren zu können. Das um diesen Detektor angeordnete Kalorimeter registriert die abgestrahlte Energie. Der äußerste Teil, das Myonenspektrometer, registriert die Myonen, die schweren Schwesterteilchen der Elektronen.

Die fundamentale Frage, die mit Hilfe dieser Experimente beantwortet werden soll, ist die nach dem Mechanismus, mit dem den Teilchen der drei Teilchenfamilien der Materie ihre Masse zugeordnet wird.

Mangels Großforschungseinrichtungen in Österreich wird es auch in Zukunft unerlässlich sein, den Studierenden an den Universitäten sowie jungen Nachwuchswissenschaftlern und -wissenschaftlerinnen weiterhin einen Zugang zu Forschungsinfrastrukturen auf europäischem Niveau zu ermöglichen. Derzeit ist dies durch die hervorragende Anbindung Österreichs an weltweit führende Forschungszentren (z. B. CERN, ILL, ESRF, JET) gegeben. Es wäre wünschenswert, diese Beteiligungen auf hohem Niveau zu konsolidieren und nachhaltig zu sichern.

Akzeptanz moderner Forschungsresultate

Sehr geehrte Damen und Herren!

Der eingangs erwähnte Turmbau zu Babel erweckte den Argwohn des Schöpfers, weil er in dieser technischen Meisterleistung ein Indiz für künftighin unbegrenzte Möglichkeiten seiner Geschöpfe erblickte. Nimmt es da wunder, wenn in der heutigen Zeit die Furcht vor unkontrollierbaren Folgen wissenschaftlich-technischer Entwicklungen, von denen aufgrund der Universalität von Wissenschaft und Technik oftmals weite Bereiche des Erdkreises betroffen sind, viele Menschen argwöhnisch macht?

Darauf spielt ein Poster mit der Darstellung des auf den unvollendeten Turm von Babel aufgesetzten oberen Teils einer hyperbolischen Kühlturmschale an.

Mit ihrem Institut für Technikfolgen-Abschätzung will die Österreichische Akademie der Wissenschaften einen Beitrag zum Verständnis der Konsequenzen technischer Entwicklungen leisten. Wissenschaftlich begründete Gegenüberstellungen von Haupt- und Nebenwirkungen solcher Entwicklungen sollen zur Verringerung von Argwohn und zum Abbau von Ängsten beitragen.

Das Institut für Technikfolgen-Abschätzung führt interdisziplinäre wissenschaftliche Forschung an den Schnittstellen von Technik und Gesellschaft durch. Im Mittelpunkt stehen Entwicklungstendenzen, gesellschaftliche Auswirkungen und Optionen für die Gestaltung technischen Wandels. Die Ergebnisse der Untersuchungen dienen u. a. der Beratung von Entscheidungsträgern.

Technikfolgen-Abschätzung soll helfen, Erkenntnisse über die gesellschaftlichen Wirkungen neuer Technologien zu gewinnen, um die Rahmenbedingungen für den technischen Wandel gestalten zu können. Konkret wird versucht, aus technischem Fortschritt möglichst hohen gesellschaftlichen Nutzen zu ziehen und nachteilige Folgen zu vermeiden.

Die Ergebnisse werden zu entscheidungsbezogenen Handlungsoptionen aufbereitet und bieten eine Informationsbasis für all jene, die sich für Bedingungen und Folgen technischen Wandels interessieren, und insbesondere für Entscheidungsträger, die diesen Wandel mitgestalten.

Ausblick

Ich komme zum Schluss:

Nicht nur in der Tradition des Alten Bundes ist ein Turm, der bis in den Himmel reichen sollte, ein Symbol menschlichen Hochmuts. Einem bekannten Sprichwort zufolge kommt Hochmut vor dem Fall. Über den Fall des Turms von Babel heißt es im Buch der Jubiläen: „Und Gott schickte einen heftigen Wind gegen den Turm und zerstörte ihn auf der Erde, und siehe, er war zwischen Assur und Babylon im Lande Sinear, und er nannte seinen Namen Trümmer.“[67]

Gegen die Intensität der Windkraft kann auch die moderne Wissenschaft nur wenig ausrichten. Ihre Wirkung auf Bauwerke kann sie aber mit Hilfe geeigneter numerischer Simulationen mit hinreichender Genauigkeit abschätzen. Bauwerke so zu konstruieren, dass diese Wirkung möglichst klein bleibt, stellt eine der vielen Herausforderungen der zeitgenössischen Bauingenieurwissenschaften dar. Der wissenschaftlich ausgebildete Bauingenieur der Gegenwart ist in der Lage, den Einsturz des Turms zu Babel mit den Mitteln der

[67] Weidinger, Erich: Die Apokryphen. Verborgene Bücher der Bibel. Pattloch Verlag GmbH, Augsburg, 162

Turmbau zu Babel mit hyperbolischer Kühlturmschale

Mechanik, der Numerischen Mathematik und der elektronischen Datenverarbeitung auf einem Bildschirm zu simulieren. Möglich gemacht hat das nicht zuletzt die *Universalität des Unternehmens Wissenschaft*.

Unverzichtbare Elemente dieses Unternehmens sind der menschliche Forscherdrang und die menschliche Phantasie. Ihrer Phantasie, meine sehr geehrten Damen und Herren, will ich es überlassen, sich auszumalen, wie ein Breughelsches Meisterwerk zum abgewandelten Thema „Einsturz des Turms zu Babel" ausgesehen haben könnte.

Geleitwort[68]

zu „Erinnerungen. Stepan P. Timoshenko. Eine Autobiographie", aus dem Russischen von Albert Duda

„Hätte ich dieses Buch gekannt, dann hätte ich mein Buch über Flächentragwerke nicht geschrieben." In diesem Sinn soll sich Karl Girkmann, einer meiner Vorgänger in der Funktion des Vorstandes des ehemaligen Instituts für Festigkeitslehre der Technischen Universität Wien, geäußert haben, als sich ihm erstmals die Gelegenheit bot, das von Stepan P. Timoshenko zusammen mit S. Woinowsky-Krieger verfasste Buch „Theory of Plates and Shells" zu studieren. Was für dieses Werk gilt, trifft, wie ich mich schon als Graduate Student bzw. Post Doctoral Fellow in den USA in der ersten Hälfte der Siebzigerjahre des vorigen Jahrhunderts persönlich überzeugen konnte, nicht minder auf Timoshenkos andere Bücher zu: wohl ausgewogene Stoffauswahl, hervorragender Aufbau, ausgezeichnete Gliederung, klare Darlegung der mechanischen Voraussetzungen, gut überprüfbare mathematische Herleitungen von angemessenem Schwierigkeitsgrad, passend ausgewählte numerische Beispiele in beachtenswert großer Zahl, eingehende Diskussion der Ergebnisse und übersichtliche Darstellung der Resultate in Form ansprechender Schaubilder und leicht lesbarer Tabellen.

Natürlich waren es in erster Linie überragendes Talent und außerordentlich großer Fleiß, auf denen Timoshenkos durchschlagender Erfolg als Autor vieler auch heute noch weltweit hohes Ansehen genießender Bücher und Aufsätze auf dem Gebiet der Technischen Mechanik fester Körper gegründet ist. Nicht hoch genug veranschlagt werden kann indes der Anteil seiner grundlagenbezogenen Ausbildung am St. Petersburger Verkehrswegeinstitut an diesem Erfolg.

[68] Erschienen in: Timoshenko, Stepan P.: Erinnerungen. Eine Autobiografie. Aus dem Russischen von Albert Duda. Ernst und Sohn, Berlin 2006, 5–7

In seiner mit *Erinnerungen* betitelten Autobiographie unterstreicht Timoshenko die Vorzüge dieser Ausbildung, die ihm nicht zuletzt nach seiner Emigration in die Vereinigten Staaten im Jahre 1922 sehr zustatten gekommen sind. Davor war Timoshenko für kurze Zeit am Zagreber Polytechnikum tätig. Bei der Lektüre dieses Kapitels werden persönliche Reminiszenzen an einen Besuch dieser Hochschule wach, bei dem die Räumlichkeiten des von Timoshenko dort errichteten Laboratoriums besichtigt werden konnten. Bei der Betrachtung des Bildes vom Hauptgebäude des Kiewer Polytechnischen Instituts im Kapitel über Timoshenkos Tätigkeit als Professor dieses Instituts wiederum schweifen die Gedanken zu der vor dem Institut befindlichen Statue des berühmten Professors, vor der man ihm persönlich Reverenz erwiesen hat.

Am Kiewer Polytechnischen Institut hat Timoshenko die Ausbildung in der Festigkeitslehre auf ein für die damalige Zeit sehr hohes Niveau angehoben. Seine Vorlesungen über dieses bedeutende Grundlagenfach in mehreren Ingenieurdisziplinen wurden 1911 veröffentlicht. „Das Buch war ein großer Erfolg", schreibt der Autor, „es wurde in Russland von den meisten technischen Hochschulen als Lehrbuch angenommen und in einigen zehntausend Exemplaren verkauft"[69]. Nach Überarbeitung des Buches in Amerika brachte es Timoshenko 1930 in zwei Teilen heraus. Das Buch wurde in mehrere Sprachen übersetzt. Generationen von Ingenieurstudentinnen und -studenten haben danach gelernt.

Die Neugierde des geborenen Forschers und forschungsgeleiteten akademischen Lehrers war die Haupttriebfeder für die umfassende Reisetätigkeit Timoshenkos, die ihn bereits in jungen Jahren an die damals bedeutendsten wissenschaftlichen Zentren führte. Bei der Schilderung seiner Reiseeindrücke beschränkt sich der Autobiograph keinesfalls nur auf fachliche Aspekte. Vielmehr lässt er in seine Reisebeschreibungen auch das politische und soziale Umfeld von Reisezielen und -strecken mit einfließen. So erfährt der Leser viel Interessantes über das vorrevolutionäre Russland, das wilhelminische Deutschland, die österreichisch-ungarische Monarchie, zu deren Kronland Galizien bekanntlich weite Teile der heutigen Westukraine gehörten, und nicht zuletzt über die Schweiz, die Timoshenko zeitlebens auch als Urlaubsland sehr schätzte.

Über wechselvolle Zeitläufe hinweg bewahrte er sich Sympathie für Deutschland und Wertschätzung für deutsche Fachkollegen. Prägend in dieser Hinsicht scheint eine Reise gewesen zu sein, die ihn 1904 nach Deutschland führte.

[69] ebd. 108

„Ein völlig unbekannter junger Mann konnte ohne jegliche Formalitäten das Empfangszimmer berühmter deutscher Gelehrter betreten, wurde freundlich empfangen, traf auf Bereitschaft zur Hilfeleistung bei der Besichtigung der Laboratorien und konnte sich mit den laufenden wissenschaftlichen Arbeiten bekannt machen“[70], schreibt Timoshenko über seinen offenkundig nachhaltigen Eindruck von dieser Reise. „Das blieb mir ein ganzes Leben lang in Erinnerung und beeinflusste natürlich auch mein Verhältnis zur deutschen Wissenschaft, zu den deutschen Wissenschaftlern und zu Deutschland überhaupt.“[71]

Bei mancher Aussage Timoshenkos fällt es schwer, ein Schmunzeln zu unterdrücken, so beispielsweise, wenn man liest, dass „das Prüfen von Studenten keine sehr interessante Tätigkeit“[72] sei, oder aber, dass „die technische Relevanz der Arbeit“[73] – gemeint ist eine Dissertation über die Berechnung von Plattentragwerken –„in der Disputation von niemandem hervorgehoben wurde“[74]. Nachdenklich stimmt jedoch die Aktualität einer Aussage über das Studium eines Mechanikbuches im Jahre 1902: „Ich erinnere mich an das Prinzip der virtuellen Verschiebungen. Es war so dargelegt, dass seine Anwendung völlig unklar blieb. Dasselbe galt für das Prinzip von d'Alembert.“[75]

Interessant ist in diesem Zusammenhang Timoshenkos Einstellung zur Mathematik. „Ich bin nicht als Mathematiker geboren“[76], schreibt er, „die Feinheiten der abstrakten Mathematik haben mich nie interessiert. Aber die Anwendungen der Mathematik in den Ingenieurwissenschaften – das war genau das, was mich beschäftigte und wo es mich von Natur aus hinzog“[77]. Hier manifestiert sich Timoshenkos Auffassung von der Mathematik als Hilfsmittel des Ingenieurs zur Lösung praktischer Aufgaben.

Timoshenkos Wirken in den Vereinigten Staaten erstreckte sich über nahezu vier Jahrzehnte. Es bot ihm die einzigartige Möglichkeit, die akademische Ingenieurausbildung in den USA mit der des vorrevolutionären Russlands zu vergleichen. Den Unterschied in der Ausbildung der russischen Ingenieure in dieser Epoche und jener der amerikanischen Ingenieure in der Zeit nach dem

[70] ebd. 92
[71] ebd.
[72] ebd. 79
[73] ebd.
[74] ebd.
[75] ebd. 80
[76] ebd. 84
[77] ebd.

Ersten Weltkrieg bezeichnet Timoshenko als „einfach niederschmetternd“[78]. Obwohl dieser Vergleich verschiedene Zeiträume umfasst, ist er zulässig, da Timoshenko zeitlebens die Entwicklung der Ingenieurausbildung in seiner alten Heimat mit großem Interesse verfolgte.

Timoshenkos Tätigkeit in den USA begann in der Firma eines russischen Ingenieurs in Philadelphia, die sich mit dem Auswuchten von Maschinen und mit Schwingungstilgung beschäftigte. Die Entscheidung, auf Dauer in Amerika zu bleiben, fiel ihm schwer. Das ist angesichts des von ihm damals in den USA georteten Desinteresses an den Ingenieurwissenschaften nur allzu leicht verständlich. Schwerer verständlich ist die retrospektive Hinterfragung der Richtigkeit dieser Entscheidung und der selbstkritische Rückblick auf sein 38-jähriges in jeder Hinsicht höchst erfolgreiches Wirken in den USA. „Nach langem Zögern entschied ich mich, doch in Amerika zu bleiben“[79], schreibt Timoshenko und setzt in dem für ihn typischen nüchtern abwägenden Stil fort: „Ob diese Entscheidung richtig oder falsch war, weiß ich bis heute, vierzig Jahre später, nicht. Dadurch, dass ich in Amerika blieb, habe ich bestimmt mehr Erfahrungen in der Anwendung der wissenschaftlichen Analyse auf die Lösung von Ingenieurproblemen erworben. Da ich mit der Ausbildung entsprechend theoretisch fundierter Ingenieure befasst war, konnte ich mehrere Lehrbücher schreiben, die weite Verbreitung fanden. Aber viel Neues habe ich in Amerika nicht gemacht.“[80]

Über Timoshenkos Tätigkeit an den Wirkungsstätten, an denen diese Lehrbücher entstanden sind – der Firma Westinghouse, der Universität von Michigan und der Stanford-Universität – erfährt man in seinen *Erinnerungen* viel Interessantes, aber auch manch Kritisches. Dem Fachpublikum aus dem deutschen Sprachraum und auch fachlich weniger nahen deutschsprachigen Wissenschaftshistorikern mit besonderem Interesse an den technischen Wissenschaften sind diese Memoiren durch die einfühlsame Übersetzung von Prof. Albert Duda zugänglich gemacht worden, wofür es Dank zu sagen gilt. Zu den vielen mittlerweile dahingegangenen Fachkollegen Timoshenkos, die aus tiefer innerer Überzeugung in diesen Dank eingestimmt hätten, zählt zweifellos nicht zuletzt der eingangs genannte Karl Girkmann.

[78] ebd. 359
[79] ebd. 207
[80] ebd. 207

Begrüßung

anlässlich des Vortrags von Stanislav Gorb „Naturprinzip und Biomimetik: Haften und Klammern im Tierreich“ im Rahmen der Karl von Frisch Lectures

Werte Kolleginnen und Kollegen,
sehr geehrte Damen und Herren!

Die Reihe der Karl von Frisch Lectures aus den Jahren 2001/2002 findet mit der heutigen Veranstaltung ihre Fortsetzung. Ich begrüße Sie dazu herzlich im Namen der Österreichischen Akademie der Wissenschaften. Die fachliche Betreuung dieser öffentlichen Vorlesungen steht wieder unter der verdienstvollen Leitung unseres wirklichen Mitglieds Prof. Friedrich Barth.

Karl von Frisch hat Medizin zu studieren begonnen und ist bald zum Studium der Zoologie in Wien und München übergewechselt. Für seine bahnbrechenden Arbeiten über Verhaltensphysiologie, besonders über die komplexe Kommunikation von Insekten, erhielt er 1973 den Nobelpreis für Physiologie oder Medizin. Er wurde Ehrenmitglied der ÖAW, und damit hat sich sein wissenschaftlicher Kreis um die Medizin geschlossen.

Im Sinne von Karl von Frisch steht in dieser nun begonnenen Reihe von sechs Abendvorträgen die neue Biologie der Organismen im Zentrum. Diese wird in zwei Richtungen vertieft: in die fruchtbare Beziehung zwischen Biologie und Technik und in die von Neuro- und Kognitionswissenschaften. Der heutige Abend ist der ersten Richtung gewidmet: jenem Zweig, den man mit gleicher Berechtigung als Biomimetik, Bionik oder Biognosis bezeichnen kann, dem Transfer biologischer Bauprinzipien in den Bereich der Technik.

In den 3,8 Millionen Jahren, in denen es Leben auf der Erde gibt, sind erstaunliche Adaptionen der lebenden Organismen für spezielle Aufgaben erfolgt.

Prof. Stanislav Gorb, der als Zoologe über die Arbeiten aus der Bionik am Max-Planck-Institut für Metallforschung in Stuttgart berichtet, wird über die Fähigkeit von Tieren sprechen, sich auf sehr glatten und stark geneigten Flächen festzuhalten und zu bewegen. Zur Sprache wird kommen, wie diese Fähigkeiten in den Bereich der Technik zu transportieren sind.

Es obliegt Prof. Barth und nicht mir, zu diesem Themenkreis einführend zu moderieren. Ich möchte nur kurz auf jene Gedanken zu sprechen kommen, die ich bei der Vorbereitung auf diesen Abend hatte.

Schon vor 3000 Jahren versuchten die Chinesen, künstliche Seide herzustellen. Der Erfolg war nicht überragend. Eine griechische Sage berichtet über den Absturz des Ikarus mit seinen Flügeln, die sich im warmen Sonnenlicht auf katastrophale Weise auflösten. Der Nachbau technischer Strukturen aus den durch Evolution entstandenen natürlichen Strukturen ist nicht einfach. Erst die Beobachtung des Vogelflugs zusammen mit zunehmendem Verständnis für die Gasdynamik der Atmosphäre hat den Bau von Flugzeugen ermöglicht. Die genetische Veränderung von Ziegen zur Gewinnung von hochfesten Spinnenproteinfäden aus Ziegenmilch ist auch heute nicht vollkommen gelöst. In letzter Zeit haben die Erfolge zugenommen, biologische Bauprinzipien für technische Strukturen zu verwenden.

Natürlich gibt es für alles Grenzen, in der Technik wie in der Biologie. Bei Fleisch fressenden Pflanzen finden auch die avanciertesten Haltemechanismen der Insekten keinen Halt mehr, und sie fallen trotzdem hinein. Damit bin ich aber genau beim Thema des Moderators und es verbleibt mir nur, dem Mitveranstalter und Sponsor, der Industriellenvereinigung Wien ebenso zu danken, wie der Gesellschaft der Freunde der ÖAW und der Raiffeisen Zentralbank. Mit Freude verweise ich auf die Kooperation des Stadtschulrates für Wien, der Diskussionsveranstaltungen organisiert, um der Jugend die Möglichkeit zu Kontakten mit dem Vortragenden zu geben. Unter dem Namen „Junior Academy“ wird es morgen solche Kontakte mit Prof. Gorb geben.

Ich danke Ihnen für Ihre Aufmerksamkeit.

Begrüßung
anlässlich der Präsentation des Buches „Umwelt Stadt. Geschichte des Natur- und Lebensraumes Wien" von Karl Brunner und Petra Schneider (Hg.) im Rahmen der Wiener Vorlesungen

Hochverehrte Frau Stadträtin,
sehr geehrter Herr Gemeinderat,
sehr geehrter Herr Professor Ehalt,
sehr geehrter Herr Generalsekretär,
werte Kolleginnen und Kollegen,
lieber Herr Kollege Borsdorf,
meine sehr geehrten Damen und Herren!

Die heutige Veranstaltung im Rahmen der Wiener Vorlesungen ist der Präsentation des 1. Bandes der Reihe „Wiener Umweltstudien" gewidmet. Dieser Band trägt den Titel „Umwelt Stadt. Geschichte des Natur- und Lebensraumes Wien" und ist über den Reihenherausgeber Axel Borsdorf eng mit den Arbeiten an der Österreichischen Akademie der Wissenschaften vernetzt. Prof. Borsdorf ist wirkliches Mitglied der Akademie und fungiert als Direktor des Instituts für Stadt- und Regionalforschung der ÖAW. Über Inhalt und Zielsetzungen des Buches werden Kurzreferate aus verschiedenen Blickwinkeln von Herausgebern und Autoren informieren.

Lassen Sie mich, meine sehr geehrten Damen und Herren, auf jene Einrichtung eingehen, die den natürlichen Nährboden für das Entstehen einer derart multidimensionalen Enzyklopädie über die Umwelt Stadt mit 90 Autoren bereitstellt: die Österreichische Akademie der Wissenschaften.

Der Vorstellung von Gottfried Wilhelm Leibniz folgend, dienen Akademien der systematischen Entdeckung und Sammlung von Wissen. In der Geschäftsordnung der Österreichischen Akademie der Wissenschaften ist ihre Aufgabe festgeschrieben, die Wissenschaft auf allen Gebieten, insbesondere im

Bereich der Grundlagenforschung, in jeder Hinsicht zu fördern. Die scharfe Trennung der Wissenschaften in Grundlagen- und Angewandte Wissenschaften erscheint heute überholt. Im Zusammenhang mit dem 7. Rahmenprogramm der EU wird von Frontier Research gesprochen, womit der Vorstoß zu den Grenzen des Wissens und über sie hinaus gemeint ist. Zu jeder Zeit ist es diese Art von Forschung gewesen, der sich unsere Akademie verpflichtet gefühlt hat. Dieser Verpflichtung kommt die Österreichische Akademie der Wissenschaften sowohl als Gelehrtengesellschaft als auch als Trägerin bedeutender Forschungseinrichtungen – nicht zuletzt solcher in der Bundeshauptstadt – nach.

Die Welt unserer Stadt ist eine über die wunderschöne Natur Wiens hinaus strukturierte künstliche Welt, die von uns Menschen durch Bauen, Konstruieren, Wirtschaften und Verwalten laufend mitgestaltet wird. Diese von uns geschaffene Umwelt nennt der Technikphilosoph Jürgen Mittelstraß die nach da Vinci geformte Leonardo-Welt. Ihre heutige Komplexität ist derart groß und vielfältig, dass sie in manchem der eines Lebewesens gleicht.

Bei der Beschreibung der Lebensäußerungen dieser Stadt werden Aspekte der Versorgung mit Nahrungsmitteln, Gütern, Energie und Information relevant. Ein Gebilde namens Großstadt hängt kritisch davon ab, dass etwa reines Trinkwasser zur Verfügung steht und dass das Leben in der Stadt wie in der sie umgebenden gezähmten und geschützten Natur bei der Arbeit und in der Freizeit lebenswert ist. In diesem Zusammenhang darf ich auf einen meiner Vorgänger im Amt des Präsidenten der Akademie, Eduard Suess, hinweisen, der sich um die Wasserversorgung Wiens mit Hochquellenwasser große Verdienste erworben hat.

Die Strukturen einer Stadt sind laufenden Veränderungen unterworfen. Wie bei einem Lebewesen können sich anbahnende Fehlentwicklungen nicht einfach gelöscht werden. Die Evolution findet Wege, um Unerwünschtes herum Verbesserungen zu erreichen.

Das Gebilde „Stadt" ist hinsichtlich Lebensqualität, wozu Mobilität durch gute Transportmittel zählt, sowie im Sozial- und Kulturbereich schnelleren Veränderungen und Umbrüchen als ländliche Bereiche ausgesetzt. Stadt und umgebendes Land sind in der Art einer nicht unmittelbar sichtbaren semipermeablen Membran miteinander verbunden. Die wissenschaftliche Analyse früherer, sich laufend verändernder Gegebenheiten gibt der Politik die Möglichkeit, Richtung und Größe von steuernden und korrigierenden Impulsen abzuleiten.

Der vorliegende Band „Umwelt Stadt" wird in seiner Fortsetzung „Ökosystem Stadt" ein breites Spektrum an Wissen und Fakten anbieten, ein Spektrum, das es ermöglicht, eine Leonardo-Welt wie die unserer Stadt nicht nur besser zu verstehen, sondern darüber hinaus dem Bürger bis hinauf zu den Organen unserer Stadtregierung Instrumente zur Verfügung zu stellen, um das Miteinander zum Wohle von Einwohnerinnen und Einwohnern bestmöglich mitzugestalten.

Ich danke Ihnen für Ihre Aufmerksamkeit.

Interview[81]

„Realitätsfern und unzutreffend": Akademiepräsident Herbert Mang wehrt sich gegen die Kritik des Forschungs- und Technologierats. Institutsschließungen stehen nicht zur Diskussion

(Von Erich Witzmann, in: Die Presse)

DIE PRESSE: *Sind Sie überrascht, dass der Forschungs- und Technologierat, also das Beratungsgremium der Regierung, in der Vorwoche die Akademie scharf kritisiert hat?*
HERBERT MANG: Ich bin eigentlich schon überrascht, wenn ich mir überlege, welche Anstrengungen die Akademie vorgenommen hat, um Kritiken, die früher gekommen sind, zu begegnen. Angesichts der vielen Diskussionsmöglichkeiten untereinander muss man sich nicht der Medien bedienen, um Aussagen dieser Art zuzurufen.

Der Rat hat erklärt, dass 80 Prozent der öffentlichen Akademiemittel gesperrt werden, bis im März 2006 ein Bericht über Reformvorhaben vorliegt. Ist das eine Art Erpressung?
MANG: Ich werte das als eine sehr harte Formulierung. Der Rat ist ein Beratungsorgan der Bundesregierung, und man muss sich an den Rat, den er weitergibt, nicht unbedingt halten, wenn man die mangelnde Triftigkeit der Aussage erkennt. Bei einem Akademiebudget von 72 Millionen Euro geht es hier um empfohlene Mittel seitens des Rates in der Höhe von 22 Millionen, auf die sich dann die 80 Prozent Zuweisung beziehen. Es muss klar sein, dass die Akademie keine durchgreifende Reform innerhalb weniger Monate vornehmen kann.

Wird im März ein Reformbericht vorgelegt?
MANG: Die Akademie-Reformkommission wird im März die generellen Richtlinien der Reform der Akademie zu Papier gebracht haben. Davon gehe ich aus.

81 Interview von Erich Witzmann erschienen in: Die Presse, 28. Dezember 2005, 3

Der Rat schlägt vor, dass das Management der Akademie einen Aufsichtsrat erhalten soll, in dem keine Akademie-Mehrheit besteht.
MANG: Das ist völlig realitätsfern. Die Akademie ist – wie auch dem Rat bekannt – eine Symbiose von Forschungsträgereinrichtung und Gelehrtengesellschaft. Die Darstellung des Rates, dass die Gelehrtengesellschaft die Institute managt, ist einfach unzutreffend. Sie ist ebenso unzutreffend wie das Managen der Republik Österreich durch das Parlament. Die Gelehrtengesellschaft, die einmal im Monat zusammentrifft, ist das Parlament der Akademie, das die Approbation zu Vorschlägen des Präsidiums oder anderer Akademiegremien erteilt oder versagt. Hier werden Mechanismen der Akademie verwechselt und unzutreffend dargestellt.

Die Akademie betreibt derzeit 25 Institute. Sind das zu viele Institute, wie das aus der Kritik des Rates hervorgeht?
MANG: Die bestehenden Institute wurden innerhalb des zweiten mittelfristigen Forschungsprogramms, das mit Ende dieses Jahres ausläuft, evaluiert. Es ist in keinem Fall der Vorschlag gekommen, ein Institut zu schließen. Die überwiegende Mehrzahl der Institute wurde ausgezeichnet bewertet. In einigen Fällen wurden Verbesserungsvorschläge unterbreitet. Die Akademie wird sie nach Möglichkeit realisieren. Das Akademiepräsidium sieht aber keinen vernünftigen Grund, eine Einrichtung zu schließen, die sehr gut evaluiert worden ist.

Gibt es nicht Doppelgleisigkeiten zu Instituten an den Universitäten?
MANG: Es ist keine Parallelität gegeben. Aus meiner Sicht sind die Institute dort entstanden, wo die Universitäten nicht aktiv sein wollten. Es kommt ganz selten vor, dass die Universitäten bei einem bestimmten Gebiet nachziehen, das die Akademie als Erste betreten hat. Das ist sicherlich eine Situation, in der die Akademie nachdenken kann, ob eine solche Einrichtung über alle Zeiten weitergeführt werden soll. Man kann aber von der Akademie nicht erwarten, dass sie über Nacht eine sehr gut funktionierende Einheit schließt.

Sie haben erwähnt, dass das zweite Forschungsprogramm ausläuft, es kommt also noch in diesem Jahr ein drittes Programm?
MANG: Es kommt ein neues Forschungsprogramm mit Evaluationsmechanismen, bei denen Vorschläge des Technologierates betreffend die Auswahl des Leiters des Evaluationsteams aufgegriffen worden sind. Das heißt: Der Prozess wird zur Gänze fremdbestimmt. Erstmals wird die Akademie auf die Leitung dieses Teams keinen Einfluss nehmen.

Die Zahl der voll berechtigten Akademie-Mitglieder ist mit 45 in jeder Klasse, also insgesamt 90 begrenzt. Wird es hier einmal zu einer Ausweitung kommen?
Mang: Das wird Gegenstand der Beratungen der Reformkommission sein. Im Vergleich zu Akademien von Ländern ähnlicher Größe liegt die Zahl richtig. Ich möchte noch eines feststellen: dass die Akademie als Gelehrtengesellschaft und Forschungsträgereinrichtung eigentlich eine Erfolgsstory des Landes ist. Es ist betrüblich, wenn eine solche Einrichtung, die nach bestem Wissen und Gewissen alles daransetzt, den Bedürfnissen des 21. Jahrhunderts bestmöglich gerecht zu werden, zum Teil aus Unverständnis über ihre Wirkungsweise ungerechtfertigt angegriffen wird.

Seitens des Technologierates.
Mang: Ja. Man darf vielleicht eines sagen: In der alten Zusammensetzung des Rates für Forschung und Technologieentwicklung hat es eine größere Anzahl von Universitätsprofessoren gegeben, darunter zwei Akademiemitglieder, die die Wirkungsweise der Akademie sehr gut gekannt haben. In der neuen Zusammensetzung des Rates ist kein Akademiemitglied vertreten.

Begrüßung

anlässlich des Vortrags von Hanns Hatt „Die Macht der Düfte: vom Molekül zur Wahrnehmung" im Rahmen der Karl von Frisch Lectures

Sehr geehrter Herr Professor Hatt,
sehr geehrter Herr Professor Barth,
werte Kolleginnen und Kollegen,
sehr geehrte Damen und Herren!

Es ist mir eine große Ehre, Sie bei der heutigen Abendvorlesung „Die Macht der Düfte – vom Molekül zur Wahrnehmung" im Namen der Österreichischen Akademie der Wissenschaften begrüßen zu können. In der Reihe Karl von Frisch Lectures hat dieser Vortrag von Prof. Hanns Hatt vom Lehrstuhl für Zellphysiologie der Ruhruniversität Bochum einen direkten Bezug zu den Arbeiten des Nobelpreisträgers von Frisch. Als Moderator wird unser wirkliches Mitglied Prof. Friedrich Barth den Vortragenden persönlich und fachlich vorstellen. Mir bleibt die Gelegenheit, punktuell und unsystematisch jene Gedanken Revue passieren zu lassen, die ich bei der Vorbereitung auf den heutigen Abend hatte.

Wenn von Macht die Rede ist, verstehe ich sie als Instrument der Verhaltensbeeinflussung, der stets eine Botschaft vorausgehen muss, sei es an ein anderes Individuum oder als Kommunikation zwischen Einheiten im Körper selbst. Als ältestes Sinnensystem der Natur ist Chemosensorik eine Fähigkeit aus jener Zeit, auf die das Leben in den Urozeanen angewiesen war. Als das Leben an Land ging, wurde das Medium Wasser durch Luft ersetzt.

Aus menschlicher Sicht wurde der Geruchssinn lange Zeit als niedriger Sinn eingestuft. Das ist falsch. Es ist bloß schwieriger, mit Gerüchen zu experimentieren, als mit dem Hören und Sehen. Von den Rezeptoren in unserer Nase werden Geruchseindrücke direkt verarbeitet und ins Gehirn geleitet. Verhaltensänderungen gegenüber jemandem, „den man nicht riechen kann", sind damit praktisch aussichtslos. Die Erkenntnis von Prof. Hatt und seinem Team, dass sowohl die Nasenschleimhaut als auch Spermien dieselben Riechrezeptoren tragen, hat unmittelbare Auswirkungen auf die menschliche Reproduktion. Die Unfähigkeit eines Mannes, Maiglöckchenduft zu riechen, weist darauf hin, dass seine Spermien den Weg zur Eizelle nicht finden werden.

Kanten in unscharfen Bildern können durch subtraktive Verfahren verstärkt werden. Bei Riechbildern ist das nicht viel anders. Prof. Hatt und sein Team haben als zweiten Signalweg jenen von Duftmolekülen untersucht, die zwar wie ein Schlüssel im Schloss des Rezeptors andocken können, wobei der Schlüssel aber nicht umgedreht werden kann: damit ist z. B. der Geruch von Maiglöckchen selektiv blockiert, aber nicht das ganze Geruchsspektrum.

Positiv erlernte Gerüche fallen weniger dem Vergessen anheim als optische und akustische Erinnerungen. Ich verweise dazu auf Marcel Proust's Werk „Auf der Suche nach der verlorenen Zeit", in dem die Kindheitserinnerung an den Geruch des alten Kastanienbaums aufleben lässt.

Nicht mehr riechen zu können, kann ernste Konsequenzen haben. Eine meiner Mitarbeiterinnen bemerkte den Wohnungsbrand erst an der Verdunklung durch den Rauch. Das kostete ihrer Katze das Leben.

Prof. Hatt und sein Team haben die erstaunlichen Riechleistungen von Insekten als Tandemanordnung von Rezeptoren entschlüsselt. Selbst für uns Menschen riecht Vanillin eine Spur anders als das strukturgleiche, aber spiegelverkehrte Isovanillin.

Die gefiederten, außen liegenden Insekten-Antennen erbringen unglaubliche Riechleistungen. Ein Duftmolekül, vom Wind von Linz nach Wien getragen, dockt an und das genügt, dass das Insekt in diese Richtung losfliegt. Ähnlichkeiten mit der Theorie elektromagnetischer Antennen sind keineswegs zufällig.

Ich danke dem Vortragenden Prof. Hanns Hatt für seine Bereitschaft, uns an die Grenzen rezenter Forschung zu führen. Unserem wirklichen Mitglied Prof. Friedrich Barth danke ich für die nun folgende Einführung. Weiters danke ich Frau Dr. Baumgart vom Büro für Öffentlichkeitsarbeit der ÖAW für die organisatorische Betreuung. Der Industriellenvereinigung Wiens, der Raiffeisen Zentralbank und der Gesellschaft der Freunde der ÖAW danke ich für ihre Unterstützung. Im Rahmen der erfolgreichen Kooperation mit dem Stadtschulrat wird Prof. Hatt morgen Kontakte mit Gymnasiasten haben. Den jungen Zuhörerinnen und Zuhörern dieser Veranstaltung möchte ich eine Karriere im Wissenschafts- oder Technikbereich nahelegen. Unsere Gesellschaft braucht hochbegabten und motivierten Nachwuchs in diesen Bereichen!

Ich heiße Sie, meine sehr geehrten Damen und Herren, im Namen der ÖAW nochmals herzlich willkommen und danke für Ihre Aufmerksamkeit.

Begrüßung und Einleitung

anlässlich des Workshops „European Sciences: A Modern Interpretation of Basic and Applied Research"

Dear President Mittelstraß,
highly esteemed speakers at this workshop,
distinguished colleagues,
Ladies and Gentlemen,

It is my privilege and great honor to welcome you on behalf of the Austrian Academy of Sciences to a truly international workshop: "European Science: A Modern Interpretation of Basic and Applied Research."

It is certainly no coincidence that this workshop is jointly organized by two academies: the Academia Europaea and the Austrian Academy of Sciences. From our point of view it is highly beneficial that our scientific activities are complemented by the wide scientific view of the Academia Europaea, on the level of the European Union, in basic and applied research. Do these views interfere? If at all, this interference is constructive.

Our younger sister, the Academia Europaea, founded in 1988, originated from a concept at a meeting of European Ministers of Research, in 1985. The view was expressed that a new body would be highly beneficial, where ideas and opinions of individual scientists from all over Europe could be freely formulated. This would enrich the scientific, political, and economic landscape of our continent. Our sister academy consists of more than 2000 members from 35 European and 8 non-European countries and includes leading experts from many fields. The current President of the Academia Europaea, Prof. Jürgen Mittelstraß, who is also a Foreign Associate of the Austrian Academy of Sciences, is the proper person to provide you with specifics concerning structure and virtues of his Academy.

The partner organisation is the Austrian Academy of Sciences, the leading Austrian non-university research institution devoted to knowledge-driven research. More than 800 employees in 25 Institutes carry out research in many different scientific areas. Top researchers from Austria and abroad are members of the Learned Society of the Austrian Academy of Sciences. They guarantee the "Community's" excellence both in the natural sciences and the humanities.

In 1713, Gottfried Wilhelm Leibniz suggested to establish an Academy of Sciences in Vienna. Leibniz is often considered to be the last universal scientist. His never-ending endeavor for new knowledge kept him extraordinarily active throughout all of his life. Leibniz proposed the foundation of several Academies of Sciences, where the complex task of structuring and arranging existing knowledge should be accomplished in the framework of a systematic cooperation of competent scientists. His demand for "theoria cum praxi" pointed a path from basic to applied research.

It is remarkable that a little less than 300 years later, Prof. Jüri Engelbrecht, a distinguished colleague from my own field of expertise, devised a strategy for small member states of the EU, aiming at success in scientific research through replacing quantity by quality, installing centers of excellence, and trying to avoid an expansion into a pyramidal structure and a matrix flow of interactions. His strategy represents a fractal net of elements which interact in different ways with each other. This net is able to set up complex structures. Moreover, it includes the diversity of Europe's scientific heritage for our mutual benefit. Prof. Engelbrecht's proposition in some ways sounds similar to the ideas of Leibniz, transposed, of course, to contemporary language and mathematical terms.

Academies of Sciences were originally conceived as Learned Societies of researchers and institutions to promote scientific research. They do not suffer from the heavy load of academic teaching, they produce and evaluate research results and keep scientific disciplines together. Prof. David Spearman will tell us more about the role of academies in the global context. His Irish perspective evokes memories which show the way from basic to applied research as being long, not always straight, and in the final outcome unpredictable. Among the great European research organizations of today, the Max-Planck-Society and the Centre National de la Recherche Scientifique must be mentioned. Global networking, which nowadays is indispensable for advances in research, is also performed by virtual institutes across national borders.

Let me now turn to the reference by Prof. Mittelstraß to Leonardo da Vinci whose unique talent united the brilliant scientist, the exceptional artist, and the skilled engineer. Our modern world, Ladies and Gentlemen, has become less natural and more fabricated, sculptured, and rebuilt by human ingenuity. Prof. Mittelstraß has coined the appropriate term "Leonardo world" for this artificial environment. When landing with an airplane, please look out from the window and see how the forests give way to fields with linear boundaries and finally to streets with endless rows of houses and some skyscrapers in the center. Traffic tunnels underneath are not visible but very practical. This is our Leonardo's world, with its inherent dangers: the same desire that leads man to build these fantastic structures may lead him to destroy them, be it at the local or at a global scale.

Prof. Heinz Zemanek, Full Member of the Austrian Academy of Sciences and chief architect of one of the first transistorized computers, called this machine "Mailüfterl". A few years ago he told me: "If you are an achiever in any scientific field, you practically cannot avoid to be assigned to refereeing, counseling for scientific strategies and projects and to evaluating the consequences of new developments. This may be rewarding, but it steals you time for original research!" I am afraid, that this is true for all of us, or we would not be here.

Lena Torell, another one of our distinguished speakers, is a role model for this kind of exceptional dual career. Having started out as a Professor of Solid State Physics, working in the fields of low temperature physics, high temperature superconductors and metallic glasses, she made her way to Brussels as Research Director of the Joint Research Center within the European Community, with the main areas nuclear research and safety issues, chemicals, food safety and environmental issues, and especially air quality. Also noted are her efforts for interaction of basic and applied research. Her strategic advices call for a setup of research clusters which should not be local. They rather should be centers of excellence which unite broad experiences, combine different cultures, and integrate research, technology, and commerce.

Modern materials have changed Leonardo's world fundamentally. Not until steel was developed, the Industrial Revolution truly began. Aviation needs high-strength light alloys and the invention of semiconductor materials initiated the Information Age. Prof. Hellmut Fischmeister, Full Member of the Austrian Academy of Sciences, also one of our distinguished speakers, started his career with the synthesis of materials and microstructure design of metals. He was later promoted to Director of the Max-Planck-Institute for Metal Research. He is a member of the National Science Council of Austria, where he argues tirelessly in favor of research units similar to Max-Planck-Institutes, characterized by top quality and strict selection criteria.

The close connection between research and modern industry is further exemplified by Prof. Ernst Denert, who excelled in Software Engineering for applications which are strongly oriented towards data bases. As a link between core informatics and business informatics he installed a Chair at Munich University of Technology, for research in the design of software maps to discover redundancies in enterprises.

The great importance of the life sciences resulted in establishing Institutes at the Austrian Academy of Sciences which are engaged in basic and, to some extent, also in applied research. Let me mention the Institute of Molecular Biotechnology, the Gregor Mendel Institute of Molecular Plant Biology, the Research Center of Molecular Medicine, and the Institute for Ageing Research.

The great importance of the life sciences is highlighted by the European Molecular Biology Organization, whose director, Prof. Frank Gannon, has emphasized the considerable impact of Molecular Biology on our daily life, our health, food, and environment. Prof. Gannon has strong arguments for a substantially higher funding of Molecular Biology and for this cause, among others, quotes Mary Lasker: "If you think that research is expensive, try diseases!"[82] His contributions to the formation of the European Research Council were instrumental within international bodies.

Christoph Kratky, Professor of Physical Chemistry and Full Member of the Austrian Academy of Sciences, leads a working group in structural biology at the University of Graz, which performs research on the three-dimensional structure of biologically relevant molecules. He holds the function of President of the Austrian National Science Foundation, Austria's central institution to advance basic research.

The Austrian efforts concerning the coordination of research are further exemplified by Prof. Peter Kowalsky, Section Head for Research, Technology and Innovation at the Austrian Federal Ministry for Education, Science and Culture. Coming from sociology, he has migrated to management of research topics at governmental levels.

Research results are routinely published and critically evaluated by the scientific community. The acceptance of these results by public opinion, however, may or may not come.

Prof. Helga Nowotny, Member of the Academia Europaea, Chair of the European Research Advisory Board of the European Commission and among many other prestigious functions a Fellow of the Science Center Vienna, has carried out many research projects on the relationship between sciences and society and other questions related to sociology. She will give a paper on the question: "Is there a European Research Paradigm?"

Finally, language itself will be analyzed by Prof. Michael Metzeltin, Full Member of the Austrian Academy of Sciences in his talk: "Linguistics as a cognitive tool" which can provide insights on nationality and identity and

[82] http://www.columbia.edu/cu/web/digital/collections/nny/laskern/profile.html

describe the way from a national state to a supranational community of states.

Ladies and Gentlemen! As part of a personal premature conclusion, let me combine Prof. Engelbrecht's idea of a fractal research environment with the local perspective of the Austrian Academy of Sciences. It has always been the mission of the Academy to promote scientific research. The Federal Law about the Academy does not distinguish between basic and applied research. It merely specifies the task of the Academy to promote science in every respect.

If we create a fractal organization of interdependences between our Institutes, the surface of the resulting conglomerate in the Research Space will become larger. This will result in an increase of the number of nodes on the surface. Then, promotion of frontier research would be the proper term for our endeavors, and exactly this term was coined by a high-level expert group of the European Commission headed by Commissioner Janez Potočnik.

Ladies and Gentlemen! Let me express my sincere thanks to all of you who contributed to the organization of this workshop. This includes individuals from the two academies and from governmental institutions. Let us intensify our efforts for the purpose of delivering measurable benefits. Increased funding of science through the EU will certainly have a strong impact upon the structure of the research community.

Thank you very much for your attention.

Begrüßung und Einleitung

anlässlich der Tagung „Innovation, Investition und Erfolg: (k)ein Widerspruch zu Entwicklung. Innovative Umwelttechnologien österreichischer Unternehmen und Wissenschaft in Entwicklungsländern"

Sehr geehrter Herr Vorsitzender, lieber Herr Kollege Glatzel,
werte Frau Referentin,
werte Herren Referenten,
sehr geehrte Damen und Herren!

Ungleichgewicht in sozialen, wirtschaftlichen und ökologischen Belangen erzeugt Spannungen, Belastungen und letztlich menschliches Leid. Nicht alle diese Aspekte sind unmittelbar quantifizierbar, was sowohl die Beurteilung erschwert, als auch die Möglichkeit, Strategien zur Einebnung dieser Ungleichgewichte vorzuschlagen und anzuwenden.

Man wirft der Wissenschaft im Allgemeinen und der europäischen Wissenschaft im Besonderen vor, im Elfenbeinturm abstrakter Ideengebäude auf öffentliche Finanzierung zu warten.

Finanzierungsprobleme gibt es in allen Bereichen, die Österreichische Akademie der Wissenschaften ist da keine Ausnahme. Allerdings ist es eine Akademie der Wissenschaften gewohnt, über Fachgrenzen hinaus resultatorientiert zu denken und zu handeln. Schon Gottfried Wilhelm Leibniz, der 1713 die Gründung unserer Akademie initiiert hat – gegründet wurde sie tatsächlich erst 1847 –, hat mit seiner Forderung „Theoria cum praxi" eine lösungsorientierte Arbeitsweise vorgeschlagen.

Verstehen Sie, bitte, diesen Ausruf nicht als Absage an echte Wissenschaftlichkeit! Nicht umsonst heißt es, dass es nichts Praktischeres als eine gute Theorie gäbe. In unserer schnelllebigen Zeit ist es jedoch fast zu einer *conditia sine qua non* geworden, schnell zu praktischen Lösungen zu gelangen. Eine engere Kooperation von Wissenschaft und Wirtschaft ist daher das Gebot der Stunde.

Im entwicklungspolitischen Bereich sind Partnerschaften zwischen Wirtschaft und Wissenschaft von großer Bedeutung. Dazu ist es aber notwendig, eine gemeinsame Sprache zu finden. Oft genug stehen sich Partner mit verschiedenem Hintergrundwissen, verschiedenen Motivationen und unterschiedlichen Zielsetzungen gegenüber.

In anderen Bereichen ist die Kooperation zwischen Wissenschaft und Wirtschaft, zwischen der ÖAW und der Industrie bzw. einzelnen Wirtschaftsunternehmen durchaus etabliert.

Die großen Erweiterungen der Beschleuniger im CERN könnten ohne Magneten mit supraleitend ausgeführten Spulen nicht vorgenommen werden. Der Bau der 196 Magneten stellt eine ungeheure Herausforderung für die Industrie dar, die nur mit anspruchsvollsten technischen Mitteln zu bewältigen ist.

Im Bereich der Bildverarbeitung und Computergraphik werden neue Verfahren zur Anwendungsreife gebracht, die selbst bei schlechten Signal-/Rauschverhältnissen die Rekonstruktion der zu beobachtenden Strukturen ermöglichen. Wichtig ist das im Bereich der Werkstoffprüfung ebenso wie in der bildgebenden Diagnostik der Medizin. Die Anwendungen reichen aber auch bis hin zur Lesbarmachung fast hoffnungslos zerstörter Dokumente, die beim Aufrollen zu Staub zerfallen würden.

Impfungen für ältere Patienten müssen galenisch anders als für jüngere Patienten dargeboten werden. Diesbezüglich wird am ÖAW-Institut für Alternsforschung in Innsbruck intensiv geforscht. Aus neuen Forschungsinitiativen im Bereich der Lebenswissenschaften gehen Kooperationen hervor, wie die des Instituts für Molekulare Biotechnologie der ÖAW mit dem räumlich benachbarten Institut für Molekulare Pathologie der Firma Boehringer-Ingelheim. Das Gregor-Mendel-Institut für Molekulare Pflanzenbiologie der ÖAW ist ebenso wie das Institut für Molekulare Biotechnologie bemüht, Kooperationen mit der Industrie aufzubauen.

Dem Forschungszentrum für Molekulare Medizin bietet sich durch seine Nähe zum Patientengut des AKH die Möglichkeit, auf Patienten individuell abgestimmte Pharmaka einzusetzen.

Generell werden Produkte aus den Forschungslabors der Molekularbiologie in allernächster Zukunft Auswirkungen auf verschiedene Aspekte des täglichen Lebens haben: vom Gesundheitsbereich über den Nahrungsmittelsektor bis hin in den Umweltbereich.

Für manche wissenschaftliche Untersuchungen müssen spezielle Geräte eingesetzt werden, die es nur an wenigen Orten dieser Welt gibt, wie beispielsweise ein Synchrozyklotron zur Erzeugung hellen Röntgenlichts in Grenoble.

Am Röntgenlaser wird sowohl in Hamburg als auch an der Stanford University in Kalifornien gebaut. Allein an der Abfassung eines projektbezogenen Berichts waren über hundert Wissenschaftler beteiligt. Neue Einrichtungen dieser Art sind aber nicht immer geographisch so weit weg, wie es zunächst scheinen mag. Ein Beschleuniger, der Krebserkrankungen gezielt mit geladenen Atomkernen anstatt mit Röntgenlicht bestrahlt, wird in Wiener Neustadt geplant.

Zunächst aber gilt es, auf dieser Welt extreme Not und soziale Ungerechtigkeiten wirksam zu bekämpfen. Vorrangige Ziele sind die Bekämpfung der Malaria und die Eindämmung von HIV/Aids. Auch Sanierungen im Umweltbereich sind dringend erforderlich. Welchen Sinn würde etwa eine Anbauunterstützung für Getreide ergeben, wenn der nächste Sandsturm den letzten Rest der Ackererde wegweht?

Insgesamt stellen acht Millenniumsentwicklungsziele eine Verpflichtung von 189 UN-Mitgliedstaaten in den angesprochenen Bereichen dar, die bis 2015 einzulösen ist.

Zur Entwicklung von Partnerschaften zwischen Wissenschaft, Wirtschaft und Entwicklungszusammenarbeit ist es notwendig, gemeinsame Ziele zu formulieren. Die Partner müssen ungefähr gleichen Nutzen aus den Kooperationen ziehen. Anderenfalls fehlt die Motivation für derartige Partnerschaften, die zu Motoren des Fortschritts werden können.

Die Wissenschaft ist es gewohnt, methodisch – wie bei der Planung von Experimenten – die Rahmenbedingungen zu analysieren und daraus strategische Alternativen abzuleiten. Es stellt eine Herausforderung dar, diese Alternativen samt der Voraussage der Folgen der geplanten Interventionen in einer Partnerschaft zwischen Wirtschaft und Wissenschaft abschätzen zu können. Oft genug sind Initiativen zur „Hilfe zur Selbsthilfe" ein Weg, der nachhaltigere Resultate erzielen lässt als vordergründig organisierte Transporte von Hilfsgütern aller Art, die am Weg zum Zielort einem massiven Schwund unterliegen.

Wir leben gemeinsam auf einem Planeten, über den digitale Nachrichtennetze immer dichter gezogen werden. Zunehmend braucht man dazu keine Kabel mehr, sondern drahtlose Satellitenverbindungen, die die Schule auch ins Dorf bringen können. Umweltschäden sind durch politische Grenzen oftmals nicht aufzuhalten.

Es bleibt die gemeinsame Verantwortung zur Schaffung einer besseren Welt, die unsere Anstrengungen in jedem Fall erfordert.

Ich danke dem Obmann der Kommission für Entwicklungsfragen, unserem wirklichen Mitglied Glatzel, für die Initiative zu dieser Veranstaltung, die ein

Dialogforum für Vertreterinnen und Vertreter aus Wissenschaft, Wirtschaft und Entwicklungszusammenarbeit bildet.

Ihnen, meine sehr geehrten Damen und Herren, danke ich für Ihre Aufmerksamkeit.

Begrüßung

anlässlich des Vortrags von Wolfgang Wiltschko „Das Magnetfeld der Erde: wie es Tiere wahrnehmen und nutzen" im Rahmen der Karl von Frisch Lectures

Sehr geehrter Herr Professor Wiltschko,
sehr geehrter Herr Professor Barth,
werte Kolleginnen und Kollegen,
sehr geehrte Damen und Herren!

Es ist mir eine große Ehre, Sie bei der heutigen Abendvorlesung von Prof. Wiltschko zum Thema „Das Magnetfeld der Erde: wie Tiere es wahrnehmen und nutzen" begrüßen zu dürfen. Mit Prof. Wiltschko haben wir einen Forscher in unserer Mitte, der sich um die Aufklärung der Magnetsensoren von Vögeln große Verdienste erworben hat. Prof. Wiltschko wirkte von 1975 bis 2003 als Professor für Zoologie an der „Johann Wolfgang Goethe-Universität Frankfurt am Main". Derzeit forscht und lehrt er im Rahmen der an der Frankfurter Universität bestehenden Arbeitsgruppe „Physiologie und Ökologie des Verhaltens". Arbeitsschwerpunkt ist dabei die Raumorientierung von Vögeln und anderen Tieren.

Als Moderator wird unser wirkliches Mitglied Prof. Barth den Vortragenden persönlich und fachlich vorstellen. Mir bietet sich die Gelegenheit, einige Punkte aufzugreifen, die mir bei der Vorbereitung auf den heutigen Abend besonders markant erschienen sind.

Der Titel des Vortrags nennt zunächst die Voraussetzung für das Folgende: das Magnetfeld der Erde. Bis zur Mitte des 20. Jahrhunderts hat man das erdmagnetische Feld für einen glücklichen Zufall der Astrophysik gehalten. Erst die nähere Beschäftigung mit unserem Sonnensystem hat erkennen lassen, dass in Planeten und größeren Monden ein Magnetfeld die Regel und nicht die Ausnahme ist oder zumindest vor längerer Zeit war.

Den Schwerpunkt des heutigen Abends wird vermutlich der Fragenkomplex einnehmen, wie die Tierwelt dieses Planeten die Existenz des eher schwachen Magnetfeldes der Erde wahrnimmt und wie sie sich damit eine Orientierungshilfe zu Nutze macht, die wir Menschen mangels Sinnesausstattung nur mit technischen Hilfsmitteln einigermaßen kompensieren können.

Die Evolution hat dazu verschiedene Strategien entwickelt, um elf Zehnerpotenzen unter dem Energieniveau der Moleküle der belebten Materie in dem Rauschen durch Verstärkung und Filterung geeigneter Prozesse noch verwertbare Information über das erdmagnetische Feld erhalten zu können.

Unmittelbar aus elementarem Physikverständnis heraus bietet sich die Biosensorik kleinster elektrischer Ströme aus der Tierbewegung durch elektromagnetische Induktion des erdmagnetischen Feldes an. Haie z. B. haben solche Bewegungssensoren entwickelt.

Die Einlagerung von Magnetitkristallen bei Molchen, Krebsen und Lachsen sowie im Schnabel von Tauben stellt eine andere Form von Magnetsensoren dar. Die Kleinheit dieser Kristalle bietet gerade einer magnetischen Vorzugsrichtung Platz. Diese supra-paramagnetische Eigenschaft führt im erdmagnetischen Feld nicht unbedingt zu kinematischen Umlagerungen, kann aber durch mechanische Spannungseinflüsse auf Ionenkanäle wirken und damit Transduktoren des Zentralnervensystems beeinflussen.

Besonders beeindruckend ist die Flugleistung der Küstenseeschwalbe, welche die kontinuierliche Sommersonne der arktischen Tundra zur Brutperiode und danach zum Flug zu Habitaten bis in die Antarktis ausnützt. Der Flug über die ganze Erde macht jenseits der Orientierung an Sonne und Sternen die Zuhilfenahme des erdmagnetischen Feldes notwendig. Erst langsam hat sich die biophysikalische Erkenntnis durchgesetzt, dass der Mechanismus der Bildung von molekularen Radikalen durch das erdmagnetische Feld so beeinflusst werden kann, dass neuronal verwertbare Signale entstehen. Ein Vierteljahrhundert später sind Hypothesen über die Natur der Rezeptormoleküle und deren Lokalisierung entstanden. In einer Serie von Arbeiten, die sich von Tasmanien über Deutschland bis nach Kalifornien erstreckten, wiesen Wolfgang Wiltschko und Mitarbeiter experimentell nach, dass dieser Mechanismus einen Inklinationskompass für Vögel darstellt, der polaritätsunabhängig im rechten Vogelauge dem Umweltbild einen abgedunkelten Fleck überlagert, der eine magnetische Navigation zulässt.

Vor diesem Hintergrund manifestiert sich die Aktualität einer Aussage von Leibniz, wonach bedeutende wissenschaftliche Erkenntnisse nur im Zusammenwirken mehrerer Wissenschaften erzielbar sind, hier von Verhaltensforschung, Biophysik und Neuroanatomie bis hin zur Histologie und Physiologie.

Unserem wirklichen Mitglied Prof. Friedrich Barth danke ich für die anschließende Vorstellung des Vortragenden. Weiters danke ich Frau Dr. Baumgart vom Büro für Öffentlichkeitsarbeit der Österreichischen Akademie der Wissenschaften für die organisatorische Betreuung. Der Industriellenvereinigung Wien, der Raiffeisen Zentralbank und der Gesellschaft der Freunde der Österreichischen Akademie der Wissenschaften danke ich für ihre Unterstützung. Im Rahmen der erfolgreichen Kooperation mit der vom Wiener Stadtschulrat organisierten „Junior Academy" wird Prof. Wiltschko morgen am Gymnasium Wien 23 mit Gymnasiastinnen und Gymnasiasten über sein Fachgebiet diskutieren. Den jungen Zuhörerinnen und Zuhörern sollen auf diese Weise Karrieren im Wissenschaftsbereich nahe gebracht werden. Unsere Gesellschaft braucht dringend junge Menschen, die sich für das Abenteuer Wissenschaft begeistern können.

Ich bitte nun Herrn Prof. Barth um seine Moderation und heiße Sie, meine sehr geehrten Damen und Herren, nochmals herzlich willkommen.

Grußadresse
anlässlich der Verleihung der European IST Prize Awards

Mrs. Reding, Member of the European Commission,
Mr. State Secretary,
Excellencies,
Members of Parliament,
Presidents of Academies,
Mr. Demuynck, Chairman of the European IST Prize Executive Jury,
European IST Prize Winners,
Ladies and Gentlemen,

It is my great honor to welcome you on behalf of the Austrian Academy of Sciences at the Awards Ceremony of the European IST Prize, which in addition to its technological importance indicates the political significance of Information Technology, especially of its innovative aspects. Unlike any other technology, we have witnessed its potential to establish a growing network of interlinked streams of information around the globe. Deep-rooted technical and sociological effects on many aspects of daily life are the consequence.

Since two decades the world is divided: hardware is assembled in Asia, software is written in America, and we, the Europeans, have made use of the combined production forces, of course, at a substantial price. These days are definitely over, which is evident by this ceremony under the auspices of the Austrian Government during its Presidency of the European Union.

Today it would be difficult to assign specific activities to a single geographical region. We live in a highly segmented world, with fractal interconnections, where it is of fundamental importance that local endeavors meet local demands.

In Europe, there is certainly no lack of scientific and technological talents. However, we need better communications with industry to convert new ideas, new technologies and processes into goods of public access. For a coordinated approach, access beyond individual countries is necessary. For this activity, the assignment of appropriate tasks to academies is a natural choice. For several centuries it has been their task to systematize and increase knowledge for a developing society. Let me just mention the Royal Society or the Académie des Sciences and recall outstanding members such as Newton or Lavoisier. Let me also mention Leibniz who initiated the foundation of the Austrian Academy of Sciences.

It took about a century that, in addition to recognizing the importance of the Natural Sciences and the Humanities, the significance of the Applied Sciences, in particular, of the Engineering Sciences, for a modern restructuring of our society was recognized. The Austrian Academy of Sciences, both a traditional Learned Society and a modern Research Institution with more than 1000 researchers in 60 research units, carries out topical research, e.g., at the Institute of Molecular Biotechnology, the Research Unit for Integrated Sensor Systems and the Institute for Quantum Optics and Quantum Information.

Today, a carefully orchestrated scientific policy links and interconnects National Academies. Euro-CASE is the council of National Academies of Applied Sciences, Technologies and Engineering from twenty European countries. The Austrian Academy of Sciences, with research institutes in physics, mathematics, biology, medicine, the technical sciences, as well as in the Humanities, social sciences, and economy, is a member of Euro-CASE.

At the European level, Euro-CASE has access to top level European expertise and experience. About 6000 individual Fellows guarantee expert consulting and contribute to technological, scientific, economic, and social progress. The political impact of coordinated activity is of great importance at times, when applied knowledge is beginning to replace natural resources.

Over the past 14 years, Euro-CASE has grown into a respected network. This council has always acknowledged the needs of European industry and has offered access to the most recent inventions and processes via projects, seminars, and workshops in a world, where goods and services have experienced a progressively shorter lifecycle up to now.

The IST Prize is an outstanding recognition of European achievements in the field of Information Technology. I am especially glad to see the significant contributions of National Academies to the transfer of scientific and technological achievements to the public as well as to national and European governmental decision makers. These activities exceed Information Technology and span issues such as Mobility and Transport, Energy and Environment, the Bio-Sciences, Research and Innovation, Engineering Education, Electromagnetic Radiation and Human Health, not to forget questions of patentability of computer-implemented processes. The Austrian Academy of Sciences is actively involved in this transfer in areas such as Energy, Environment, and Nutrition for Health, in addition to Information Technology.

Respectfully, I observe the evolution of the IST Prize, now in its 11th year. It has become an outstanding reference activity within the European Commission. Its close connections with industry ensure a swift transfer of recent achievements to Small and Medium Sized Enterprises, especially to spin-off and start-up companies.

On behalf of the Euro-CASE Academies, it is my privilege to thank Commissioner Reding for the support by the European Commission. Sincere thanks are extended to the executives of the Austrian Government, in particular to State Secretary Mainoni. I also want to thank Mr. Guy Demuynck and all the members of the evaluation bodies for the expertise of their work. Thanks are finally extended to all of those who have been involved in making this European IST Prize a success, especially to the winners of the Prize.

Thank you all for your attention.

Begrüßung

anlässlich des Vortrags von Edward Kaplan „Sex, Drugs and Shadow Prices: The Economics of HIV Prevention" im Rahmen der Böhm-Bawerk Lectures

Sehr geehrter Herr Professor Kaplan,
sehr geehrter Herr Professor Feichtinger,
werte Kolleginnen und Kollegen,
sehr geehrte Damen und Herren!

Es ist mir eine große Ehre, Sie bei der heutigen Abendvorlesung von Prof. Edward Kaplan über das Thema „Sex, Drugs and Shadow Prices: The Economics of HIV Prevention" im Namen der Österreichischen Akademie der Wissenschaften begrüßen zu dürfen.

Als gewähltes Mitglied sowohl der National Academy of Engineering als auch des Institute of Medicine of the US Academies – auf diese Doppelgleisigkeit können insgesamt nur 28 in den USA lebende Wissenschaftler verweisen – hat Prof. Kaplan mit seinen Studien großes Interesse in der Fachwelt hervorgerufen. Mit seinen Arbeiten kam er auch auf die Titelseiten von Time, Wall Street Journal, Newsweek, US News and World Report und Jerusalem Post. Dr. Kaplan ist Professor of Management Sciences and Public Health an der Yale University.

Als Moderator wird unser korrespondierendes Mitglied Prof. Gustav Feichtinger den Vortragenden persönlich und fachlich vorstellen. Ich folge gerne dem Vorschlag von Prof. Feichtinger, eine sprachlich gemischte Begrüßung zu halten. Der Muttersprache der überwiegenden Mehrheit unserer Zuhörerinnen und Zuhörern folgend, führe ich diese Begrüßung in Deutsch fort, werde aber gegen den Schluss in das Idiom unseres Vortragenden wechseln.

AIDS ist eine schwere Erkrankung. In den mehr als 20 Jahren, in denen wir ihre Symptomatik erkannt haben, wurde ihre Ausbreitung quer über den Globus verfolgt. Im vergangenen Jahr sind mehr als drei Millionen Menschen daran gestorben, fünf Millionen haben sich mit HIV angesteckt und mehr als 40 Millionen leben mit dem Virus. Inzwischen wurden die therapeutischen Methoden wesentlich verbessert. Bis heute ist es jedoch nicht gelungen, eine Impfung zur Immunisierung gegen die HIV-Viren zu entwickeln. Immerhin konnte die Überlebenszeit für viele Erkrankte wesentlich verlängert werden. Es scheint ein erreichbares zukünftiges Ziel zu sein, die tödliche Bedrohung für den einzelnen Patienten zu einer lebenslangen, chronischen Erkrankung abzumildern.

Die Infektion von Millionen von Menschen, bei denen auch bei sorgfältiger Behandlung etwa ein Jahrzehnt später der Ausbruch mit einer vielgestaltigen Symptomatik nicht zu verhindern ist, macht eine Strategie für das Patientenkollektiv notwendig. Virologie und Molekulare Medizin erscheinen dabei nicht ausreichend. Heute werden als Hilfswissenschaften Epidemiologie, Demographie, Statistik, Operations Research, Soziologie und Ökonomie herangezogen.

Der transdisziplinäre Zugang hatte schon bei den Vorgängern der Proponenten für Volksgesundheit Methode. Bei einer Choleraepidemie in London hat der Arzt John Snow mit einer von ihm gezeichneten Karte einen verseuchten Brunnen in Soho identifiziert, den Brunnenschwengel abmontiert und die Choleraepidemie war gestoppt.

Die Metrolinie 6 in Paris führt vorbei am Eiffelturm zur Station Pasteur. Es ist nicht korrekt, Louis Pasteur, den Gründer des berühmten Instituts, bloß als Arzt zu sehen. Mit ausgewiesenen Interessen für Literatur, den mathematischen Wissenschaften, einem Doktorat der Naturwissenschaften, als Mitglied der Ehrenlegion, einer Professur für Organische Chemie an der Sorbonne und als lebenslanger Sekretär der Akademie der Wissenschaften, wurde er erst mit 46 zum Dr. der Medizin ernannt. An seinem Institut wurden acht Nobelpreise erarbeitet. Auch die Struktur und Wirkungsweise des HIV-Virus wurde dort ergründet. Der durchschlagende therapeutische Erfolg ist bis heute ausgeblieben. Gewiss, die neuen, eben in Erprobung befindlichen Medikamente zur retroviralen Therapie geben Anlass zur Hoffnung. Jedoch muss die Erkrankung – zumindest bis jetzt – an der Wurzel, also vor der Ansteckung bekämpft werden.

Mit den Strategien dazu steht es nicht zum Besten. Nach meinem Verständnis wird es eines der Themen dieses Abendvortrags von Prof. Kaplan sein, über die Verbesserung von Strategien zur Vermeidung von HIV-Infektionen unter der Vorgabe eines Budgetrahmens nachzudenken.

Für rigide Moralisten ist Vermeidung der Ansteckung durch sexuelle Kontakte ohnehin kein Thema. Wie es doch so schön im Volksmund heißt: „Denn, so schließt er messerscharf, dass nicht sein kann, was nicht sein darf!“[83]

---

[83] Ein in den Volksmund übernommenes Zitat von Christian Morgenstern

Die Ansteckung durch HIV-Viren über die Nadeln kontaminierter Injektionsspritzen ist – leider – ein weiterer Hauptweg. Man kann versuchen, ihn an der Wurzel zu verhindern: etwa mit der Aufschrift an einer Apotheke, die sich ganz in der Nähe unseres Akademiegebäudes befindet: „Leerspritzen sind hier nicht vorrätig!“[84] Zur Frage steht allerdings, ob genau diese Politik nicht erst recht zur Verwendung gerade vorhandener Spritzen führt, möge das Restblut auch mit HIV-Viren kontaminiert sein.

Preventive strategies, Ladies and Gentlemen, have to be evaluated economically. Prof. Kaplan has acquired a broad basis of knowledge, having obtained three Master Degrees, one in Operations Research, one in City Planning and one in Statistics. He has formulated a mathematical approach for the evaluation of preventive strategies against HIV by means of the so called knapsack problem in Operations Research. Let me describe this approach in two sentences:

In a knapsack of fixed volume only a limited number of goods can be transported.

How are these goods to be selected to carry away a subset of maximum benefit?

Now I have definitely arrived at the field of Prof. Kaplan. Therefore, I kindly ask Prof. Feichtinger to begin his moderation and explain the idea of shadow prices.

I thank you for your attention.

[84] Notiz an der Schwedenapotheke, Wien, Anfang April 2006 als Plakat für den Nachtdienst

Begrüßung und Ansprache anlässlich der Feierlichen Sitzung der ÖAW

Seien Sie, sehr geehrte Damen und Herren, werte Kolleginnen und Kollegen, sehr herzlich begrüßt.

Respektvoll begrüße ich Herrn Bundespräsidenten Fischer, der in Bezug auf die Österreichische Akademie der Wissenschaften bedeutende gesetzliche Aufgaben wahrnimmt. Ich danke Ihnen, sehr geehrter Herr Bundespräsident, dass Sie in Begleitung Ihrer Frau Gemahlin der Österreichischen Akademie der Wissenschaften die Ehre Ihrer Anwesenheit erweisen.

Wir freuen uns über den Besuch des Erzbischofs von Wien, Kardinal Schönborn.

Mit Bedauern nehmen wir zur Kenntnis, dass eine unvorhersehbare Verpflichtung im Rahmen des EU-Vorsitzes Herrn Bundeskanzler Schüssel daran hindert, an der heutigen Feierlichen Sitzung teilzunehmen.

Es ist mir eine Ehre, den Präsidenten des Nationalrates und Vorsitzenden des Senates der Österreichischen Akademie der Wissenschaften, Khol, begrüßen zu können.

Als treuen Gast unserer Feierlichen Sitzung begrüße ich Altbundespräsident Waldheim.

Ich freue mich, die Bundesministerin für Bildung, Wissenschaft und Kultur, Gehrer, die heute auch Bundeskanzler Schüssel vertritt, begrüßen zu können. Es ist mir ein Anliegen, Ihnen, sehr geehrte Frau Bundesministerin, für Ihre steten Bemühungen um die Österreichische Akademie der Wissenschaften sehr zu danken.

Als persönlichen Vertreter des heute leider verhinderten Bundesministers für Landesverteidigung, Platter, begrüße ich den Generalstabschef des Österreichischen Bundesheeres General Ertl.

Ich heiße den Präsidenten des Verwaltungsgerichtshofes, Jabloner, Senator der ÖAW, und den Präsidenten des Obersten Gerichtshofes, Rzeszut, in unserer Mitte willkommen.

Repräsentanten ausländischer Missionen in Österreich geben uns die Ehre: Botschafter Segal, Frankreich, und Botschafter Yelchenko, Ukraine. Seien Sie herzlich willkommen.

Ich begrüße den griechisch-orthodoxen Metropoliten von Austria, Erzbischof Michael Staikos.

Es freut mich, Oberkirchenrat Kneucker in Vertretung von Bischof Sturm, Oberkirchenrat Hennefeld in Vertretung von Landessuperintendent Neumann und Weihbischof Scharl von der Erzdiözese Wien begrüßen zu dürfen.

Ich freue mich, den Vorsitzenden der Landeshauptleutekonferenz, Landeshauptmann Pröll, der derzeit in der genannten Funktion dem Senat der Akademie angehört, willkommen zu heißen.

Weiters begrüße ich Klubobmann Scheibner, Bundesminister außer Dienst.

Als Mitglieder früherer Bundesregierungen heiße ich unser wirkliches Mitglied Altpräsident Tuppy sowie Bundesminister außer Dienst und Geschäftsführer der Austrian Research Centers, Krünes, willkommen.

Ich danke Herrn Stadtrat Mailath-Pokorny für sein Kommen.

Ich begrüße die Abgeordneten zum Nationalrat Brinek und Moser.

Ein herzliches Willkommen gilt dem neuen Ehrenmitglied der Gesamtakademie, Präsidentin Schaumayer.

Ich freue mich über die Anwesenheit der Vertreter der Universitäten, der Rektoren, ordine alphabetico, Badelt, Wirtschaftsuniversität Wien zugleich Vorsitzender der Rektorenkonferenz, von Fircks, Veterinäruniversität Wien, Kolleritsch, Universität für Musik und Darstellende Kunst, Graz, Schmidinger, Universität Salzburg, Schütz, Medizinische Universität Wien, Sorg, Medizinische Universität Innsbruck, Sünkel, Technische Universität Graz, zugleich wirkliches Mitglied der ÖAW, und in Vertretung des Rektors der Technischen Universität Wien Vizerektor Rammerstorfer, ebenfalls zugleich wirkliches Mitglied der ÖAW.

Über die Anwesenheit der Präsidentin des Schweizerischen Wissenschafts- und Technologierates sowie Senatorin der Österreichischen Akademie der Wissenschaften, Suter, freue ich mich sehr.

Herzlich begrüße ich den Vorsitzenden des Österreichischen Wissenschaftsrates, Mittelstraß, Präsident der Academia Europaea und korrespondierendes Mitglied der ÖAW, sowie den Vorsitzenden des Österreichischen Rates für Forschung und Technologieentwicklung und stellvertretenden Vorsitzenden des Senates der ÖAW, Consemüller.

Weiters begrüße ich Präsidenten und Geschäftsführer österreichischer Forschungsförderungseinrichtungen sowie Repräsentanten außeruniversitärer Forschungsinstitutionen:

Vom Fonds zur Förderung der wissenschaftlichen Forschung Präsident Christoph Kratky, Vizepräsident Eder sowie Generalsekretär Gerhard Kratky, die Geschäftsführer der Forschungsförderungsgesellschaft Egerth und Pseiner, die Repräsentanten des Jubiläumsfonds der Österreichischen Nationalbank, Höritsch und Zaininger-Reiterer und den Geschäftsführer der Austria Wirtschaftsservice GmbH (ERP-Fonds) Takacs sowie die Geschäftsführer Pelzl (Joanneum Research) und Plimon (Arsenal Research).

Ich begrüße Vizepräsidentin Römer (Wirtschaftskammer Österreich) in Vertretung von Präsident Leitl.

Von der hohen Beamtenschaft begrüße ich stellvertretend die Sektionschefs Brix, Frühauf, Kowalski und Matzka sowie Sektionsleiter Reichardt.

Aus dem Magistrat der Stadt Wien erweist uns Obersenatsrat Ehalt die Ehre seiner Anwesenheit.

Ich heiße den Generaldirektor des Österreichischen Staatsarchivs, Mikoletzky, die Generaldirektorin der Österreichischen Nationalbibliothek und Senatorin der ÖAW, Rachinger, den Präsidenten des Bundesdenkmalamtes, Rizzi, und den Vertreter der Burghauptmannschaft Österreich, Lehner, sowie Architekt Prohazka, verantwortlich für die Revitalisierung der Alten Aula, willkommen.

Ich begrüße – in alphabetischer Reihenfolge – die zu diesem Festakt angereisten Präsidenten und Repräsentanten ausländischer Akademien der Wissenschaften und internationaler Wissenschaftsorganisationen, soweit sie nicht schon genannt wurden:

- Vizepräsident Elsner, K. M. A., Göttingen
- Präsident Gamkrelidze, Tiflis
- Präsident Hajdin, Belgrad
- Präsident Halliday, European Science Foundation, Strassburg
- Alt-Präsident Olsen, Kopenhagen
- Altpräsident Parthier, Leopoldina Halle
- Prof. Ramm, K. M. A., Mainz
- Prof. Sellin, Heidelberg
- Vizepräsident Slesák, Bratislava
- Präsident Šmahel, Prag
- Vizepräsident Shpak, K. M. A, Kiew
- Stv. Präsident Sticher, Bern
- Generalsekretär Sulstarova, Tirana
- Prof. Szulc, Krakau
- Generalsekretär Tešić, Novi Sad

- Präsident Vizi, Budapest
- Altpräsident Wilke, K. M. A., Düsseldorf.

Ich begrüße den Provinzial des Jesuitenordens der Ordensprovinz Österreich und Nachbarn unserer Akademie am Dr.-Ignaz-Seipel-Platz, P. Severin Leitner S.J.

Mit großer Freude begrüße ich unser korrespondierendes Mitglied im Ausland Schatz. Er wird den heutigen Festvortrag „Gefährdete Wissenschaft" halten.

Mein Gruß gilt den Damen und Herren, die als in- und ausländische Mitglieder die Gelehrtengesellschaft dieser Akademie repräsentieren, allen voran den anwesenden Ehrenmitgliedern der philosophisch-historischen Klasse Adamovich, Holubar und Schubert sowie den Trägern der Medaille Bene Merito Buschbeck und Gisser.

Der Besuch ausländischer Mitglieder unserer Gelehrtengesellschaft ist uns große Freude und Genugtuung.

Als Vertreter unserer Partnerunternehmen Boehringer Ingelheim begrüße ich den Stellvertretenden Sprecher der Unternehmensleitung, Barner, und den Generaldirektor von Boehringer Ingelheim Austria, Stochl.

Von den Partnergemeinden begrüße ich die Bürgermeister Mierl, Mondsee, und Ploderer, Lunz am See.

Aus dem Kreis der Wirtschaftspartner der Akademie heiße ich den Generaldirektor der Raiffeisen Zentralbank und Senator der ÖAW, Rothensteiner, den Geschäftsführer der Bundesimmobiliengesellschaft Stadlhuber sowie die Vertreter der Bank Austria Creditanstalt Bankverein Hauswirth, Seyringer und Wallowitsch willkommen.

Ich begrüße den Präsidenten der Gesellschaft der Freunde der ÖAW, Vizerektor der Veterinärmedizinischen Universität, Swetly.

Sehr herzlich begrüße ich alle Damen und Herren, die den Alltag dieser Akademie gestalten. Es sind dies die Institutsdirektorinnen und Institutsdirektoren, Mitarbeiterinnen und Mitarbeiter in den Forschungseinrichtungen und in der zentralen Verwaltung. Ihr Einsatz und Engagement bestimmen wesentlich Wahrnehmung und Ruf der Österreichischen Akademie der Wissenschaften und ihre öffentliche Anerkennung.

Seien Sie alle sehr herzlich willkommen.

*

Sehr geehrte Damen und Herren,

Sie sind heute Zeugen mehrerer Traditionsbrüche. Der erste betrifft den Ort der diesjährigen Feierlichen Sitzung. Es ist dies der über der Alten Aula der Alten Universität Wien liegende ehemalige Theatersaal der Jesuiten. Sicherlich hat die in Erfüllung gegangene Erwartung einer großen Besucherzahl die Entscheidung des Präsidiums über den Veranstaltungsort beeinflusst. Der wesentliche Entscheidungsgrund war jedoch die Demonstration des nach wie vor großen Interesses der Akademie an der inhaltlichen Nutzung des von Architekt Rudolf Prochazka hervorragend revitalisierten Gebäudekomplexes am Standort der Alten Universität vor den höchsten Repräsentanten unseres Staates.

Erinnern wir uns kurz! In der Feierlichen Sitzung des Jahres 1996 hat mein Amtsvorgänger Werner Welzig die Gründung einer Galerie der Forschung angeregt und ihre Unterbringung in diesen Räumlichkeiten vorgeschlagen. Damit begann eine durch viele Höhen, aber auch manche Tiefen gekennzeichnete zehnjährige Entwicklungsgeschichte. Wenn die Gesamtsitzung der Österreichischen Akademie der Wissenschaften im Herbst des Vorjahrs auf einstimmigen Vorschlag des Präsidiums mit überwältigender Mehrheit beschlossen hat, die ÖAW-Unternehmung Galerie der Forschung mit Jahresschluss 2005 zu beenden, so hat sie das aufgrund triftiger fachlicher, rechtlicher und finanzieller Einwände von internen und externen Experten gegen den von der Unternehmensleitung erstellten Business-Plan getan. Am Wunsch nach Nutzung dieser Räumlichkeiten, für die der Akademie bereits vor geraumer Zeit das Nutzungsrecht übertragen wurde, als multifunktionales Kommunikations- und Begegnungszentrum von Wissenschaft und Öffentlichkeit hat sich durch diesen Beschluss jedoch nichts geändert. Umso mehr freue ich mich, über die wohlwollende Aufnahme eines Nutzungskonzepts in einem vor kurzem erfolgten Gespräch mit Frau Bundesministerin Elisabeth Gehrer berichten zu können, in dem die Akademie um baldige Vorlage eines Business-Plans ersucht wurde. Die erheblichen Fixkosten sollen so weit wie möglich aus Einnahmen aus Fremdveranstaltungen gedeckt werden. Für eine allfällige Restfinanzierung benötigt die Akademie jedoch die Unterstützung durch die öffentliche Hand. Die Bitte darum verbinde ich mit dem Dank für die großzügige Renovierung der für die Akademie vorgesehenen Räumlichkeiten der Alten Aula. An erster Stelle danke ich Herrn Bundesminister Dr. Martin Bartenstein. Aus dem von ihm geleiteten Bundesministerium für Wirtschaft und Arbeit stammt der Hauptanteil der für die erwähnte Revitalisierung aufgewendeten erheblichen Mittel. Ich danke Frau Bundesministerin Elisabeth Gehrer, aus deren Ressort beträchtliche Beträge für das Projekt zur Verfügung gestellt wurden. Weiters danke ich Herrn Bundeskanzler Dr. Wolfgang Schüssel für die Bereitstellung nicht unerheblicher Mittel des Bundeskanzleramtes für dieses Projekt.

Bleiben wir bei Traditionsbrüchen. Einer bereitet uns besonders große Freude, weil wir in ihm eine hohe Wertschätzung erblicken. Es sind dies die persönlichen Grußadressen des Herrn Bundespräsidenten in seiner Eigenschaft als Schirmherr der Akademie, sowie von Frau Bundesministerin Gehrer in ihrer Eigenschaft als amtierende EU-Ratsvorsitzende für Bildung und Forschung, in Sachen Alte Aula aber auch in Vertretung von Herrn Bundeskanzler Schüssel und Herrn Bundesminister Bartenstein, nicht zuletzt aber in ihrer Funktion als für die ÖAW zuständige Bundesministerin für Bildung, Wissenschaft und Kultur.

Wenn heute erstmals in der Geschichte der ÖAW das Staatsoberhaupt den neu gewählten Akademiemitgliedern die Dekrete über ihre Wahl überreicht, so manifestiert sich darin der hohe Stellenwert, der dieser Wahl beigemessen wird. Herrn Bundespräsidenten Dr. Heinz Fischer danke ich für sein stets offenes Ohr für Anliegen der Österreichischen Akademie der Wissenschaften. Lagen sie innerhalb seines Kompetenzbereiches, so hat er sie nach sorgfältiger Prüfung aufgegriffen, befanden sie sich außerhalb desselben, so hat er sie bestmöglich gefördert.

Voll in der Tradition der Feierlichen Sitzungen der Akademie steht die Teilnahme einer großen Anzahl von Repräsentanten ausländischer Wissenschaftsakademien und Gelehrter Gesellschaften. Pflege und Ausbau der Zusammenarbeit mit ihnen war und ist der Österreichischen Akademie der Wissenschaften ein echtes Anliegen. Zusammen mit unseren Schwesterakademien aus dem Ausland begrüßen wir den mit der Implementierung von erkenntnisgeleiteter Forschung im 7. EU-Rahmenprogramm vollzogenen Paradigmenwechsel in der europäischen Forschungspolitik.

In der Feierlichen Sitzung des Vorjahrs habe ich unter anderem über einen damals noch in statu nascendi befindlichen neunköpfigen Senat der ÖAW berichtet. Seine Aufgabe ist die eines Verbindungsglieds zwischen Akademie und Gesellschaft. Im Dezember 2005 fand die konstituierende Sitzung dieses hochrangig besetzten Gremiums statt. Im Anschluss an die heutige Feierliche Sitzung wird der Senat zu seiner zweiten Arbeitssitzung zusammentreten. Satzungsgemäß fungiert der Präsident des Nationalrats als Vorsitzender des Senats der ÖAW. Der heutige Bericht von Präsident Dr. Andreas Khol ist eine Premiere, die eine Tradition begründet.

Die Vision der Österreichischen Akademie der Wissenschaften ist die einer Symbiose einer hervorragenden Forschungsträgerorganisation etwa nach Art der Max-Planck-Gesellschaft und einer klassischen Gelehrtengesellschaft, die nicht Zierrat ist, sondern geistiges Humanpotential, das ein sehr großes Aktivum in der Wissensbilanz unserer Institution darstellt. In der Gründung von Forschungseinrichtungen erblickt die Akademie ein wesentliches Element ihrer Mission.

Bei der Planung neuer Forschungseinrichtungen bemüht sich die Akademie neben Exzellenz, Interdisziplinarität und Internationalität um Schwerpunktsetzungen und Kooperationen mit Universitäten. Dem föderalistischen Prinzip der Republik Österreich versucht sie durch Verteilung von Forschungsinstituten auf möglichst viele Bundesländer Rechnung zu tragen, wobei deren Bereitschaft zu angemessener Kofinanzierung berücksichtigt wird. So hat sie 2003 auf dem Gelände der Johannes-Kepler-Universität in Linz das Johann Radon Institute for Computational and Applied Mathematics gegründet und auf dem Areal der Leopold-Franzens-Universität in Innsbruck das Institut für Quantenoptik und Quanteninformation – mit Abteilung in Wien – errichtet. In beiden Fällen hat sie das dort getan, wo österreichweit beste Voraussetzungen für die Entwicklung einer Spitzeneinrichtung gegeben waren. Im selben Jahr hat sie am stark expandierenden Technikstandort Wiener Neustadt eine Forschungsstelle für Integrierte Sensorsysteme gegründet. In der Bundeshauptstadt wurden in den letzten Jahren drei bedeutende biomedizinische Forschungseinrichtungen gegründet. Für zwei von ihnen, das IMBA – Institut für Molekulare Biotechnologie GmbH – und das GMI – Gregor-Mendel-Institut für Molekulare Pflanzenbiologie GmbH –, wurde in der Dr. Bohr-Gasse im 3. Wiener Gemeindebezirk ein Laborgebäude errichtet, das in wenigen Tagen eröffnet werden wird. Für das dritte, das CeMM – Forschungszentrum für Molekulare Medizin GmbH –, bemüht sich die Akademie seit langem um ein eigenes Forschungsgebäude auf dem Gelände des Allgemeinen Krankenhauses Wien. Vor kurzem erteilte Frau Bundesministerin Gehrer den Auftrag, dieses Gebäude raschestmöglich zu errichten.

In jüngster Vergangenheit gründete die Akademie in Innsbruck eine mit Gebirgsforschung: Mensch und Umwelt bezeichnete Forschungsstelle. Geplant ist die Errichtung einer Forschungsstelle für Geoinformatik in der Stadt Salzburg, an der auch die Universität Salzburg großes Interesse zeigt. Die Finanzierung dieser Einrichtung soll zumindest in den ersten zwei Jahren aus Landesmitteln erfolgen. Vorgesehen ist auch die Gründung einer Forschungsstelle für Atemgasanalytik in Dornbirn mit einer Außenstelle in Innsbruck. Über einen Zeitraum von drei Jahren soll sie überwiegend aus EU-Forschungsmitteln finanziert werden, die von Proponentenseite eingeworben wurden.

Ohne Schutz und Förderung durch den Bund sowie Unterstützung durch einzelne Bundesländer bliebe die Vision der Österreichischen Akademie der

Wissenschaften eine vage Vorstellung von einer letztlich nicht realisierbaren zukünftigen Entwicklung. Für diesen Schutz und diese Förderung ist die Österreichische Akademie der Wissenschaften Bundesministerin Gehrer und der mit Akademieangelegenheiten befassten Beamtenschaft mit Sektionschef Dr. Peter Kowalski an der Spitze zu aufrichtigem Dank verpflichtet. Was die Unterstützung durch einzelne Bundesländer anbelangt, gilt dem Landeshauptmann von Wien, Bürgermeister Dr. Michael Häupl, besonderer Dank. Mehrmals hat er beispielsweise Interventionen zugunsten des bereits erwähnten Laborgebäudes für das Forschungszentrum für Molekulare Medizin – abgekürzt CeMM – mit den Worten „CeMM kommt" bestärkt und es nicht mit Worten bewenden lassen. Dank schuldet die Akademie ferner folgenden Landeshauptleuten: Dr. Josef Pühringer für die große Fürsorge um die beiden oberösterreichischen Akademieeinrichtungen, DDr. Herwig van Staa für die großzügige Unterstützung der drei Tiroler Akademieinstitutionen sowie Dr. Erwin Pröll für die nicht minder großzügige Unterstützung der beiden niederösterreichischen Akademieeinrichtungen.

Ein Akademiepräsident, der die Feierliche Sitzung je nach Sichtweise dazu nützt bzw. missbraucht, um Budgetprobleme der Akademie anzusprechen, begeht keinen Traditionsbruch. Auf Sympathien darf er dennoch nicht hoffen. Seinen Präsidiumskollegen und vielen Mitgliedern, Mitarbeitern und Mitarbeiterinnen werden seine Aussagen vermutlich zu vorsichtig erscheinen, während sie bei den für die Alimentation der Akademie Verantwortlichen den Eindruck von Unbescheidenheit erwecken könnten. Es ist richtig, dass der Akademie in den letzten Jahren erhebliche zusätzliche Mittel aus neuen, stärker projektorientierten Finanzierungsquellen der öffentlichen Hand zugeflossen sind, wofür ausdrücklich Dank zu zollen ist. Ebenso richtig ist es aber auch, dass das der institutionellen Förderung dienende Ordinarium erhöht werden muss. Optimierungsbedarf ist bei der Akquisition der an Empfehlungen des Rates für Forschung und Technologieentwicklung gebundenen Mittel sowie beim Budgetvollzug gegeben.

Worin besteht das eigentliche Problem? Die Österreichische Akademie der Wissenschaften gründete in den letzten Jahren einige vergleichsweise große Forschungseinrichtungen, die sich in der kurzen Zeit ihres Bestehens zu international hoch angesehenen Spitzenforschungsinstituten entwickelt haben. Ihr Anteil an der gerade in der jüngeren Vergangenheit signifikanten Mehrung des Ansehens Österreichs als Wissenschaftsland ist sehr groß. Die oft vernommene Empfehlung, ältere Akademieeinrichtungen zu schließen, um dadurch das Budget zu entlasten, ist aber allein schon wegen der relativ kleinen Größenordnung dieser zumeist hervorragenden Einrichtungen nicht zielführend.

Der alternative Ratschlag, das Akademiebudget durch Herauslösung der mit beträchtlicher Anstrengung gegründeten neuen großen Forschungsinstitute aus der Österreichischen Akademie der Wissenschaften zu sanieren, würde zum Status quo ante führen und den Anfang des Weges der Akademie in Richtung reiner Gelehrtengesellschaft markieren. Das eröffnet keine erstrebenswerte Perspektive für eine Einrichtung, deren Entwicklung in der jüngeren Vergangenheit eine Erfolgsgeschichte sondergleichen darstellt.

Das entspricht auch der Sicht der im Dezember des Vorjahres gegründeten akademieinternen Reformkommission. Sie geht davon aus, dass die Rolle der ÖAW als Forschungsträgereinrichtung beibehalten und gegebenenfalls ausgebaut werden soll. Die von dieser Kommission vorgeschlagene Kernmaßnahme ist die Einrichtung eines Forschungskuratoriums, dessen Hauptaufgaben die Verbesserung von Planungsprozessen und die Qualitätskontrolle der Forschungseinrichtungen sein werden.

Reformen der Akademie werden in ihrem satzungsmäßigen Wirkungskreis, in dem sie von Bundes- und Landesbehörden unabhängig ist, diskutiert und beschlossen. Dieser Hinweis auf die Autonomie der ÖAW ist mir wichtig. Mit Insensibilität für Rat und konstruktive Kritik von außen hat er nichts zu tun. So nehmen wir beispielsweise zur Kenntnis, dass die für eine Gelehrtengesellschaft der zweiten Hälfte des 19. Jahrhunderts konzipierte Führungsstruktur der Akademie nicht notwendigerweise auch für eine moderne Hybridorganisation nach Art der ÖAW geeignet ist. Daraus zu ziehende Konsequenzen sind Bestandteile eines Reformprozesses, dessen Steuerung bereits meinem Nachfolger im Amt des Präsidenten für die mit 1. Oktober 2006 beginnende Funktionsperiode überantwortet wurde. Ihm und seinen Präsidialkollegen wünsche ich für ihr Wirken für die Österreichische Akademie der Wissenschaften viel Erfolg.

Meine elfjährige Tätigkeit im Akademiepräsidium – davon acht Jahre in der Funktion des Generalsekretärs und Sekretärs der mathematisch-naturwissenschaftlichen Klasse – endet mit 30. September 2006. Loyalität, Kompetenz, Einsatzfreudigkeit und Begeisterungsfähigkeit meiner Mitarbeiterinnen und Mitarbeiter in der Akademie, mit Herrn Dr. Alfred Vogel an der Spitze, sowie am Institut für Mechanik der Werkstoffe und Strukturen an der Technischen Universität Wien, mit Herrn Prof. Josef Eberhardsteiner auf der Kommandobrücke, tatkräftig unterstützt von Frau Martina Pöll, haben es mir ermöglicht, die umfangreichen, vielfältigen und arbeitsintensiven Aufgaben in der ÖAW bei Erfüllung meiner Lehrverpflichtung, Aufrechterhaltung meiner Forschungstätigkeit und Beibehaltung von Spitzenfunktionen in internationalen Fachvereinigungen wahrzunehmen. Das alles wäre jedoch nicht möglich gewesen ohne das große Verständnis meiner lieben Frau für meine Tätigkeit für die Akademie und die daraus resultierende Unterstützung, in der ich einen Glücksfall besonderer Art erblicke.

„Noch vieles hätte ich euch zu sagen“[85], heißt es an einer Stelle im Johannesevangelium. Das knappe Zeitbudget gebietet es, dieser Versuchung zu widerstehen, womit ich zum Schluss komme.

Ich wünsche der Österreichischen Akademie der Wissenschaften viel Erfolg für die Zukunft und danke Ihnen, sehr geehrte Damen und Herren, für Ihre Aufmerksamkeit.

[85] http://clv.dyndns.info/pdf/studybible/43.pdf

Würdigung

von Maria Schaumayer anlässlich ihrer Wahl zum Ehrenmitglied der Gesamtakademie

„Zu Ehrenmitgliedern der Gesamtakademie können Personen gewählt werden, die sich um die Wissenschaft oder um Staat und Volk ausgezeichnete Verdienste erworben haben“[86], heißt es in der Geschäftsordnung der Österreichischen Akademie der Wissenschaften.

Mit der Wahl von Maria Schaumayer ehrt die Akademie eine der wichtigsten politischen und wirtschaftlichen Autoritäten Österreichs. Die letzte Persönlichkeit, die der Gesamtakademie als Ehrenmitglied angehörte, war Kardinal Franz König. Mit der Wahl von Maria Schaumayer wird erstmals eine Frau mit dieser Ehrenmitgliedschaft ausgezeichnet.

Maria Schaumayer wurde 1931 in Graz geboren. In kürzester Zeit und mit Auszeichnung schloss sie das Studium an der Wiener Hochschule für Welthandel mit dem Titel Diplomkaufmann ab und erwarb anschließend an der Universität Innsbruck das Doktorat für Wirtschaftswissenschaften.

Nach ersten beruflichen Erfahrungen im Bankenbereich des Creditanstalt-Bankvereins war sie von 1965 bis 1973 amtsführende Stadträtin und Mitglied der Wiener Landesregierung, 1973 bis 1982 Abgeordnete zum Wiener Landtag und Mitglied des Wiener Gemeinderats.

1974 begann Maria Schaumayers eigentliche Karriere in der Wirtschaft. Sie wurde Vorstandsmitglied der Österreichischen Kommunalkredit AG, wechselte 1982 als Vorstandsmitglied zur ÖMV und wurde schließlich 1990 zur Präsidentin der Österreichischen Nationalbank bestellt.

In dieser Funktion hat sich Maria Schaumayer immer wieder unterstützend um die Belange der österreichischen Wissenschaft und vor allem auch der Österreichischen Akademie der Wissenschaften angenommen.

---

[86] Geschäftsordnung der ÖAW, 2002, 5

Nach ihrem Verzicht auf eine weitere Amtsperiode als Nationalbankpräsidentin wurde sie von Bundeskanzler Schüssel im Jahr 2000 gebeten, die Entschädigungsverhandlung für 150.000 NS-Zwangsarbeiter zu führen. Durch ihr Verhandlungsgeschick konnte sie bilaterale Abkommen mit sechs mittel- und osteuropäischen Staaten sowie ein Regierungsabkommen mit den USA zwecks Herstellung eines dauerhaften Rechtsfriedens abschließen. Ihr Bestreben, die Kommunikation und Information rund um die NS-Zwangsarbeiter-Entschädigung offen, kontinuierlich und für alle Beteiligten verständlich zu führen, war eine wesentliche Voraussetzung für den erfolgreichen Abschluss dieses historisch wichtigen Kapitels in der österreichischen Geschichte. Sie hat sich dadurch große Verdienste um Gesellschaft und Staat erworben.

Ein besonderes Anliegen ist Maria Schaumayer die Förderung von Frauen in ihrer Karriere. Nach dem Motto „Chancen verbessern und Ermutigung geben" schuf sie 1991 die „Dr. Maria Schaumayer-Stiftung". Ziel dieser Stiftung ist die aktive Unterstützung von Karrieren von Frauen in Wissenschaft, Wirtschaft und Politik sowie Förderung und Verbesserung der Rahmenbedingungen dieser Laufbahnen.

Neben ihrem beruflichen Werdegang zeichnet sich Maria Schaumayer durch viele ehrenamtliche Funktionen aus: als Mitglied der Bankwissenschaftlichen Gesellschaft, als Beiratsmitglied der Montan-Universität Leoben oder als Präsidentin des Blindenverbandes.

Maria Schaumayer erhielt 1973 das „Goldene Ehrenzeichen für Verdienste um die Republik Österreich", im Jahr 1984 wurde ihr seitens der Stadt Wien das „Wiener Große Goldene Ehrenzeichen" überreicht.

Mit der Wahl zum Ehrenmitglied der Gesamtakademie würdigt die Österreichische Akademie der Wissenschaften die Verdienste dieser namhaften Repräsentantin des öffentlichen Lebens und bringt die Verbundenheit mit ihr zum Ausdruck.

Begrüßung und Einleitungsworte anlässlich der Eröffnung des ÖAW-Life Sciences Zentrums Wien

Sehr geehrter Herr Bundeskanzler,
sehr geehrter Herr Stadtrat,
werte Festgäste!

Die Österreichische Akademie der Wissenschaften betrachtet es als große Auszeichnung, dass Sie, sehr geehrter Herr Bundeskanzler, als Ehrengast an dieser Festveranstaltung teilnehmen. Die Akademie erblickt darin eine besondere Wertschätzung für die Institution und für die vielfältige und ambitionierte Forschungstätigkeit, die in ihren Forschungseinrichtungen durchgeführt wird.

Es freut mich, dass Sie, sehr geehrter Herr Stadtrat Mailath-Pokorny, in Vertretung von Herrn Bürgermeister Häupl, die Stadt Wien bei dieser Veranstaltung vertreten. Die Bundeshauptstadt ist ein wesentlicher Partner und Förderer von Wissenschaft und Forschung im Allgemeinen und von Wiener Einrichtungen der ÖAW im Besonderen.

Die heutige feierliche Eröffnung des ÖAW-Life Sciences Zentrums Wien, eines der modernsten Laborgebäude Europas, stellt einen vorläufigen Höhepunkt der Forschungsinitiative der ÖAW zur Schwerpunktsetzung in den molekularbiologischen Wissenschaften dar, eine Initiative, die in den späten 90er-Jahren des vorigen Jahrhunderts von meinem Amtsvorgänger Werner Welzig ergriffen wurde.

Es war im Oktober 1999, als die ÖAW mit einem weltweit führenden Industrieunternehmen, dem Unternehmensverband Boehringer Ingelheim, eine Forschungskooperation vereinbarte. Durch diese Kooperation wurde eine erfolgreiche Zusammenarbeit zwischen akademischer Forschung und Wirtschaft etabliert. Mein Dank gilt den Repräsentanten von Boehringer Ingelheim, dem stellvertretenden Sprecher der Unternehmensleitung, Herrn DDr. Barner, sowie Herrn Stochl von Boehringer Ingelheim Austria. Die Zusammenarbeit mit Ihnen beim Aufbau der Forschungskooperation war immer äußerst konstruktiv und hilfreich.

Im Rahmen dieser Kooperation wurde 1999 das IMBA – Institut für Molekulare Biotechnologie GmbH – als 100%ige Tochter-GmbH der ÖAW gegründet.

Dem Ziel der ÖAW, ihr Engagement schwerpunktmäßig auf Gebieten zu verstärken, die die zukünftige Entwicklung von Biologie und Medizin wesentlich prägen und teilweise revolutionieren werden, folgte im Dezember 2001 die Gründung des GMI – Gregor-Mendel-Instituts für Molekulare Pflanzenbiologie GmbH als Schwesterinstitut von IMBA. Die Forschungsarbeiten von IMBA und GMI sollen molekularbiologische Forschung weiter vorantreiben. Die ÖAW unternimmt aber auch systematisch Schritte zum Transfer ihrer Forschungsergebnisse in die wirtschaftliche Nutzung.

Spitzenforschung braucht einen geeigneten Rahmen. Das neue Forschungsgebäude wurde nach Plänen von Architekt Boris Podrecca errichtet, dessen Projekt aus einem EU-weit ausgeschriebenen Architektenwettbewerb siegreich hervorgegangen ist. Der Spatenstich für das Gebäude erfolgte im Juni 2003. Nach dreijähriger Planungszeit und zweieinhalbjähriger Bauzeit wurde der Bau Ende 2005 fertig gestellt. Die Netto-Gesamtkosten für das Gebäude einschließlich Haustechnik, Labor- und Büroeinrichtungen und Geräte-Ausstattungen betrugen rund 64 Millionen Euro.

Ziel war es, ein architektonisch anspruchsvolles Gebäude für moderne Forschung auf höchstem Niveau zu schaffen. Eng war daher auch das Zusammenwirken zwischen dem Generalplaner und den Forschern, die in diesem Haus arbeiten. Der technische Standard erfüllt modernste wissenschaftliche und sicherheitstechnische Kriterien. Dieser einzigartige Rahmen und die Qualität der hier geleisteten Forschungsarbeit sind Garanten dafür, dass es weiterhin möglich sein wird, internationale Spitzenforscher zu gewinnen.

Darüber hinaus erfährt der Campus Vienna Biocenter durch dieses Laborgebäude und die Tätigkeiten der beiden ÖAW-Institute in einem der Schlüsselbereiche des 21. Jahrhunderts einen entscheidenden Impuls.

Die Errichtung des Institutsgebäudes wurde im Wesentlichen vom Bund und der Stadt Wien gefördert. Die Stadt Wien hat den Ankauf des Bauplatzes finanziert. An den Bauwerkskosten von rund 30 Millionen Euro haben sich das Bundesministerium für Bildung, Wissenschaft und Kultur aufgrund von Empfehlungen des Rates für Forschung und Technologieentwicklung, die Nationalstiftung, die Stadt Wien, Boehringer Ingelheim und die ÖAW beteiligt.

Dem Dank an den Unternehmensverband Boehringer Ingelheim und seine Repräsentanten in Ingelheim und Wien, die den Vorschlag der Forschungskooperation mit der ÖAW aufgegriffen haben, möchte ich den Dank an die Politik und die Financiers anschließen.

Er gilt dem Bund, und hier besonders Frau Bundesministerin Elisabeth Gehrer, sowie der Stadt Wien, mit Bürgermeister Michael Häupl und Vizebürgermeister Sepp Rieder an der Spitze, dafür, dass dieses wichtige Projekt in großzügiger Weise durch all die Jahre unterstützt und gefördert wurde.

Ich danke dem Generalplaner Architekt Boris Podrecca und dem Leiter der AGEI-Akademie Gebäude Errichtungs- und Instandhaltungs-GmbH Gerhard Schadler für die erfolgreiche Planung und Projektabwicklung.

Nicht zuletzt danke ich den wissenschaftlichen Leitern der beiden Forschungsinstitute IMBA und GMI, Josef Penninger und Dieter Schweizer, für den Aufbau dieser beiden exzellenten Institute und für ihre konstruktive Mitwirkung bei der Errichtung des Gebäudes und wünsche ihnen und allen Mitarbeiterinnen und Mitarbeitern der beiden Institute viel Erfolg bei ihrer Forschungstätigkeit.

Rede
anlässlich der Teilnahme an der Generalversammlung der Litauischen Akademie der Wissenschaften

Distinguished Minister of Science and Research,
Mr. President,
Ladies and Gentlemen,

I have accepted the invitation by President Rudzikas to address the General Assembly of the Lithuanian Academy of Sciences with great pleasure. Indeed, it is a great honor for me to speak to this distinguished audience.

The relations between the Lithuanian Academy of Sciences and the Austrian Academy of Sciences are young. Nevertheless, they have developed constructively and successfully during the last years.

The bilateral Agreement on Scientific Cooperation between both Academies dates back to the year 1997. The current contract was signed on December 31, 2002. This agreement enables members and employees of the Austrian Academy of Sciences as well as collaborators of projects of our Academy to participate in the scientific exchange programme of the two academies and to invite Lithuanian colleagues to Austria within the framework of this programme.

The research fields of co-operations between our two Academies during the last five years were Folklore Research, High Energy Physics, Latin Patristics, Linguistics, and Mathematics.

In most of these fields the Austrian Academy of Sciences has a long-standing tradition. Founded in 1847 as a Learned Society, the Austrian Academy of Sciences today is a hybrid institution: a Learned Society and at the same time a research institution promoting innovative research in institutes under the umbrella of the Academy.

The Austrian Academy of Sciences consists of two sections, the Section for Mathematics and the Natural Sciences and the Section for the Humanities and the Social Sciences.

As a Learned Society with top researchers from Austria and abroad as members, the Academy fulfils its principal duty by supporting research institutes and research activities in the area of basic research. A few institutes of the Austrian Academy of Sciences are also engaged in applied research, preparing for instance reports and statements related to research policy. They are closely interlinked with international research projects and scientific organisations.

Successful young researchers who have obtained excellent research results are promoted by the Academy through grants and awards.

The Austrian Academy of Sciences supports top-quality research institutions in fields which are either not covered by the universities, despite their great scientific relevance, or because of their position between major fields taught at the universities. Maintaining and strengthening the connection between research and teaching, however, is not the most important task of the Austrian Academy of Sciences, whose primary interest is its "exploratory" research performance. Compared to university institutions, interdisciplinary and complementary approaches are essential criteria for research under the auspices of the Austrian Academy of Sciences. Examples for the interdisciplinary and complementary nature of research performed by Academy institutes are space research, research on the maintenance of clean air, demography, aging research, Iranian studies, and European Integration. Exceeding conventional delimitations, testing and expanding important research trends and advocating their inclusion in university teaching and research, the Austrian Academy of Sciences represents a national scientific "laboratory" embedded in the international research landscape. Members of the Academy who, in general, are faculty members at Austrian universities, give advisory and supervisory impulses.

By establishing research associations and limited liability companies, like the IMBA – Institute of Molecular Biotechnology, the Academy is exploring new perspectives of institutional organisation. Last week, a research building for IMBA and for the GMI – Gregor-Mendel-Institute for Molecular Plant Biology, was opened in Vienna.

The administration of numerous national and international research programmes is another important task of the Austrian Academy of Sciences. Some of the Research Institutes of the Academy closely collaborate with leading international institutions. Participation in research programmes of the European Union has gained increasing importance in recent years. At present, bilateral agreements with some 41 partner institutions in 37 countries provide the opportunity to participate in international research projects on an exchange basis.

Research by the Austrian Academy of Sciences in the humanities and social sciences has led to internationally renowned contributions to the development of science, e. g. in Byzantine and Iranian studies, numismatics, linguistics and literary studies, and the historical sciences. As byproducts of research, important insights for regional policy and environmental planning as well as for the assessment of health, family, and social policy of the Federal Government were obtained.

Let me now turn to the role of the humanities and social sciences in the Austrian Academy of Sciences, with special emphasis on the actual scientific landscape in Austria.

The life sciences and biotechnology, the humanities and social sciences, nano-technology, in particular, and the material sciences, in general, information and communication technologies, space and aviation, mobility, energy, and environmental sustainability are areas, where traditional competence and new, fields of research have emerged. In order to enhance the chances for successful research in these key areas, the Austrian government has established comprehensive research programmes in the past decade, extending over several years and allowing to build up critical mass. In this way, a framework was established which will facilitate the generation of new knowledge and its application to new technologies across individual disciplines. Moreover, it will also improve the compatibility of national and international research. The process of focussing and concentrating funds has been given new impetus by the Austrian Council for Research and Technology Development which was established in 2000. As an advisory body to the Austrian government, its recommendations have contributed to the incorporation of existing programmes in a coherent research strategy, which in turn is advanced by other initiatives recommended by the Council, most recently in the so called Strategy 2010.

The Humanities, Social, and Cultural Sciences as so-called Strength Areas of Research which primarily benefit social and cultural development (and thus, to a lesser extent, the economic development) should continue to form a clearly recognisable element of the Austrian research landscape. The concept presented by the Austrian Council in 2003 for continued promotion of the humanities, the social, and the cultural sciences, which, in Austria, constitute a Strength Area of Research both, at the universities and in non-university sectors, must remain the basis for future action in these areas.

The core element of the quality offensive is the targeted promotion of young scholars. Furthermore, multi-year overlapping priority programmes will be established: The Austrian Council for Research and Technology Development has set up a working group for the humanities, social, and cultural sciences. It consists of representatives from universities, non-university research institutes, the Fund for the Promotion of Scientific Research (FWF) and the Ministry for Education, Science, and Culture (BMBWK), as well as the Council as such.

In 2003, this working group has presented a strategy paper to improve research and education in the field of the humanities, social, and cultural sciences in Austria. This paper contains proposals for strategic measures aimed at raising the quality of research and education and improving the general conditions for focusing on Strength Areas of Research.

The prime recommendation for the training of doctoral candidates to guarantee that well qualified scientists will also be available in the future is, of course, the allocation of adequate financial resources for new research projects. Specifically, the following new measures are expected to bring about a lasting improvement of the position of Austrian research in the humanities, social, and cultural sciences. One of them is an initiative to encourage specifically young scholars. It includes the development of a new targeted doctoral student programme for the humanities, social, and cultural sciences as well as the introduction of interdisciplinary postdoc grants.

The doctoral programme Doc-team is administered by the Austrian Academy of Sciences, whereas the Ministry of Education, Science and Culture is responsible for post-doctoral programmes.

Furthermore, national key area programmes were proposed. They will last several years, and they are aimed at theme-specific focusing of research in Austria's Strength Areas. Also the implementation of a survey for the registration and preservation of the country's scientific and cultural heritage was proposed.

As an example for a running programme let me mention the programme New Orientation for Democracy in Europe (NODE). This programme examines the process of European integration and the options and possibilities for the development of democracy and brings research in the humanities, social, and cultural sciences to new life by providing a wealth of new aspects.

An example for a new, overlapping national key area programme is the programme Transdisciplinary Research in the Humanities, Social, and Cultural Sciences (TRAFO) which was launched by the Ministry for Education, Science, and Culture in response to challenges that cannot be met by science or practical experience alone. It supports mixed teams of researchers and practitioners. TRAFO is a methodological programme for transdisciplinary and interdisciplinary research.

Finally, let me mention some recent measures carried out at the Austrian Academy of Sciences.

There is the doctoral programme Doc-team which I mentioned before. This is a support programme carried out by the Austrian Academy of Sciences. It is open for applications of groups of postgraduates (3 to 5 persons) from the Humanities, the Social, and the Cultural Sciences.

Another structural action which was implemented recently by the Academy was the concentration of small research units in the Section for the Humanities and the Social Sciences in several Research Centres. The establishment of these Centres is in accordance with the formation of research clusters and should strengthen the efficiency and the impact on the public by achieving a critical mass.

Thank you very much for your attention.

Eröffnungsrede

anlässlich der Popular-Science Lecture Accompanied by Musical Interpretations on „Scientia et Ars – Mozart and his Relation to Scientists" im Rahmen des Thirteenth International Congress on Sound and Vibration

Ladies and Gentlemen,

It is my great honor and pleasure to welcome you in the revitalized "Alte Aula" of the Austrian Academy of Sciences, which is the leading non-university research institution in Austria, devoted to basic research.

This evening is intended to complement the wealth of information to which you as participants of the Thirteenth International Congress on Sound and Vibration will be exposed during this week. I will not try to review the plethora of information that will be offered to you. All I want to do is to make a few personal remarks interlaced with technical philosophy.

The primal shriek of birth of our cosmos, the "Urschrei", could not have been heard by living creatures, because they did not exist before 13.8 billion years measured in our human time scale. However, human ingenuity has reconstructed the acoustics of the afterglow of the Big Bang by carefully analyzing the miniscule irregularities of the microwave background of this unique event. To be heard with our human ears, the sound had to be transposed 50 octaves upwards. The sonic reconstruction of this event leaves the impression of a passing jet, with the basic harmonic steadily decreasing in frequency as the reverberation volume of the Universe increases in consequence of the Big Bang. This acoustic wave was transported within the rarefying quark plasma which quickly underwent a phase transition to protons, neutrons, and electrons of the hydrogen and helium nuclei of matter. The first overtone changed from a major third to a minor third, to end up in a cosmic hiss, when after 400.000 years the universe became transparent in majestic blackness of the

Dark Age, soon to be followed by the light of the first massive Population III stars. The deep frequencies give notice of the buildup of the first galaxies.

Christian Doppler, who was a Full Member of the Austrian Academy of Sciences, explained the frequency shift of any kind of moving wave generator. His formulae are valid for sound as well as for electromagnetic waves and, with a correction, also for relativistic velocities.

Pythagoras and his pupils believed that the motions of the sun, the moon, and the planets generated musical sounds. Plato placed sirens on each planet to carol sweet songs in harmony with each other. Nearly two thousand years later, Johannes Kepler's ideas about modulation of planetary motions based on harmonic properties had to be given up. Consequently, philosophy had to be replaced by physical laws. Johann Wolfgang von Goethe may have anticipated the stochastic aspects of the Music of Spheres, when in the prolog of Dr. Faustus, he let the archangel Raphael exclaim:

"The Sun intones, in ancient tourney,
With brother-spheres, a rival song,
Fulfilling its predestined journey,
With march of thunder moves along."[87]

A generation ago, Arthur Eddington posed the question, whether we can pierce through the outer layers of a star and test the conditions within?

Today, with precise knowledge of the Strong, the Weak, and the Electromagnetic Interaction, along with gravitation and ultra precise spectroscopy, required by astroseismology, we can explain why sound waves assisted by gravitational waves make a star oscillate. This allows us to analyze the structure and composition down to great depths. This is indeed a triumph of human achievement. Very soon these methods will be refined such that the study of the oceans covered with eternal ice, like on Saturn's moon Enceladus or on the Jovian moon Europa will become possible. The noise of the descending space probe Huygens to the surface of Saturn's moon Titan was registered by an international team including space scientists of the Space Research Institute of the Austrian Academy of Sciences, in Graz.

In spite of fundamental differences in propagation of an acoustic pressure wave in matter and of an electromagnetic wave in matter or even in vacuum, there are remarkable analogies between acoustics and high frequency engineering, allowing the fabrication of a lens which simultaneously focuses acoustic and electro-magnetic radiation.

[87] Luke, David: Faust, Part One by Johann Wolfgang von Goethe, Oxford University Press, UK 1998, 22 (Oxford World Classic)

Because of nonlinearities in our atmosphere, the differences in propagation of acoustic pressure waves as compared to electromagnetic waves are even more pronounced. Prof. Zemanek, Full Member of the Austrian Academy of Sciences and, at the age of 86, still scientifically very active, remembers a diploma thesis half a century ago, which failed experimentally. The task was to concentrate sound on every other seat of an auditorium alternatively in English and German. The same nonlinearities which prevented the success of this experiment can be exploited today. An audio spotlight of intense ultrasound can be directed to any person in the auditorium. Through self demodulation in the air, this person can hear the modulated message whereas the adjacent listener outside the acoustic cone does not hear anything.

I feel especially honored that Prof. Zemanek is here tonight.

Acoustic signals of animals have a variety of functions. From purposeful warnings of songbirds, ultrasonic chirping of rats and mice to attract partners, to mating songs of whales in infrasound, the purposes are diverse. The chants of whales were recorded on the golden disk "Sounds of Earth", together with digital information on the human species, and sent to the stars by Carl Sagan nearly three decades ago on the two space probes Voyager.

Sometimes, theoretical ideas lead to applications beyond the original purpose. "Can you hear the shape of a drum?"[88] the mathematical physicist Kac asked and provided answers together with researchers who followed his ideas. You can indeed hear the area of a drum, the perimeter of its membrane and even the number of holes. Within the constraints of the same area and the same perimeter there are, however, different possibilities of isospectral realizations. You can, in fact, not guess all characteristics of a drum by analyzing only its spectrum.

There are drums, or reverberating units, in more than two dimensions. An oscillating star is an example in three dimensions. The study of entities with a higher number of dimensions may pay off. Within the String Theory of Theoretical Physics, which so far is still experimentally unproven, the question of the mass spectrum of the lightest elementary particles accessible to our observations might indicate whether there are more than the classical three dimensions of the geometrical space existing on submicroscopic scales. On the macroscopic scale the same spectrum could offer indications that the global topology of our universe is more complicated than we have thought.

---

[88] http://www.ams.org/featurecolumn/archive/199796.html. "You Can't always Hear the Shape of a Drum"

Study of the human auditory system did not only result in recording techniques which are very economical in terms of frequency and time and which have led to superior compression techniques. There are facts which by the study of a small minority of human beings will provide insights to the neuroanatomical architecture of the brain. Colored hearing is a rare phenomenon which is statistically observed in only one out of approximately 2000 persons, six times more frequent with women than with men. For a synaesthesist this is a lifelong capability, or it may reversibly be induced within the aura of epileptic fits, or the application of certain psycho drugs. These amalgams of sensual impressions allow the association of auditory sensations with colors. Franz Liszt, for example, was capable of colored hearing. The composers Jan Sibelius and Olivier Messiaen, the painter Wassily Kandinsky, the physicist Richard Feynman and perhaps also Nikola Tesla possessed this talent. Together with new methods of diagnostics such as Nuclear Magnetic Resonance or Positron-Emission-Tomography the unusual wirings of the brain can be studied, which made Paul Cezanne declare that colors are the means to let our brains meet the universe.

Apart from acoustic holography, which has found outstanding applications from medicine to oceanography, the artistic aspect of musical sound opens a window beyond the native language, which weaves a golden braid to our perception. Within our global culture, India's scale of 22 to 24 tones and Asia's and Africa's pentatonic scales were superseded with the division of an octave into 12 tones. When the Pythagorean concepts of intervals as ratios of small integer numbers were replaced by the welltempered scale which is defined by the twelfth root of two, describing the frequency ratio of successive tones but leaving the first convergents of the continued fractions of these roots unchanged to the Pythagorean concept, the field was suddenly free to modulate from any key to any other one. Johann Sebastian Bach immediately made use of these fascinating new possibilities in his *Welltempered Piano*. If you want to select a beautiful example, recall Mozart's wonderful choral *Ave verum corpus*. Its modality contains D-major and D-minor as "One". Riemann called this ingenious composition the n+1/n order of change.

When listening to Mozart's encounters with sciences in the pieces to follow, please feel immersed into the dimensions of a rapidly advancing science, completed by its colourful artistic aspects.

This Congress would not have been possible without the exceptional dedication and outstanding talents of several people. I apologize that I will not be able to name all of them. First, I want to thank Prof. Theophil Antonicek, Full Member of the Austrian Academy of Sciences, for his idea and realization of tonight's concert. Let me further express my thanks to Prof. Josef Eberhardsteiner, Head of the Institute for Mechanics of Materials and Structures of Vienna University of Technology, who is serving as cochairman of ICSV13. He took care of innumerable aspects of this large international congress. Dr. Werner Deutsch, Head of the Acoustics Research Institute of the Austrian Academy of Sciences supplied basic information from his vast field of scientific expertise and Dr. Holger Waubke, from this institute, is serving as Secretary General of ICSV13. Dr. Helmut Kowar from the Audiovisual Research Archive of the Austrian Academy of Sciences will offer a very special musical adaptation. Dr. Birgit Lodes, Full Professor of Musicology at Vienna University, will discuss the background of the pieces of music and their relation to the scientists of Mozart's time.

Without the exceptional organizational talent and the outstanding diligence of Martina Pöll, Administrative Assistant of the Institute for Mechanics of Materials and Structures, we would not have been able to organize ICSV13. For local support by the organizing team of the Austrian Academy of Sciences I want to express my special thanks.

Ladies and Gentlemen, whether your interest in this evening's program originates from your expertise in acoustics, the ingenuity of perfect compositions or your devotion to the beauty of music, please enjoy the program which was arranged to please you.

Thank you very much for your attention.

Eröffnungsworte anlässlich der Konferenz „Eurographics 2006"

Ladies and Gentlemen,

It is my great honor and pleasure to extend my greetings to you on behalf of the Austrian Academy of Sciences. You represent an outstanding community of experts, assembled at the Eurographics 2006 Conference which is coorganized by the Vienna University of Technology and the Austrian Academy of Sciences. The Academy has a long tradition in basic research in the area of Computer Graphics. Originally, this field was established at the former Institute of Information Processing of the Academy. Later on, it was transferred to the newly founded Academy Commission for Scientific Visualization.

Comparing the first steps of the Academy in Computer Graphics with the current state of the art, I am fascinated by the rapid progress, growth, and proliferation of applications, as different as computer games, medical applications, geometric modeling, data mining representations, filtered voxelizations, shading algorithms, picture composition, Virtual Reality and man-computer-interactions, to name just a few research topics.

Special purpose workstations for computer graphics have given way to PCs equipped with large memories and graphic cards. They have coprocessors which allow gains in processing speed of 20 to 30 when compared to optimized software. Applications range from Rendering Methods for Augmented Reality to consoles for computer entertainment systems, the usage of the built-in support for 4-vector/matrix operations, not only for homogenous coordinates, but also for performing Lorentz transforms to display the effects of Special Relativity. Two weeks ago at the Congress of the International Astronomical Union in Prague, a Computer Graphics method was displayed to reconstruct the arrangement of masses around Super Massive Black Holes in primordial galaxies, where the image projections are distorted according to General Relativity.

Other applications of Computer Graphics, though perhaps less spectacular, are of greater practical importance, such as surgery planning for dental implants, partial bone replacements, or the critical separation of Siamese twins, not to forget Virtual Colonocsopy.

I still remember the first steps in Computer Graphics at the former Institute of Information Processing of the Austrian Academy of Sciences. They concentrated on studies of quaternions for the rotation of objects and their generalizations to quaternions containing dual numbers to encompass screw motion as a basic element of spatial kinematics. These tools have found various applications in aviation industry as well as the representations of complex biomolecules.

At the Commission for Scientific Visualization of the Academy, the diagnosis of electro-encephalographic (EEG) patterns was correlated with studies of the anatomy of the human brain. This has resulted in the discovery of functional topographic differences in the high-frequency gamma-band of EEGs between musicians and non-musicians. The spatio-temporal non-random structure of the brain waves was analyzed with wavelet- and Hilbert-transforms and offered clues on the signals generated as summed activities.

The Commission is headed by Prof. Wolfgang Mecklenbräuker, corresponding member of the Austrian Academy of Sciences. Deputy Head is Prof. Werner Purgathofer. The research unit is supported by a team of eminent scientists, among them Profs. Hellmut Petsche, Curt Christian, Hermann Kopetz, and Georg Gottlob, all of them Full Members of the Academy.

There is a good reason to mention Prof. Purgathofer once again. Together with Prof. Sabine Coquillart he is co-chairing this conference. On behalf of the Academy I want to thank him and his team for the great efforts put into the preparation of this scientific meeting.

Thank you very much for your attention.

Nachruf

auf Michał Życzkowski, korrespondierendes Mitglied der ÖAW im Ausland

Am 24. Mai 2006 verstarb das korrespondierende Mitglied im Ausland, Dr.-Ing. habil. Dr. h.c. Michał Życzkowski, Professor Emeritus der Technischen Universität Krakau. Mit ihm verliert die Österreichische Akademie der Wissenschaften einen international hochangesehenen Gelehrten auf dem weitgespannten Gebiet der Kontinuumsmechanik, innerhalb der sein Hauptinteresse den Subdisziplinen Plastizität, Rheologie, Stabilität und Strukturoptimierung galt.

Michał Życzkowski wurde am 12. April 1930 in Krakau geboren. Das Studium des Maschinenbaus an der TU Krakau schloss er 1954 mit der Graduierung zum Mag.-Ing. ab. Bereits ein Jahr später wurde er an dieser Universität zum Dr.-Ing. promoviert. Im Jahre 1958 erwarb er ein Diplom des Imperial College of Science and Technology, London. Die Venia Docendi für das Gesamtgebiet der Mechanik erhielt er 1960. Zu Beginn seiner Berufslaufbahn, in den Jahren 1952–57, wirkte er als Studien- bzw. Universitätsassistent an der TU Krakau. Weitere Etappen seiner akademischen Karriere an dieser Hochschule waren die Tätigkeit als Ass.-Professor 1957–62, Ao. Professor 1962–69 und O. Professor für Mechanik und Grundlagen der Maschinenkonstruktionen 1969–2000.

Das wissenschaftliche Werk von Michał Życzkowski ist beeindruckend. 13 Bücher und rund 200 Aufsätze in renommierten wissenschaftlichen Zeitschriften und Berichtsbänden von bedeutenden internationalen Fachkonferenzen legen Zeugnis von seiner großen Schaffenskraft ab. Viele seiner Arbeiten stellen wissenschaftliche Pionierleistungen dar. Das gilt etwa für das Problem der Strukturoptimierung bei kombinierter Belastung im elasto-plastischen Bereich. Als Erster realisierte er die Idee einer dekohäsiven Tragkapazität in der Theorie der idealen Plastizität bzw. bei elasto-plastischen Strukturen.

Seine Arbeiten auf dem Gebiet der Stabilität von Strukturen unter konservativen wie nichtkonservativen Folgelasten weisen einen sehr hohen Innovationsgrad auf. Er gilt ferner als Schöpfer des Forschungsgebietes Strukturoptimierung unter Berücksichtigung des Kriechens.

Nach einer lebensbedrohenden Herzerkrankung zu Beginn der Neunzigerjahre des vorigen Jahrhunderts begann er sich für die Biomechanik des menschlichen Herzens zu interessieren.

Von seinen Büchern ist das im Jahre 1981 bei PWN-Nijhoff Warschau – Aalphen van den Rijn, erschienene Buch „Combined Loadings in the Theory of Plasticity" besonders hervorzuheben. Es ist ein auf der Höhe seiner Zeit befindliches, umfassendes Werk (714 pp.), das von der außergewöhnlich guten Literaturkenntnis des Autors profitiert. Seine jahrzehntelange intensive Beschäftigung mit den wissenschaftlichen Grundlagen der für technische Anwendungen sehr wichtigen Strukturoptimierungsprobleme manifestierte sich unter anderem in dem zusammen mit A. Gajewski verfassten, 1988 bei Kluwer, Dordrecht, erschienenen Buch über „Optimal Structural Design under Stability Constraints" (469 pp.).

Michał Życzkowski hat Polen über lange Zeit hinweg in den bedeutendsten internationalen Fachgremien auf dem Gebiet der Mechanik vertreten. So war er u. a. Mitglied des Fachausschusses für Materialtheorie der Gesellschaft für Angewandte Mathematik und Mechanik (GAMM), des Solid Mechanics Panel der International Union for Theoretical and Applied Mechanics (IUTAM) und einer der Vertreter Polens bei der europäischen Mechanikvereinigung EUROMECH. Auf nationaler Ebene fungierte er als Gründungsmitglied der Polnischen Gesellschaft für Theoretische und Angewandte Mechanik und später auch als Präsident der Krakauer Vertretung innerhalb dieser Gesellschaft und als ihr Vizepräsident. Ferner gehörte er der Krakauer Repräsentanz in der Polnischen Akademie der Wissenschaften an, in der er über einen längeren Zeitraum hinweg den Vorsitz in der Sektion Mechanik innehatte. Er war langjähriges Mitglied des Wissenschaftlichen Beirats des Instituts für Grundlagen der Technologischen Forschung (IPPT) der Polnischen Akademie der Wissenschaften, eines der bedeutendsten Institute dieser Akademie, das sich weltweit hohen Ansehens erfreut.

Michał Życzkowski gehörte dem Herausgeberstab vieler bedeutender internationaler Fachzeitschriften, darunter der Zeitschrift für Angewandte Mathematik und Mechanik (ZAMM), den Solid Mechanics Archives, dem International Journal of Plasticity und den Acta Mechanica Sinica an. Seine vielseitigen wissenschaftsorganisatorischen Aktivitäten umfassten u. a. die Organisation vieler bedeutender internationaler Symposien. In der persönlichen Erinnerung hat das 1990 in der Krakauer Zitadelle abgehaltene IUTAM-Symposium „Creep in Structures" nicht nur wegen des sehr hohen wissenschaftlichen

Niveaus und der hervorragenden Organisation, sondern auch wegen der politischen Aufbruchsstimmung in Polen einen besonders hohen Stellenwert.

Die hervorragenden wissenschaftlichen Leistungen von Michał Życzkowski erfuhren durch die Verleihung vieler wissenschaftlicher Preise und Auszeichnungen die verdiente Anerkennung. 1973 wurde er zum korrespondierenden und 1989 zum wirklichen Mitglied der Polnischen Akademie der Wissenschaften gewählt. 1990 erfolgte seine Wahl in die nach der politischen Wende reaktivierte Polnische Akademie der Wissenschaften und Künste mit Sitz in Krakau. 1997 verlieh ihm seine Heimatuniversität die Ehrendoktorwürde. Im selben Jahr erfolgte die Wahl zum korrespondierenden Mitglied der Österreichischen Akademie der Wissenschaften.

Die Beziehungen Michał Życzkowskis zu österreichischen Fachkollegen – genannt seien die Prof. Fischer, Irschik, Mang, Parkus, Sattler und Ziegler – waren intensiv. Sie reichen teilweise bis in das Jahr 1956 zurück und umfassen damit einen Zeitraum von 50 Jahren. Diese Beziehungen haben u. a. zu Gastvorträgen an den Technischen Universitäten Wien und Graz und an der Universität Linz sowie zu wissenschaftlichen Kooperationen geführt. Ausgangspunkt der persönlichen Beziehung war die Verteidigung des Verfassers durch den ihm vorher nur aus der Literatur bekannten Prof. Życzkowski gegen einen unberechtigten Einwand des bekannten russischen Mechanikers V. V. Bolotin nach einem Vortrag beim IUTAM Symposium on Inelastic Behavior of Plates and Shells in Rio de Janeiro im Jahre 1985.

Michał Życzkowski wusste um die Unabwendbarkeit seines Schicksals Bescheid. Seine vier Kinder – eines davon Professor an der Jagellonischen Universität Krakau – und ganz besonders seine Frau Teresa – der Trauungsgeistliche des Ehepaars Życzkowski war übrigens der spätere Papst Johannes Paul II. – boten ihm in der Zeit seiner schweren Erkrankung Halt und waren ihm Stütze. Seine Religiosität half ihm, dem nahen Abschied von dieser Welt gefasst entgegenzusehen.

„His death is really very sad for all of us“, schreibt seine Frau, „as well as for his colleagues from the Technical University Cracow. He was already very weak but wrote in bed two scientific opinions. I helped him typing them on the computer.“

Die Österreichische Akademie der Wissenschaften hat in Michał Życzkowski einen hervorragenden Vertreter der weltweit hochangesehenen polnischen Schule der Mechanik und einen großartigen Menschen besessen, dessen wissenschaftliches Werk seinen Tod lange überdauern wird.

Abbildungsverzeichnis

Gedanken zur neuen Forschungsorganisation in Österreich

Adalbert Stifter im Spiegel von Naturwissenschaften und Technik seiner Zeit

Seite 218: Totale Sonnenfinsternis, 11. August 1999,
maximale Dauer: 2 Min. 27,3 Sek.
Foto: Maria Firneis
http://www.univie.ac.at/EPH/SoFi/

Seite 218: Helligkeitsmessungen: Oberschützen, 11. August 1999
Maria Firneis
Vortrag: „Totale Sonnenfinsternis 1999";
http://www.univie.ac.at/EPH/SoFi/sf1999/messung.html (3. Abb.)

Seite 218: Von Wolken bedeckte Sonnenfinsternis im Aquarell von Franz v. Hauslab
Universitätssternwarte
http://www.univie.ac.at/EPH/Geschichte/SoFis/text1.htm

Seite 218: Totalität der Sonnenfinsternis im Aquarell von Franz v. Hauslab
Universitätssternwarte
http://www.univie.ac.at/EPH/Geschichte/SoFis/text1.htm

Seite 219: Sonnenfinsternis: Zeitgenössisches Bild von Johann Christian Schoeller
© *Historisches Museum der Stadt Wien*
http://www.museum.vienna.at/dynamicPage.asp?MenuID=2154

Seite 220: Gedenktafel: Stifters Wohnhaus befindet sich an der Ecke Seitenstettengasse–Judengasse im 1. Wiener Gemeindebezirk
Foto: HSU Chieh

Seite 221: Genese des Sonnensystems
Friedrich Firneis

Seite 221: Mars
Wikipedia / Public domain
http://commons.wikimedia.org/wiki/Image:Mars_Hubble.jpg

Seite 221: Sonnenbedeckung am Mars durch dessen Mond Deimos und dessen Mond Phobos
NASA / JPL / Cornell
http://www.news.cornell.edu/releases/rover/MarsEclipse.bpf.html

Seite 222: Absorptions-Spektrallinien in Abhängigkeit vom Spektraltyp
© *Michael Briley und Roger Bell*
http://www.astro.uu.se/~be/spectra.html

Seite 223: Im Hertzsprung-Russell-Diagramm: Anordnung der Hauptreihe sowie der Riesen und Zwerge
Wikipedia / GNU-Lizenz für freie Dokumentation

http://de.wikipedia.org/wiki/Bild:H-R-Diagramm.png

Seite 224: Michael Faraday (1791–1867)
Wikipedia / Public domain
http://commons.wikimedia.org/wiki/Image:SS-faraday.jpg#filehistory

Seite 224: James Clerk Maxwell (1831–1879)
Wikipedia / Public domain
http://commons.wikimedia.org/wiki/Image:James_Clerk_Maxwell_big.jpg

Seite 225: Konsequenz der Maxwell-Gleichungen: Licht ist eine elektromagnetische Welle
Maxwell 1865

Seite 226: Vorgeburtliche Erfahrung?
Friedrich Firneis

Seite 226: Adalbert Stifter: Denkmal in Linz
Foto: Wolfgang Huemer
(Aufgenommen in Kirchschlag, OÖ, am 15.8.2006)

Wissenschaft als universales Unternehmen

Seite 236: Turmbau zu Babel: 1563 malte Pieter Bruegel der Ältere den Turmbau zu Babel
Wikipedia / Public domain
http://de.wikipedia.org/wiki/Bild:Brueghel-tower-of-babel.jpg

Seite 237: Karlsbrücke in Prag über die Moldau (erbaut 1357–1406)
Foto: Vera Machat

Seite 237: Steinerne Brücke in Regensburg über die Donau (erbaut 1135–1146)
Wikipedia / GNU-Lizenz für freie Dokumentation
http://de.wikipedia.org/wiki/Bild:Regensburg_-_Steinerne_Bruecke_ohne_Dom.jpg

Seite 239: Jan Hus, geboren um 1370 in Husinec, Südböhmen; am Scheiterhaufen in Konstanz am 6. Juli 1415 verbrannt
Wikipedia / Public domain
http://en.wikipedia.org/wiki/Image:Jan_Hus.jpg

Seite 242: Zur Anwendung der Methode der Finiten Elemente auf ein ebenes Problem: a) ebenes Gebiet, b) Diskretisierung mit finiten Elementen, c) finites Element *e* (CST-Element), d) Verlaufsfunktion für den Knoten des Elements *e*.
Institut für Mechanik der Werkstoffe und Strukturen, TU Wien

Seite 245: Gottfried Wilhelm Leibniz (1646–1716)
Wikipedia / Public domain
http://commons.wikimedia.org/wiki/Image:Gottfried_Wilhelm_von_Leibniz.jpg

Seite 245: Auf der Briefmarke: Skizze zur Infinitesimalrechnung
Deutsches Ministerium für Finanzen,
Abteilung für Postwertzeichen, Berlin

Seite 245: Tafel zur Umrechnung von Dezimalzahlen ins Dualsystem
© *Prof. Erwin Stein*
Institut für Baumechanik und Numerische Mechanik,
Universität Hannover

Seite 246: Carl von Linné (1707–1778)
Wikipedia / Public domain
http://commons.wikimedia.org/wiki/Image:Bolton-linnaeus.jpg

Seite 251: Neue Österreichische Tunnelbaumethode (NÖT)
Wikipedia / GNU-Lizenz für freie Dokumentation
http://de.wikipedia.org/wiki/Bild:M%C3%BCnchen_Marienplatz_Tunnelerweiterung.jpg

Seite 252: CERN: Anordnung der Speicherringe für den Large Hadron Collider (LHC)
© *CERN*
http://atlas.ch/atlas_photos/lhc/lhc.html

Seite 253: CERN: Struktur des ATLAS-Detektors
© *CERN*
http://atlas.ch/atlas_photos/fulldetector/fulldetector.html

Seite 256: Turmbau zu Babel mit hyperbolischer Kühlturmschale
Prof. Herbert Mang
Künstlerische Sitzung im Rahmen der Feierlichen Sitzung der ÖAW, 1995 (unveröffentliches Manuskript)

Literaturverzeichnis

Almanach der Österreichischen Akademie der Wissenschaften 1994/1995, 145. Jahrgang. Verlag der ÖAW, Wien 1995.

Almanach der Österreichischen Akademie der Wissenschaften 2004/2005, 154. Jahrgang. Verlag der ÖAW, Wien 2005.

Almanach der Österreichischen Akademie der Wissenschaften 2003/2004, 155. Jahrgang. Verlag der ÖAW, Wien 2004.

Berka, Walter; Magerl, Gottfried (Hg.): Wissenschaft in Österreich. Bilanzen und Perspektiven. Böhlau Verlag, Wien 2006 (Wissenschaft – Bildung – Politik, 9).

Boltzmann, Ludwig: Vorlesungen über Maxwells Theorie der Elektrizität und des Lichts. J.A. Barth, Leipzig 1908.

Brunner, Karl; Schneider, Petra (Hg.): Umwelt Stadt. Geschichte des Natur- und Lebensraumes Wien. Böhlau Verlag, Wien 2005 (Wiener Umweltstudien, 1).

Geschäftsordnung der Österreichischen Akademie der Wissenschaften beschlossen in der Gesamtsitzung der Akademie am 15. November 2002. ÖAW, Wien 2002.

Gorrell, Paul: Syntax and Parsing. Cambridge University Press, 1995 (Cambridge Studies in Linguistics, 76).

Hösele, H.; Lopatka, R.; Mantl, W.; Piza, H.; Prisching, M.; Schilcher, B.; Schnider, A. (Hg.): Steirisches Jahrbuch für Politik 2004. Verein für steirische Politik und Zeitgeschichte, Graz, 2005.

Klopp, O.: Die Berke von Leibniz, Bd. X. Klindworth, Hannover 1864–1884.

Kopetz, Hedwig; Marko, Joseph; Poier, Klaus (Hg.): Soziokultureller Wandel im Verfassungsstaat. Phänomene politischer Transformation. Festschrift für Wolfgang Mantl zum 65. Geburtstag. Böhlau Verlag, Wien 2004 (Studien zu Politik und Verwaltung).

Luke, David: Faust, Part One by Johann Wolfgang von Goethe, Oxford University Press, UK 1998 (Oxford World Classic).

Nentwich, Michael: Cyberscience. Research in the Age of the Internet. Verlag der Österreichischen Akademie der Wissenschaften, Wien 2003.

Khol, Andreas; Ofner, Günther; Burkert-Dottolo, Günther; Karner, Stefan (Hg.): Österreichisches Jahrbuch für Politik 2004. Verlag für Geschichte und Politik Wien, Wien 2005.

Lise Meitner, Looking back. Bulletin of the Atomic Scientists. Nov. 1964.

Roedl, Urban: Adalbert Stifter mit Selbstzeugnissen und Bilddokumenten. Rowohlt Taschenbuchverlag, Hamburg 1965.

Satzung der Österreichischen Akademie der Wissenschaften beschlossen in der Gesamtsitzung der Akademie vom 4. Juni 1946 in der Fassung der Beschlüsse der Gesamtsitzung vom 24. Mai 1949, vom 10. Dezember 1954, vom 28. Jänner 1955, vom 31. Mai 1960, vom 25. Mai 1971, vom 14. Mai 1991, vom 26. April 2002, vom 29. April 2005. ÖAW, Wien 2005.

Schiemann, E.: Freundschaft mit Lise Meitner. In: Neue Evangelische Frauenzeitung 3, Heft 1, 1959.

Stifter, Adalbert: Werke und Briefe. Historisch-kritische Gesamtausgabe. Hg. von Alfred Doppler und Wolfgang Frühwald. Bd. 2,2. Verlag W. Kohlhammer, Stuttgart, Berlin, Köln, Mainz 1982.

Stifter, Adalbert: Werke und Briefe. Historisch-kritische Gesamtausgabe. Hg. von Alfred Doppler und Wolfgang Frühwald. Bd. 4,2. Verlag W. Kohlhammer, Stuttgart, Berlin, Köln 1999.

Thirring, Walter: Kosmische Impressionen. Gottes Spuren in den Naturgesetzen. Molden Verlag, Wien 2004.

Timoshenko, Stepan P.: Erinnerungen. Eine Autobiografie. Aus dem Russischen von Albert Duda. Ernst und Sohn, Berlin 2006.

Weidinger, Erich: Die Apokryphen. Verborgene Bücher der Bibel. Pattloch Verlag GmbH, Augsburg.

Witzmann, Erich: „Realitätsfern und unzutreffend". Interview. Akademiepräsident Herbert Mang wehrt sich gegen die Kritik des Forschungs- und Technologierats. Institutsschließungen stehen nicht zur Diskussion. In: Die Presse (Mittwoch, 28. Dezember 2005).

Herbert Mang, geboren 1942 in Wien, Dipl.-Ing. (Bauingenieurwesen) 1967 und Dr. techn. 1970 an der TU Wien. 1971–73 Fulbright Fellow an der Texas Tech University in Lubbock, PhD (Major: Structural Engineering, Minor: Mathematics) 1974 dortselbst. 1975–76 Max Kade Fellow an der Cornell University in Ithaca. 1977 Habilitation an der TU Wien. 1979 Ao. Univ.-Prof. an der TU Wien. 1979 Visiting Associate Prof. an der University of Tokyo. 1981 UNIDO-Konsulent am Research Institute for Mechanical Engineering in Zhengzhou, China. 1981, 1982 Ruf (O. Univ.-Prof. für Festigkeitslehre) an die TU Graz (Fakultät für Maschinenbau) bzw. an die TU Wien (Fakultät für Bauingenieurwesen) und Annahme des Letzteren. Hauptforschungsgebiet: Computational Mechanics (Finite Elemente Methoden, Randelementeverfahren, Kombinationen beider Methoden). Rund 400 wissenschaftliche Publikationen, darunter vierzehn Bücher (vier als Mitautor, zehn als Mitherausgeber) über 350 wissenschaftliche Vorträge, Mitherausgeber bzw. Mitglied des Editorial Board vieler bedeutender internationaler Fachzeitschriften. Institutsvorstand 1984–2004, Dekan der Fakultät für Bauingenieurwesen 1991–1994, Prorektor der TU Wien 1994–1995, Generalsekretär der ÖAW 1995–2003, Präsident der ÖAW 2003–2006, Mitglied des Österreichischen Wissenschaftsrates seit 2003, Präsident der European Commission for Computational Engineering Sciences seit 2004, Vizepräsident der International Association for Computational Mechanics seit 1998. Ehrendoktor der TUs Kiew, Krakau und Prag sowie der Universität Innsbruck, Mitglied zahlreicher Akademien, darunter der U.S. National Academy of Engineering und der Polnischen Akademie der Wissenschaften. Viele bedeutende wissenschaftliche Preise und sonstige Auszeichnungen.